"三化" 小学作文系列

"白玉兰奖牌" 获得者、小学作文教学研究专家

徐永森 著

小学作文教学论

上海外语教育出版社

外教社 SHANGHAI FOREIGN LANGUAGE EDUCATION PRESS

图书在版编目（CIP）数据

小学作文教学论 / 徐永森著.
—上海：上海外语教育出版社，2016
ISBN 978-7-5446-4469-3

Ⅰ.①小… Ⅱ.①徐… Ⅲ.①作文课－教学研究－小学 Ⅳ.①G623.242

中国版本图书馆CIP数据核字（2016）第182903号

出版发行：**上海外语教育出版社**
（上海外国语大学内） 邮编：200083
电　　话：021-65425300（总机）
电子邮箱：bookinfo@sflep.com.cn
网　　址：http://www.sflep.com.cn　　http://www.sflep.com
责任编辑：李振荣

印　　刷：上海市崇明县裕安印刷厂
开　　本：700×1000　1/16　印张 14.25　字数 245千字
版　　次：2016 年 12 月第 1 版　2016 年 12 月第 1 次印刷
印　　数：3 100 册

书　　号：ISBN 978-7-5446-4469-3 / G · 1434
定　　价：26.00 元
本版图书如有印装质量问题，可向本社调换

　　我从事小学作文教学与研究30多年，在第一线积累了较丰富的经验。1984年8月，我有幸被市教育局选派到国家教育行政学院小学教育研究班进行了一年的学习，提升了教育理论水平。在几位教育专家的指导下，制订了一个为期10年的"建立'三化'教学体例，优化作文教学过程"的科研课题。作文教学"三化"体例是指：作文内容生活化，技能指导结构化，训练序列系统化。北京学习结束，我带领30多位青年教师成立研究组，在10所小学20个班级中进行实验性研究。同时，我结合在进修学院培训教师的课程进行深化研究。这个为期10年的课题在区、市分别获奖，研究资料被整理成25万字的《小学作文教学论》，由语文出版社出版，被上海市教育局评定为全市教师培训A级教材。

　　这一研究对我国小学作文教学理论与实践产生了较大影响。《小学语文教学》发表的记者张瑛采访记《用心血书写的报告》，介绍了这一研究成果，我也应邀在上海、江苏、浙江、安徽、江西、广东、广西、河南、湖南、湖北、北京等省市举办了学术讲座。不少专家认为，这一研究在小学作文教学理论上是一次创新，在实践上是一个飞跃。

　　1997年我退休时，以此理论体系编写了《徐老师教作文》的"基础班（上）（下）"和"提高班（上）（下）"的系列教材，在上海一些区县的社会办学单位使用。

　　这套教材具有系统训练性强、指导具体切实的特点。它遵循循序渐进、系统训练、指导扎实的规律，每堂课的训练都围绕写什么、怎么写两大难点，因而训练到位，效果显著。

　　这套训练序列力求通过"基础篇"30堂训练达到写成作文的目标：按作文写景、写事、写人、写活动、写物的内容分类，做到条理清晰；通过"提高篇"30堂训练达到写好作文的目标；通过各类记叙文的综合训练，做到选材有个性，语言生动活泼，表达有一定的技巧，作文具有可读性。

　　这套教材由上海外语教育出版社（以下简称外教社）以《特级教师的30堂作文训练课》（基础篇）和《特级教师的30堂作文训练课》（提

高篇）为书名，于2016年8月与9月相继出版。这是外教社在我从教60年、80岁生日之际，为我整理的一生从事小学作文"三化"教学研究与实践的成果。已经出版了前两册，供小学生自学以及教师、家长作为参考。此外，还有供教师使用的《小学作文教学论》，即本书，和供家长用的《我教孩子写作文》。

　　本书是系列图书中另三本书的理论支撑，是笔者在1995年语文出版社出版的《小学作文教学论》的基础上修订的。本书全面论述了小学作文和小学作文教学范畴中的所有理论与实践问题，是笔者40年小学作文教学实践经验与理论研究的结晶。

　　本书不仅在理论上分析了小学生作文能力的构成因素，而且在实践上提出了培养小学生作文能力的途径；不仅从理论上提出了优化小学作文教学过程的观点，还提出了系列训练内容与实践操作的优化教学方法。

　　本书对1995年初版的《小学作文教学论》作了调整补充、更换了大量内容。第一章的"小学作文教学"，增补了第一节"小学作文教学的历史沿革、发展与现状"和第二节"小学作文教学是语文工具性的主要体现"。第三节的"上好每堂作文指导课，变无序训练为有序训练"，更是根据近年来笔者对小学作文教学现状提出的切实可行的对策，从理论到实践上帮助教师提高认识与提供操作方法。第五章的"作文教学学期安排与课堂教学设计"，则是完全更换了原书第七章的"作文教学计划与教学设计"，融入了笔者退休后20年直接给小学生上系列作文课的经验，对小学语文教师具有更大的参考价值。

　　本书的出版，要衷心感谢外教社的李海峰、武文博、杨莹雪、李振荣等老师的热心帮助与精心策划，也感谢各位朋友的支持。

　　本书倘有不足之处，敬请批评指正。

徐永森

2016年6月

目　录

第一章

小学作文教学

第一节 小学作文教学的历史沿革、发展与现状

一、小学作文教学的历史沿革

我国最早的教学形式是私塾教学。教师教学生《千字文》《三字经》《百家姓》，发展到《四书》《五经》以及读诗、词、属对和散文。作文教学基本方法是读写结合法。考试时写的，也就是"读"的这些内容。在作文的形式上，是由属对发展为程式化的训练。

（一）属对——作文的准备阶段

属对，即对课，俗称对对子、对句，是一种遣词造句的训练，是古代作文教学的一种重要形式。属对训练从"一字对"开始，进而发展为"二字对""三字对""四字对"，直到"多字对"。属对内容也分天文、地理、人物、器物等类。如天文对的"天"对"地"、"云"对"雨"、"清风"对"皓月"；花木对的"山茶"对"石菊"、"古柏"对"苍松"……这种训练是作文的准备阶段，也就是今天的造句练习。

从属对发展为诗、词、散文，是我国作文教学的典型序列。唐、宋及清代不少有名的大诗人，都是词意并重，寓情于诗词文句中。这为我国现代的"文道结合"，在作文教学中进行思想教育，积累了宝贵的经验。

（二）从程式化到多语体的形式

我国较长一个历史时期内，蒙学作文教学都是程式化的训练，这与封建时代的科举考试制度有关。从属对发展到诗词，科举取士就作"应举诗"，即按命题作诗。唐代的应举诗有破题、颔比、颈比、腹比、后比、结尾的固有程式。到宋代，罢诗赋取士，改为以经义策论取士，程式化的作文形式就真正形

成了。为了应举，按程式，产生了"冒、原、讲、证、结"和"义头、原题、入腹、引证、结题"等论法。大致是把一篇文章分成几个部分：第一部分是"总冒"，即概括地论说全文的文旨；第二部分为论题意的"本原"；第三部分是对题意的发挥；第四部分是引用古书上的用语或相关事例来论证；第五部分是结论。训练学生时，一个部分一个部分反复地练写，最后拼起整篇文章。从元代到明代，基本上是采用这种"五段式"的程式教学。

到明代中期，五段程式演变为八股文，一直到清末。八股文定型为破题、承题、起讲、入题、起股、中股、后股、束股的死板程式。训练学生一步一步地学写、背熟，然后作全篇。清末，曾编出不少八股文选，应试者读熟了，并会写这些范本，就可参加考试。

这种程式化的作文教学方法，实质上束缚了学生的思想；在写作内容上，不能越出封建统治者的思想范畴；在写作技能上，形成过分追求形式、讲究格律、陈词滥调、言之无物的风气，违背了作文的内容和形式统一的原则。但是，这种长期积累的程式化教学与训练，也给现代作文教学提供了可资借鉴的经验。它死板的公式固然有问题，但也给今天的作文结构教学提供了先例。如它的先写局部后写整体、先勾出轮廓、后发挥充实的方法，对现今作文教学的循序渐进、分步指导也有一定的借鉴意义。

白话文的问世，给我国作文教学开辟了更为广阔的天地。写作按表达功能的不同而形成了不同的语体。文艺语体的特点是形象，语体凝练、含蓄、活泼、新颖；专门学科语体的特点是精确、严密；政论语体的特点是具有逻辑性、鼓动性。同时，为使说理深入浅出，也讲究一定的文学性；公文语体的特点是准确、简洁，文字程式化。随着语言交际范围的扩大和交际任务的增多，各个语体之间互相影响、渗透、融合，就形成了语体的交叉。如杂文就是政论语体和文艺语体的结合；报告文学以文艺语体为主，交叉使用政论语体。

学校作文教学，以记叙文、说明文、议论文、应用文等为主。在训练内容上，从简单的仿范套作，发展到写自己的所见、所闻、所感，抒发真情实感；训练形式上，从单一的教师命题，学生作文的课堂同步教学的形式，逐步发展到根据儿童认知规律，达到发展思维、发展语言、符合一定规范的以综合能力培养为目的的新阶段。

二、小学作文教学的发展概述

新中国成立以后，党和政府十分重视教育，历年来的《小学语文教学大纲》（以下简称《大纲》）中，对小学作文教学的要求逐步提高。1950年颁布的《小学语文课程暂行标准》提出，将阅读、写话、写字作为小学语文的三大教学任务。1956年的《大纲》明确提出了："教儿童学会用口头语言和书面语言连贯地表达自己的思想"，综合了作文教学中口头作文与书面作文两个方面。这个大纲同时提出作文要"言之有物"和"言之有序"，这是作文教学上的两个关键问题。"言之有物"指作文要有实实在在的内容，"言之有序"指说话与作文要有条理、前后连贯。

1963年的《大纲》总结了新中国成立初期的作文教学经验，提出了重视命题作文的指导，课程表上连续安排两节作文课，教师要承担作文的指导任务。从此，作文教学开始重视作前指导。

1978年的《大纲》对小学作文教学的要求是："学会简短的记叙文和常用的应用文，做到思想健康，中心明确，内容具体，条理清楚，语句通顺，书写工整，不写错别字，会用常用的标点符号。"1986年的《大纲》在上面又加了"详略得当"的要求。1986年《大纲》又提出小学作文教学"从内容入手"，指导学生选择有意义的内容和恰当的形式，写自己熟悉的事物，表达自己的真情实感。这对"言之有物"的提法更为具体。

2000年的《九年义务教育全日制小学语文教学大纲》对作文教学的要求是：能把自己的见闻、感受和想象写出来，做到内容具体，感情真实，有一定条理。其中把学生所写内容概括为"见闻""感受"和"想象"，可见学生作文内容更为广泛了。

2001年国家教育部公布了《全日制义务教育语文课程标准（实验稿）》，其中有关作文教学的要求有："能具体明确、文从字顺地表达自己的意思，能根据日常生活需要，运用常见的表达方式方法写作。""具有日常口语交际的基本能力，在各种交际活动中，学会倾听、表达与交流，初步学会文明地进行人际沟通和社会交往，发展合作精神。"可以体会到"新标准"拓宽了作文内容与形式，由"自我表达"进入"人际沟通"和"社会交往，发展合作精神"。同时，《新课程标准》不仅坚持了语文教学要"注重基本技能的训练"的要求，而且把"实践性强"作为语文教学的特色之一加以强调，指出："语文是实践性很强的课程，应着重培养学生的语文实践能力，而培养这种能力的途径也是语文实践。"这种通过反复实践形成能力的观点，就是"训练"。训练的形式最主要表达于会读书、会写文章的能力上，其核心能力是作文能力。

三、小学作文教学的现状

《新课程标准》实施正值国家改革开放迅速发展的时期，当时社会上出现了"轻汉语，重外语"的现象。"特别在小学阶段抬高外语，轻视母语，导致国民语文素质的下降。"（崔峦《高年级阅读教学的问题与对策》）陆俭明教授在文章中说："即使在知识分子相对集中的高校和科学院里，大学生、研究生，甚至少数教员、研究员和个别领导，在写作、说话中，用语不当，文气不顺，语句不通，前言不搭后语，把握不住先说什么，后说什么，词汇贫乏，这是一个比较普遍的现象。"潘文国教授专门组织了一个"中文研究与国际传播学术研究会"。作了一个"'不学外语输在起跑线'是谎言"的学术发言。他指出："学术界的'学语言越早越好'的说法中，'学语言'指的是'学母语'而不是'学外语'，一字之差，意义完全不同。"潘教授亮出了自己的观点："学外语的最佳时机是在智力发展好以后。"他说："这里所说的智力就是母语能力，母语基本学好了，既打下了思维能力的基础，又打下了学习其他语言的基础。"

这里重提学习祖国语言——汉语的重要性。毛泽东在《文化课本》序中说："语文是学生必须掌握的最基本工具，语文学得好，就有利于学习各门知识；语文学不好，不能读，不能写，学生思想的开展和知识的增广就会受到妨碍，影响所及，对国家整个科学文化水平的提高，对社会主义建设的进展，是十分不利的。"著名数学家苏步青强调："如果说数学是学习自然科学的基础，那么语文则是这个基础的基础。"著名语言学家吕叔湘说过："学好语文是学好一切的根本。"在社会上"轻汉语，重外语"的思潮中，语文教学受到轻视，语文水平总体降低，直接影响了小学作文教学的效果。

当前小学语文教学中淡化作文教学，忽视作文能力训练表现在下列三个方面：

第一，教学过程中弱化读写能力训练

小学语文工具性和人文性的统一，是长期来语文界的共识。二期课改中提出的中小学语文课程标准的"课程定位"中，也提出："语文是人类活动的重要交际工具""工具性和人文性的统一，是中小学语文课程的主要特征"。众所周知，小学语文是基础的基础，任何学科的学习都要通过语言文字工具来获取，这就是工具性的体现。小学生将来进入高一级学校，语文的工具性即读写能力将占主导地位。现代中国要融入国际社会，需要学习外语，但

母语能力在任何时候都是很重要的。当前我们考查学生语文能力，也要从阅读与写作上着手。应该说，小学语文的工具性，主要体现在学生的读写能力上。

教材是载体，语文教师要运用这个载体来培养学生读写能力，这是语文教学的核心。在教学过程中，要通过教材让学生认识文章是运用什么方法写的，有哪几个主要部分，它们是如何连贯起来的；如何用段落、句子、词语来组成一篇文章。这样从文章结构分析，让学生认识、体会和理解语文内容的教学思路，体现了工具性和人文性的统一。但在当前语文教学中，教师们对这一教学思路认识还不是很清晰。有些教师习惯于从分析教材的内容着手，仅仅停留在一些表面的朗读、语句训练上；即使进行些写作训练，也缺乏有效指导。有些教师缺乏处理教材的方法，为了赶教学进度，忽视甚至很少进行读写的训练。长期下去，小学生的作文能力就会愈发薄弱，严重影响语文工具性这一基本特征的体现。

第二，教学管理上，淡化作文能力训练

记得上世纪八十年代我当语文教师时，作文每周安排两节课(一节指导，一节当堂写作文)。因而每周一篇作文，是语文教师固定的任务。教导主任定期检查语文教师的工作时，就检查作文备课笔记、学生的作文本(甚至作文本草稿)和教师的批改。那时，学生作文训练是到位的，应该说，在教学管理上也提供了保证。可现在，语文课从每周九节减到六节，还包含作文课在内。教材上虽然有14篇作文题，但注明教师自主选择8—10题进行训练。基于这种情况，教导处也不再检查作文备课和学生作文了。作文本来难教，这样一来，教学管理上无异于弱化了作文能力训练。现在学校里课堂上作文的有效训练减少了，学生作文能力的培养和提高难以落实。

另外，市、区县的各类语文评优课、选拔课、示范课中，作文课几乎也没有了。尽管这些作秀的表演课形式多样，但多数偏重于文章内容理解的引导、感情的激发，真正的能力训练根本不到位。正如崔峦先生的一篇文章指出：语文课堂教学中太多的资料补充、多媒体演示、非语文活动，形同虚设的小组讨论、全班交流，减弱了语文学习的效果。

第三，教材导向上弱化读写能力训练

现在多数教师在处理教材时，总依赖于每篇教材后的教学建议和练习，因为这是具有导向性的。这些教材后的教学建议多偏重人文性——引导学生对教材内容的认识、理解，但忽视了语文教学最基本的工具性——读写训练。比

如，四年级第二学期语文第七课《祖父教我读书》课文后"教学建议"上，要求学生了解祖父教了"我"哪些读书方法；并让学生边读边划文章中写到的每个学习方法，然后细细品味：这些读书方法好在哪里，并要求联系自己平时学习过程中的积累。这样的学习建议，完全是导向人文性的理解文章教法。这样的教学，把语文教材当作《少年报》上的文章，来让学生接受教育、熏陶，强调感悟。这种感悟"能积累词汇吗？能转化运用吗？能把握主要内容所需要的概括能力吗？能领悟文章基本表达方法并在写作中加以运用吗？"（崔峦《高年级阅读教学的问题与对策》）

第二节　小学作文教学是语文工具性的主要体现

一、对语文工具性、人文性统一的认识

小学作文教学是语文工具性的主要体现。对语文教学的"文道结合"，即工具性与人文性的统一，新中国成立后曾经历过几次大讨论。1959年6月—1961年12月历时两年半的全国性的语文教学大讨论中，登载在《文汇报》的总结性文章《试论语文教学的目标与任务》明确指出："语文教学的目标与任务是：使学生明确熟练掌握和运用祖国的语言文字，培养和提高学生阅读与表达能力，并通过教学内容的教育与感染，培养学生具有正确的观点、健康的思想和高尚的品德。"这一论述，前半部分是工具性的要求，后半部分是人文性的要求。同时文章又指出："加强基础，培养能力，发展智力"的指导原则。随后文章又提出素质教学，从强化训练形成语文素质的角度要求加强读写训练。

上海市二期课程改革提出的上海市中小学语文课程标准的"课程定位"中指出："语文是人类活动的重要交际工具"，"工具性和人文性的统一"是中小学语文课程的主要特征。（注意：是"工具性"和"人文性"统一，而不是"人文性"和"工具性"的统一。）在语文课程八个"总目标"中，核心也是"具有独立阅读现代文的能力，能把握文体的主要内容和作者的思想情感、基本见解""养成观察生活、体验生活、思考生活的习惯，能及时记录自己所见、所闻、所感，能用规范的书面语言正面表达自己的思想情感，能根据日常

生活的需要，运用各种表达方式写作。"

由此可见，小学语文教学的目的，自始至终主要体现在小学生阅读和写作能力的培养上。阅读是要学会分析文章，理解句、段的性质与作用，读懂内容与意义；写作是要运用学到的语言文字和文章章法，把自己生活中认识的事物，有条理、清楚地表达出来。

归纳这些认识与分析，小学语文能力的训练，应有两条主线："字、词、句、篇"与"听、说、读、写"，其能力最终体现在"篇"与"写"上。"字、词、句"为"篇"打基础，"听、说、读"为"写"打基础，"篇"与"写"是这两条主线的终极目标。这才真正体现了语文教学的工具性。同时，在这两条主线的训练过程中，必须有内容，这就是语文教材和写作材料。这两个过程，就包含了人文性。这就是语文教学或语文训练的工具性与人文性的统一。

二、发挥语文教材的作文训练功能

教材是教学的载体，我们语文教师要运用它来培养学生的读写能力，这也是语文的核心能力。前面曾谈及，任何学科的知识，都要靠语言文字这个工具来获取，这就是工具性的体现。在我们当前的语文教学中，大家还没有清楚地认识到这一原则。前一节"现状"中谈到，有些教师习惯于从分析教材的内容入手，达到使学生理解教材内容的目的。工具性仅仅体现在一些表面的朗读、词句训练上，即使进行写作训练，也缺乏有效的指导。有的教师缺乏处理教材的能力，一味赶进度，忽视甚至很少进行写作训练。长此以往，作为小学语文基础的"读"尤其是"写作"的能力就会被削弱，严重影响作文训练的应有地位与效果。

如何发挥语文教材的写作功能，有两种方法可供尝试。

一、立足教材，开展读写训练

教材是培养学生能力的重要工具，教师应立足教材开展教学活动。即使有多种因素影响，语文教师的基本任务，还是立足语文教材培养学生的读写能力，这必须贯彻到他们的日常教学活动中。

明乎此，我们就要以教材为立足点，开展语文基本能力训练，要改变把教材与语文基本能力训练割裂开来的现状，要运用教材中语文基本能力要素来进行教学。让学生在语文能力的训练过程中理解教材内容，接受文化熏陶和教育，而不是仅仅让学生理解课文内容。

如前面说到的四年级第二学期课文第七课《祖父教我读书》，可改变"学习小建议"的教法，运用以下的教学方法来进行读写训练：

初读课文后，让学生认识到文章是用"总述—分述—总结"的结构围绕主题展开的。第一节"他（祖父）生前教我怎样读书的谆谆教导，一直铭记在我心中"，提出了课文主要内容，是总述部分。第二节至十二节是分述部分，分述"教我读书"的具体情节。最后小节是总结："我已长大成人，但我仍然用祖父教我的学习方法边工作边学习。"分述部分有两件事，即从两个方面来具体描述祖父教我的学习方法：一是读小学时学作文，二是读初一时补英语。再引导学生理解认识这两件事，都是通过祖父和"我"两个相关人物的言行举止来表现的，有的通过概括叙述句和连接性的叙述句，有的是细节描写。在教学过程中进行如下板书：

祖父教我读书

总述：祖父生前教我怎样读书的谆谆教导，一直铭刻在我心中。

分述：小学教我学作文（多读多写）　①概括叙述
　　　　　　　　　　　　（边读边思考）　连接叙述
　　　　初一为我补英语（定量有恒）　②具体描写—人物对话
　　　　　　　　　　　　（日常运用）

总结：我已长大成人，但仍用祖父教我的学习方法，边工作边学习。

要达到对语文内容的认识，就要从文章的结构入手。长此下去，日积月累，学生可以逐渐提高分析文章的能力和写作能力。

又如，抓住教材中一些训练内容，进行练笔性的训练，费时不多，贵在坚持。如四年级第二学期第一课《燕子》，是通过燕子的外形特征，如羽毛、翅膀、尾巴来描写燕子的生活习性：春天飞来，捕虫敏捷，栖息于电线上的情态。二、三、四小节属于"几个方面表现事物特点"的结构思路，让学生认识燕子这两方面的特点。在这基础上，让学生课前或课后观察一种小动物，抓住它外形和生活习性的几个特点，写一篇作文。学习课文中描写燕子生活习性、动作的词语的用法。这样既达到了理解课文的目的，又有效地进行了读写能力的训练。

二、改进板书设计，充分发挥教材训练功能

在《我的老师》这篇课文中，作者以质朴而真挚的语言，介绍自己儿时的一位历史老师——刘老师。刘老师虽然只有一条右腿，但他有坚强的意志，敬业、爱生的精神和强烈的爱国之情。作者通过对刘老师的细节描写，抒发了自己对刘老师的热爱之情。这是篇写人记叙文的范例，有三个明显的特点：一是条理清晰，运用了"总—分—总"结构；二是选择的事例贴切，紧扣人物特点；三是抓住了刘老师言行举止的细节来描写，使得人物形象非常鲜明。

下面摘录青年教师周蕴倩上这堂课的教学环节：

师：　读了课文，你从文章的第三节感受到刘老师的什么特点？

生：　我感到刘老师上课是很辛苦的。

师：　你真会读书，读懂了刘老师的艰辛。一个年过半百的老师，他就依靠健壮的右腿和一根木棍，一天站上……

生：　好几个小时，一天不知道要跳跃旋转多少次。

师：　除了刘老师的辛苦，大家还能读出什么？

生1：我认为刘老师很热爱工作。他是个残疾人，哪怕是坐着上课，我觉得也是可以理解的，而刘老师却坚持站着上课。

生2：刘老师每天靠一条腿站着为学生上课，而且一站就是很长时间，可以看出他对工作很尽责。

生3：刘老师是个敬业的好老师，他不辞辛劳地跳跃旋转写板书。

师：　同学们的感受都很真切。刘老师敬业的特点是用什么事例表现的？

生：　刘老师辛苦地为我们上课。

师：　作者又是运用什么描写方法来感染读者的？

生：　作者具体描写了刘老师的动作。

师：　对，我们边读边体会。刘老师并不因为身体的缺陷而影响工作，他用木棍——生：撑地，右腿——生：离地，身体——生：急速地一转，便——生：转向黑板。写完了粗壮的粉笔字，又以拐杖为圆心——生：再转向讲台。

师：　作者抓住了刘老师的动作描写，使我们犹如亲眼看见了他那娴熟、强健有力的旋转。一个敬业的刘老师的形象跃然纸上。（教师边与学生讨论边板书。）

在经历了上述教学步骤后，学生很容易地就能领会到作者是采用了"总述—分述—总结"的写作结构。通过板书，整篇课文的内容、刘老师的特点和作者的写作方法都清晰地呈现在学生的眼前：

我的老师（刘老师）

总述：刘老师教我们历史课。

分述：　　　内容　　　　人物特点　　　　感受　　　　描写方法

1. 左腿残疾　　　坚强　　　　酸涩　　　　语言

2. 上课辛劳　　　敬业　　　　激动　　　　动作

3. 讲课生动　　　爱国　　　　动情　　　　语言

4. 喜欢提问　　　爱生　　　　亲切　　　神态、语言

总结：三十年了，我怀念刘老师！

接着，周老师依据板书，适时帮助学生归纳了记叙文的常规写法。即要抓住人物特点，选择一个或几个事例，通过人物的外貌、动作、神态、语言及心理活动描写来突出人物特点。随后，周老师要求学生运用写人特点的基本方法中的一个写一位自己喜爱的老师，这次随堂写作训练十分成功。

这堂课成功的关键是板书设计，要注意以下问题：

1. 全文结构总—分—总，是写人记叙文的基本写法。全文思路清晰，人物特点鲜明；

2. 显示教材内容：刘老师坚强、敬业、爱国、爱生的四个品质特点，是通过写他左腿残疾、上课辛劳、讲课生动、喜欢提问四件事表现出来的。这样的板书，便于学生理解教材内容与文章中心；

3. 显示学生读后感受：酸涩、激动、动情、亲切。达到了激起学生情感，学习教材人物特点的目的；

4. 显示写作方法，运用语言、动作、神态描写来表现人物特点。

这份板书体现了从工具性入手，结合人文性的教学思路。

板书，标志全文思路，也标志教学思路。教师在备课时，要从文本的思路、结构入手，考虑作者是用什么方法表现文章内容的。这样，教师就能从分析文章的形式入手来理解文章内容，设计出全文教学思路。同时，用板书显示这个思路，那么整个教学过程就不会只偏重于内容理解而忽视读写训练了。

可惜，这样的板书不多见。多数青年教师在进行教学设计时，往往偏重于文章内容的理解，忽视甚至根本不去考虑语文课的工具性功能。这不是危言耸听，如果当前语文教学不改变这一倾向，小学生的语文读写训练将会更加弱化，学生读写能力也无法提高，最终导致语文教学失去灵魂。

以下是几例公开课的板书设计。这些公开课都十分出色，但缺乏语文读写训练的内容。如果改进板书设计，就能从整个教学思路上进行改变，保证语文课工具性的体现，保证读写训练的落实。

例一：《全神贯注》(三年级第二学期32课)

原板书一：

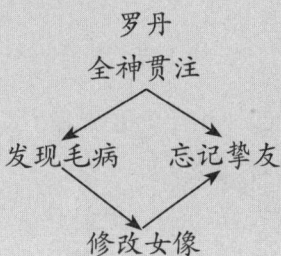

罗丹
全神贯注

发现毛病　　　忘记挚友

修改女像

原板书二：

身子：上前、后退

嘴：叽里咕噜

眼：闪、似乎

脚：踩

手：挥动

改进板书：

起因：发现女像毛病

人物：罗丹	经过：修改	身子：上前、后退	动
事件：修改女像	女像	嘴巴：叽里咕噜	作
特征：全神贯注		眼：闪、似乎	神
		脚：踩	态
		手：挥动	语
		忘记挚友~径自关门	言

结果：感受很深（名言：文章结尾语）

（说明：一件事表现人物特点）

例二：《笛声》(三年级第二学期34课)

原板书：

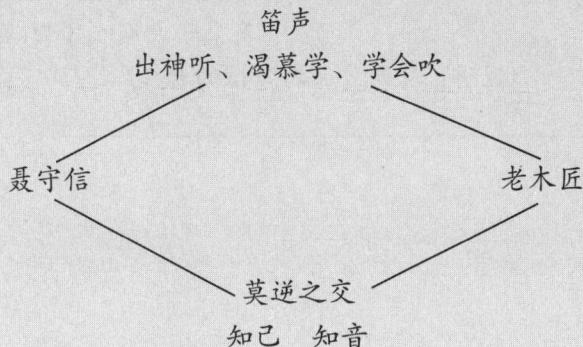

笛声
出神听、渴慕学、学会吹

聂守信　　　　　　　　老木匠

莫逆之交
知己　知音

改进板书：

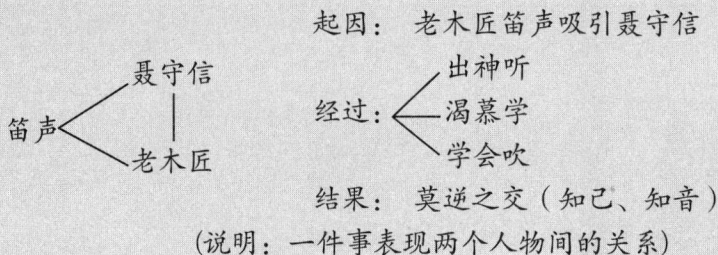

起因：　老木匠笛声吸引聂守信

经过：　出神听
　　　　渴慕学
　　　　学会吹

结果：　莫逆之交（知己、知音）

（说明：一件事表现两个人物间的关系）

例三：《杏儿熟了》(三年级第二学期19课)

原板书：

　　　　杏儿熟了

数杏儿

分杏儿

　　　有酒大家喝才香

　　　有果子大家吃才甜

改进板书：

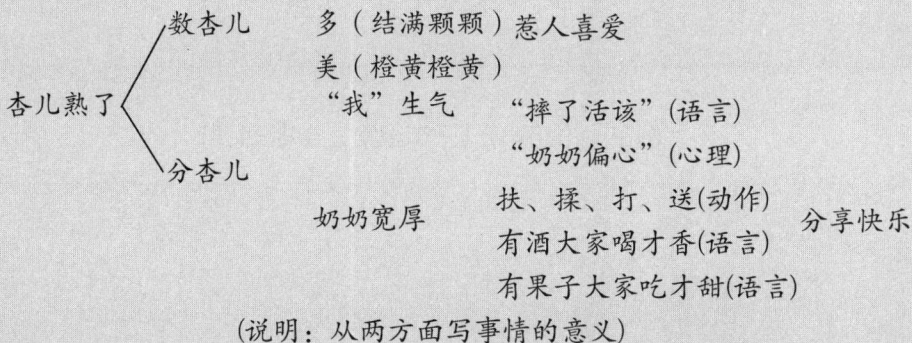

（说明：从两方面写事情的意义）

例四：芭蕉花(三年级第二学期23课)

原板书：

　　　　　　　　芭蕉花

　　　我们　　　　　　　　母亲

　　　　?　　　　爱　　　　!

　　欢喜、伤心　　　　　生气、失望

改进板书：

　　　　　　　　　　　　　　芭蕉花能治头痛病

　　　　　　　起因：◁━━　发现有花(欢喜)

　　　　　　　　　　　　　　翻墙摘花(激动)

芭蕉花　　　经过：　捧花治疗◁━━母亲(连连叹气，不争气……)

　　　　　　　　　　　　　　　　父亲训斥　　　　　　伤心

　　　　　　　结果：送还花

　　　　　　　(说明：具体写芭蕉花一件事表现的意义)

综上所述，如果语文教师在备课时，从工具性——"写作思路"入手设计板书，按这种思路设计教学过程，让绝大部分语文教材都包含有写作的训练要素。时间一长，学生写的能力无形中会获得提高。

第三节　上好每堂作文指导课，变无序训练为有序训练

前一节谈及当前小学作文教学弱化的三个方面，小学作文教学缺乏应有的地位，指导也难以落实。布置个作文题目，三言两语提一下要求，要学生回家完成。所写的作文，也缺乏序列。题目与题目、学期与学期之间，没有序列关系。这样的训练就是无序训练。

一、变无序训练为有序训练

任何知识都有其体系，这是规律。小学生作文是一种表达技能；技能必

须有序列地训练，才能逐步形成。我们教师循着这个知识能力体系教学，就是按规律教学，其教学效果明显；反之，不按规律无序地教学，那就会导致费时多，并且效果不明显。

小学生作文的序列，业内有不同意见。有的以句、段、篇为序列，有的以写景、写事、写人、写活动、状物为序列。根据笔者的数十年的研究与实践，小学生作文在内容上形成序列较有效。

现今小学语文教师进行的作文训练，基本是按教材提供的题目。笔者研读过人民教育出版社的《义务教育课程标准实验教科书》和上海教育出版社的《九年义务教育课本》两套教材。教材可读性很强，对学生扩大知识面，提高对社会和自然的认识，以及积累词语作用很大。它们的单元，是按照教材内容，即人文性要求来编写的，很难兼顾到作文能力的系统性。这是长期以来，我国大多数语文教材存在的难以处理好的矛盾。因而，教材上安排的习作训练，无论从内容上到技能要求上都是无序的，随意性较大。

人教社三年级以上的实验教材，以单元习作形式出题或提出训练，要求安排单元的写作训练8次。上教社的课本，三年级以上的教材每学期提供14个作文训练题，由教师任选8题。笔者作了一下统计，认为这些训练是缺乏序列的。

人教社教科书每学年作文训练题名目统计

年级 \ 形式	写事	写景	写人	写活动	状物	材料作文	应用文	看图作文	想像作文	读后感	童话	自由命题	合计
三年级	6	3	2				1	2			1	1	16
四年级	4			3			2	1	1	2		3	16
五年级	2		1		1	2	3	1	4	1		1	16
六年级	3					2	4	1	1				16
合计	15	3	3	6	1	4	10	5	6	5	1	5	64

上教社教科书每学年作文训练题名目统计

年级 \ 形式	写事	写景	写人	写活动	状物	材料作文	应用文	看图作文	想像作文	读后感	童话	自由命题	合计
三年级	7	2	3	4	4			2	3		3		28
四年级	8	2	9	2			1	1	3	2			28
五年级	12		3	3	3		1	2	2	1	1		28
合计	27	4	15	9	7		2	5	8	3	4		84

从两表中看出，各年级、各类型记叙文训练不均衡，更主要的是命题之间训练要求不明确，相互无一定联系。如人教社教材中三年级、五年级各有《菊花》的命题作文安排；三（上）、三（下）两篇想像作文；四（上）又有两篇想像作文；同时，这个学期又有三篇以"我"为命题的作文；五年级有两篇《××，我想对你说》的命题；五年级又有两篇写"植物"的训练。

笔者认为，要改变小学作文教学现状，除了充分发挥教材作为载体的随机训练功能外，还得变作文的无序训练为有序训练。笔者编写的，已由上海外语教育出版社（以下简称"外教社"）出版的"'三化'小学作文系列"的《特级教师的30堂作文训练课》的"基础篇"和"提高篇"。按写景、写事、写人、写活动、状物各六篇单项训练为序列的基础训练；层次分明的综合性写事、写人，综合性记叙文，简单论说文为序列的30篇"提高"训练。两个系列60次训练，从内容到形式可以切实解决小学阶段三至五年级的作文中存在的问题，达到"课程标准"的作文要求。

但愿同行们阅读本书的同时，参考外教社出版的《特级教师的30堂作文训练课》的"基础篇"和"提高篇"，尝试结合教材上的训练篇目，编制一个适合自己班级的训练序列，对学生进行有效训练。

二、切实有效地上好每堂作文指导课

当前小学课程中，由于教材多，教学时间较紧，课程表上又不专门排作文课，所以作文的指导课少了。每学期14个训练题由教师任意选几题，自由度较大，作文训练面临教学时间紧缺、教师指导不足、能力训练落空的严重问题；再加上在教学研究、考试题的导向上有追求新概念、时尚的趋向，这样"学"与"考"脱节，更加重了作文教学难、学生怕作文的问题。

我认为，小学语文教师每学期必须要有一定量的有效的作文指导课，不是只写个题目，而是应该有指导、有批改、有讲评，最好是学生作文在课堂上完成。

我的作文教学经验，就是每次作文训练课，必须对学生进行"写什么"与"怎么写"的指导。我在小学教师岗位上进行作文的理论研究与实践，退休后20年的"徐老师教作文"特色班大受欢迎，就靠这两大法宝。让学生当堂在40分钟左右时间内，写出300字以上、1 000字以下的达到训练要求的作文。2001年10月，我参加了《福建教育》杂志与福建教育学术交流中心举办的《语文课程标准》学习暨小学语文名师教学观摩活动，我与浙江省特级教师张化万、江苏省特级教师于永正同时执教示范课。我上了命题作文《做客》指导课事后，在2002年第一期《福建教育》上，发表了福建省教育专家曹振道的长篇评论《名师领衔，专家引路，激活传统，走向现代》，就笔者的《做客》也作了评论："众所周知，作文教学长久以来未及根绝的一个通病就是'疏于指导'。徐老师的《做客》指导课，向我们展示了'精于指导'的意义与作用，以及相关的要求。方法步骤：①小学生作文必须'从生活中来，从学生中来'，'做客'是学生人人都有的'亲历'，这样的文题贴近生活，呼之即出，作文门槛低，解决了作文难的问题。②'凡事预则立，不预则废'，小学生作文必须重于指导，不重视指导，后患无穷。徐老师异地作课，借班执教，选上命题作文指导课，足见其平素对作文指导之重视。③'重于指导'必须落实在'精于指导'上。《做客》教学要求'学会在叙述日常普通事件的全过程中，选择能反映一定意义的情节来表达文章中心''学会通过事件中的细节描写，表现文章中心的方法'，这两条目标的认定以及整个指导过程的展示，都体现了徐老师的匠心独运，精于指导，精就精在做到从学生中来，到学生中去，切中学生写此类作文的通病——"流水账写法"，师述示例病文加以否定；紧接着循循善诱，从教学要求出发，全面地、有序地、细微地加以引导，使孩子们结合实例产生顿悟，心领神会，这就有效地避免了犯同类的毛病，从源头上防止了'作文写不好，毛病多多，改不胜改'，讲评课上'满堂责备，满脸无奈'的流弊产生。""可以用这12个字来评价徐老师的作文指导课并不是溢美之词：真实、平实、朴实、扎实、夯实、厚实。""从总体上看，从质地上看，从长效上看，我打心眼里赞同。比起那些作秀课、彩排课，聪明的学生们自会选择徐老师的课，不卖关子，不追风潮，不搞花哨，不故作深沉，只是一心一意地对学生的写作负责，只是全身心的投入。""徐老师关于'打开学生选材思路，教给学生写作方法'解决了'让学生有材料可写''让学生有方法可写'两大难题。他身体力行，殚精竭虑所积攒下的作文教学经验，我们将视之为瑰宝，称之为'双璧'。"

之所以摘引曹振道老师这段评论，目的是强调作文指导课必须解决学生最需要的"写什么""怎么写"两大难题。教师要进行好这两个方面的指导，本书中第三章、第四章、第五章都有相关论述与实践指导；外教社已出版的《特级教师的30堂作文训练课》（基础篇、提高篇）更是充分体现了这一指导要求与具体方法。

三、改变忽视小学生作文基本能力培养的现状

作文，是语文的一种基本能力。语文学习主要体现在阅读和写作上。"读"是吸收，"写"是表达。语文课上教学生认识理解字、词、句和文章结构、表达方法，是为了运用这些来表达自己对生活的认识。它也是有其结构和能力系统的，我在《实施小学作文"三化"教学体系，培养小学生作文能力》的研究中发现：作文能力包含认识事物的能力，即观察、记忆、思维、想像等诸多的认识智力技能，这是一般知识学科共有的能力，可称为一般能力。表达事物的能力，即各类记叙文的审题、选择材料、组织材料、语言运用等能力的表达智力技能称为作文专门能力，这就是小学生作文的基本能力。

当前语文教学中有这么一种脱离学生实际的现象：就是提倡要活跃小学生的思维，要小学生不拘一格地创新，写出出人意料的作文。前几年新概念作文冲击了小学生语文教学。在全市数万名高中生参加的作文比赛中，选拔出上百篇语言活泼、思路独特、题材新颖的作文。而以这些作文为榜样，提倡中小学生学习他们。不少学生家长当面或来信来电询问我，怎样指导孩子写新概念作文，说老师提出考试要学写新概念作文。我这个研究几十年作文教学的语文教师实在无法回答他们，不知这些语文老师是如何指导一般小学生写新概念作文的。把从数万名中学生中选出来的创新作文作为标准，要求小学生都写新概念作文，这不是乱套了吗？这种导向，严重干扰了小学作文教学。

小学生认识能力和语文知识的积累都处于初级阶段，运用日常用语把所见所闻所感写成一篇首尾完整、条理通顺、重点突出、不跑题的作文很不容易。我们要按学生实际，教会学生掌握写作各类记叙文的基本能力。如写事的六要素，围绕文章写"经过"部分，按事情发展顺序写的基本方法；写人的一事、几事；写一个人物特点，写一个人物的几个特点，写两个人物和数个人物特点的"总分"结构的基本方法；写具体各类状物的外形特点和生活习性（生长特点）。这些基本能力，就是小学作文教学中符合小学生认识和表达能力实际的目标。有了这些基本能力，才能发展学生的创新能力，"不拘一格，先要有格"。小学生作文的创新能力，来自基本能力的过硬。小学生只有观察敏锐、思维独特，才可以写出题材新颖、表达巧妙的创新作文。这些需要语文教师平时有目的地精心培育，才会达成目的。我是有这方面的

体会和经验的，我在小学语文教学第一线任教时，一些作文拔尖的学生就是这样培养出来的。

第四节　小学作文教学的性质、意义和原则

一、小学作文教学的性质

作文教学的性质是由作文本身的性质所决定的。

（一）从语文教学的角度看

作文是字、词、句、篇的综合训练。写一篇文章离不开遣词造句，谋篇布局，要做到文从字顺、结构完整和布局合理，不是一件轻而易举的事，只有经过长时间反复、严格的训练才能达到要求。而字、词、句只有合理运用于一段话、一篇文章中，才能算掌握。从这一点看，语文学科的识字和阅读是写作的基础。识字和阅读中所学到的语文知识和技能，只有通过作文这一综合训练手段，才可能转化为表达能力。

（二）从儿童发展的规律来看

作文是儿童生活中言语交际的需要。儿童对客观世界的认识与感受，通过思维，形成内部言语。内部言语他人是不知道的，要进行交流，就要通过语言和文字，借此传递和交际，以形成表达。有中心、有条理的文字表达，就是作文。因而，学生作文是思想认识水平和表达能力的体现，叶圣陶说："小学生今天作某一篇文章，其实就是综合地表现他今天以前知识、思想、语言等方面的积累。"（叶圣陶《叶圣陶语文教育论集》）

（三）对小·学生作文的正确理解

我们要明确一条界线，即小学生作文与成人作文性质的区别。作文，就广义来说，凡写文章均是作文，包括高层次的作家的文艺创作、科学家的研究论文和学术专著，一般层次的交际应用文（计划、总结、报告、通讯

等），低层次的中小学生的写作练习等等。我们目前所述的是小学生作文，应有如下认识：作文，就是让学生把自己看到的、听到的、想到的有意义的内容，用语言文字表达出来。小学生作文是一种习作，是一种最基本的言语交际的表达训练。因此，小学生作文要有别于作家的创作和科学家的著书，对它的要求不能过高。教师在指导学生作文时，只能依照小学生的年龄特征、生活经验、知识水平，正确地把握要求，不要过分强调思想水平。因为学生对事物的认识不可能那么完善，只要是健康的、积极的和有意义的就可以了。在内容上也不应过分强调选材新颖，关键是能否把看到的、听到的、想到的有积极意义的内容，用语言文字正确、通顺、有条理、有真情实感地表达出来。要纠正那种用衡量成人作品、报刊文章的标准，或以教师本人的写作水平来要求学生的趋向。要防止因追求学生作文的"文学化"，而忽视了对学生基础能力的培养。

概括地说，小学生作文是小学生的习作。习作，是小学生作文的基本性质。同时，从不同的角度，可以作如下理解：从语文作为基础工具的特点来说，它是学生思想水平和文字表达能力的具体体现；从一篇文章的构成来说，它是字、词、句、篇的综合训练；从一篇文章的写作过程来说，它是学生生活实践（观察事物）、思维能力（分析事物）、语言水平（用文字表达事物）的统一。

另外，从小学生作文的具体作用来看，它有如下五个性质：

（1）习作的性质。要区别于成人的写作，立足于基本两字和简单记叙文的要求；

（2）倾吐的性质。是小学生将生活中积累的所见、所闻、所想，通过思考，告诉别人；

（3）自我教育的性质。是小学生对事物产生感受和思维，然后有条理地表达的过程，是一个认识过程和建立思想的过程；

（4）交际的性质。是小学生交际的需要，尤其是应用文；

（5）考查的性质。是对小学生的认识水平和文字表达能力进行考查的手段。

二、小学作文教学的意义

（一）语文学科工具性的体现

　　前文曾强调小学作文教学是语文教学工具性的主要表现。

　　这是从语文是工具这个性质顺理成章得出的结论。所谓工具课程，是指"为学生顺利地学习基础理论、专业知识或进行科学研究，掌握必要的学习与研究方法与手段而开设的课程。"（《中国大百科全书·教育分册》）学生在语文课中学习语言，进行听、说、读、写训练，掌握语文知识。语文学科不仅在思想方面，更重要的是在表达方面发挥作用；不仅要学生理解课文的内容，而且着重要求他们学习课文的表达形式。其他学科的课本当然也有内容和形式，但要学生理解和应用其内容是主要目的；而语文学科的着眼点在表达方面，这正是与其他学科在性质上的区别。而这个特别的工具性能——表达，包括口头和书面的表达能力，正是需要通过作文教学手段来实现的。

（二）学作文即学做人

　　社会主义的教育，要求将学生培养成为热爱祖国、热爱社会主义，在德智体美劳诸方面都得到健康发展的社会主义人才，具有鲜明的思想教育的要求。这种要求，体现在包括语文教学在内的整个学校教育中。

　　语文教学的"文道合一"，是最好的寓教于文的教育手段。语文的阅读教学是通过文章的形式（语言文字与表达方式）来理解文章的主题，以引导学生获取知识和学习做人的道理。而作文是通过学生对生活的认识和理解，然后运用语言文字，把自己的认识与理解表达出来的过程。引导学生以正确的思想和健康的情感写作文，使学生通过自己的认识和表达来学会做人，这就是作文教学特有的教育功能。

　　以作文育人，我国历代的教育家、思想家都很重视。叶圣陶说："小学作文教授之目的在令学生能以文字直抒情感，了无隔阂；朴实说理，不生谬误。至于修辞之工，谋篇之巧，初非必要之需求。能之固佳，不能亦不为病。""作文之形式为文字，其内容实不出思想情感两端。以言思想，则积理必富而为文始佳。"（叶圣陶《叶圣陶语文教育论集》）朱自清也说过，写作"是基本的做人训练也无不可"。

在小学作文教学中，要在下列几个方面体现出作文育人的教学要求。

1. 制定学期教学计划，提出思想教育要求

作文学期教学计划，一般体现在语文教学计划中，也可独立制订。不管哪种形式，总得以全学期上8次作文训练为宜。结合学校思想教学要求，结合班队活动，结合学生的思想实际，再增加或调整好作文训练次数、内容和要求。每次作文训练都要以上述三个结合的内容和训练的要求，提出作文技能和思想教育要求。

2. 作文前要做好准备，使学生有正确的认识

学生要写好作文，首先要认识生活。语文教学大纲指出："作文教学要从内容着手，指导学生选择有意义的内容和恰当的形式，写自己熟悉的事物，表达自己的真情实感。"学生作文内容从何而来？必须在作文前的准备阶段，引导学生实践生活，观察生活，思考生活。

（1）引导学生为获取作文材料而观察事物，从而激起美好的思想感情。

作文教学中的即兴观察或事先的有意观察，都是认识生活、获取作文材料的常用方法。可以有意引导学生去观察周围的事物，从而渗透到教育中。例如，观察家乡（村子、街道、里弄）的重大建设与变化，观察家庭生活设备的变化，激起描写的愿望，以增强学生热爱祖国、热爱家乡的思想感情。又如，组织和引导学生有意识地观察社会各阶层人物的工作表现：交通民警指挥交通，退休老工人维持社会秩序，医生认真为病人治病，营业员良好的服务态度，教师辛勤教学，爷爷奶奶、爸爸妈妈的勤劳俭朴，年轻一代的尊老爱幼……从而颂赞这些美好人物的平凡却优秀的事迹。再如，引导学生观察大自然的丰富多采：山川湖泊、树木花草、禽畜昆虫、日月星空、气象气候、村寨田野，激发儿童热爱大自然的情感，从而动笔描绘大自然的美景。这些教学手段，既能激起学生的作文兴趣，有效地提高作文能力，又能树立学生正确的思想认识。

（2）引导学生为丰富作文材料而开展各种主题班队活动。

在作文教学中，教师要将作文教学与班队活动紧密结合。为丰富学生的作文材料而设计开展各种形式的主题班队活动，使学生有可能运用较典型的材料写好作文。这不仅关系到作文教学的成功与否，也关系到能否引导学生认识生活，深化作文主题，渗透德育因素。例如，要写一个人物，总要写出这个人的品质特点，这单靠作文指导是远远不够的。学生往往会陷于"咬笔头"而无从下笔的困境。要是在作文前举行"夸夸我的好父母""赞我敬佩

的一个人""小伙伴二三事"等讲故事活动，或说话比赛等形式的中小队主题活动，学生就会有较多的时间去有意回忆，收集所写人物对象的材料。这样既可激起学生表达的欲望，产生作文兴趣，又有可能选取最能表现人物特点的典型材料。这个过程，正是提高学生对生活的认识，树立正确的思想的过程。

（3）引导学生为积累作文材料而开展有益的活动。

从作文教学的需要出发，结合班队工作，有计划地引导学生为积累作文材料而持续进行某些有益的活动。如洗碗、洗衣、铺床叠被、扫地等家务劳动，做力所能及的手工劳动，为孤老、烈军属做好事，解决他们的日常生活困难，为公共场所搞清洁卫生等。从而让学生在这些活动中，养成良好的劳动习惯，体会到劳动和为他人服务的乐趣。这种做法，以个人活动为主体，也可以以三五人的小组形式活动。教师要善于引导，严格要求，才能收到良好的效果。

首先，教会学生要坚持。家务劳动要天天坚持，公益劳动和志愿者活动要定期开展。教师要结合本校、本班学生因坚持实践活动而写出好作文的事例，鼓励学生。对不能坚持、缺乏意志力的学生，争取家长配合，进行切实有效的帮助；还要适时结合班队活动，进行交流。

其次，在实践过程中，要引导学生善于体会实践的感受。既要有意观察实践对象（项目）不同情况下的变化，又要体会在实践过程中的喜怒哀乐，如获得技能、成功的喜悦，受到他人赞扬的欢乐，遇到困难、挫折时的懊丧，受到责难、误解甚至讽刺打击时的愤慨……要引导学生善于把这一切写进实践日记中去。

这种教学手段，表面上看是引导学生深入生活、积累材料的一种方法，实质上，它对学生养成良好劳动习惯，掌握一定的劳动技能，体会为他人服务、为社会服务的乐趣，以及锻炼意志、毅力、言行一致等品质，都能起到良好的作用。

3. 作文过程中，完善地表达正确的思想认识

作文技能指导，指的是指导学生在作文的准备阶段收集作文的材料，运用语言文字和写作技能正确地表达的过程。这个过程包括审题、谋篇布局、选词用句、修改辨析程序。实质上，这是学生表达思想认识和修正、提高思想认识的过程。

教师在这个过程中，要深化教育，要引导学生树立正确的思想认识。其具体做法是：审题立意时，明确表达的目的；谋篇布局（包括选材、组材）时，提炼表达的认识；选词造句时，丰富表达的感情；修改辨析时，完善表达的要求。

学生在观察和选定写作对象的过程中，认识往往浮于表象。如一个小吃店的服务热情，环境整洁，价格公道，食物美，直接给人的印象是生意好，赚钱多，这是表象。教师要引导学生透过表象认识到，这就是经营者为顾客服务的意识强，是职业道德高尚的表现。

学生在观察过程中，也会感到没什么可值得一说的。这一方面是由于学生能力有限，无法观察或认识到本质的东西，教师要加以启发、引导，让学生有所得，有所感；另一方面，教师可引导学生在一定良好印象的基础上，加上自己的想像（当然这个想像要符合情理），或从间接生活（电视、广播、书刊）中感受到的有关情况，来作较理想地表达。

在谋篇布局的基础上动笔写文时，需选词造句。这一方面需要正确运用适当的词，以符合作文训练的要求；另一方面，需要通过字里行间表达学生的思想感情。这里必须注意引导学生选用恰切的词句来正确表达丰富的感情。切忌装腔作势，成人化、口号式的表达，失去儿童特有的童真与情趣。

作文的最后过程是修改辨析。不管教师评改还是学生自改、互改，都是一个目的：完善表达要求。立意不高，中心不集中，表达不完整，缺乏条理，前后不连贯，选词造句不恰当，乃至病句、错字等，都会影响表达的效果。通过修改，完善表达的要求，把自己的认识表达得更正确、健康、清楚、完整。

注意了上述过程中深化教育的意识性，不仅可有效提高学生作文表达技能，而且也能深化其中所蕴含的教育因素。

4. 作文过程中的非智力因素培养

所谓非智力因素，即是对获得知识、发展智力、掌握能力起间接作用的因素，如兴趣、情感、意志、习惯等。在作文教学全过程中，要提高学生学习作文的兴趣，丰富学生健康的感情，以及使学生养成有意识的观察、仔细审题、比较选材、多向思维、斟词酌句、读读改改等良好的习惯，并注意发展学生的个性和创造力。

（三）作文促进识字、阅读能力和各种知识的发展

1. 作文促进字、词的巩固和运用

作文教学中对于遣词造句的训练，是学生运用所学的字、词在语言环境中进行运用，从而巩固和加深对它们的理解，扩大认识和理解范围的最好手段。

这里，我们先认识一个问题，即小学作文教学是言语交际中最基本的表达训练。言语不同于语言。在语言学、心理学中，语言是指以语音为物质外壳，人类最重要的也是最完备的交际工具。而言语则是人们具体运用语言进行的实践活动，即个人运用语言并以语言自身形式存在的言语实践。两者区别就在于：语言是客观存在的工具，言语是主观运用工具的活动。现在我们说的小学作文教学，是属于言语交际中的最基本的表达训练，这个言语交际是一种运用语言这一工具的活动。有了这个认识，我们就可以从教学论观点，去认识作文教学对识字教学的意义。

小学生在识字和阅读过程中识了一定数量的字，并认识和理解了字组成的词。认识和理解的字、词的音、形、义，通过思维串联起来成为句，就形成了学生的内部言语。这些内部言语以口头或书面形式表示出来，含有一定的内容，就形成了外部语言。就这个角度看，作文提供了学生内部言语发展的条件，起到了巩固所认识的字、词和加深理解的作用。作文是一种书面表达形式，学生内部言语还得通过它表达出来，这就需要大量使用所学的字、词，才能达到最高层次的识字目的的要求——熟练运用。同时，在写作文过程中，学生要接触很多还未认识的或认识后不理解的，或即使理解却不会运用的字、词，因而，作文教学无疑地将大大扩展学生字词的数量，促进识字教学。

当前，我们不少低年级语文课的识字教学，还习惯于用反复、大量抄写来巩固。其实，最有效的识字巩固和理解，却是引导和鼓励学生通过活动、说话及基本的作文形式来运用于言语交际中。

2. 作文促进阅读能力的发展

小学生作文，是以识字、阅读为基础的，没有语言、文字的积累，无法进行表达；没有在阅读教学中培养学生正确的价值观念，给予学生选材立意、谋篇布局、遣词造句等方面的知识、技能，学生已无法学会作文和提高作文水平。学生作文离不开阅读，"读书破万卷，下笔如有神"，都是宝贵的传统经验。这是阅读作用于作文的一个方面，但另一方面，作文也作用于阅读。这一

点，我们也要有清楚认识。

阅读是作文的基础，作文又可加深对阅读课文的理解，促进阅读能力的提高。语文教材上的借鉴课文进行作文知识迁移，就具有这种性质。如《忆铁人》这篇文章，学习后要仿照表达形式：先总叙，再举一件具体事例，通过人物语言、行动、心理活动等表现人物的特点，来写作文。学生写的过程中，又必然认真阅读已学的这篇例文，从中达到写作形式和技巧的迁移。

阅读是对文章的理解，是吸收消化作者表达的思想和技能。作文是对吸收消化的反馈。作文输出的内容和技能，就需要从阅读中予以吸取。另外，对作为信息输出的作文有了兴趣，就会产生追求输出内容与技能的优化的兴趣——即追求作文表达内容的广度、深度。其中的一条重要渠道，就是大量阅读（包括语文课文的阅读和课外书刊报纸的阅读）。同时，作文也能增强学生的阅读兴趣，提高他们的阅读能力。

3. 作文促进各科知识的发展

小学生对客观世界已经有了一定的认识；作文，就是让他们运用语言文字和一定的表达技能，把这些认识表达出来。这里不仅包含语文学科的知识，也包含其他各学科的知识。

小学生对客观事物的认识和表达，其范围包括社会生活和自然生活。如对社会现象的认识与评价，对自然界生物、物理、化学、气象的了解与认识。在学生作文过程中，通过运用这些知识，而达到巩固、加深、改造等一系列的目的。

（四）作文促进思维的发展

实践要求人们在已有知识经验的基础上，通过迂回间接的途径去寻找问题的答案。实践要求人们对丰富的材料，具有去粗取精，去伪存真，由此及彼，由表及里的改造功夫，获得答案。这种改造的功夫，通过迂回间接的途径去找问题的答案，就是思维活动。

1. 作文过程中思维的作用

作文的全过程是思维的过程，思维是作文的核心。文章是客观事物的反映，作者把自己对客观事物的认识用文字表达出来。进一步说，文章的内容既不是作者头脑里固有的，也不是从天上掉下来的，是从客观事物中来的。作者把自己从客观事物中得到的材料，经过头脑（加工厂）加工制作，围绕一个中心组织起几十句，或几百句，就成为文章。这过程中的所谓"头脑加工"，就是思维活动。"文成于思"，就是说没有思维活动，任何人也写不出文章来。文章是思维的果实与结晶。

思维，从一定意义上说，就是在脑中说话。"在脑中说话"，进而发出声音，即口头语言；写成文章，叫书面语言。口语和书面语都要受思维的领导和制约。因而，意在笔先，辞随意生。思维的清晰决定了语言的条理；思维的深度，决定了语言的容量；思维的创意，决定了语言的新颖度。

2. 作文训练的过程也是思维训练的过程

前面谈的是思维对作文的作用；反之，作文训练的过程，也是思维训练的过程。

《小学语文教学大纲》指出："作文是学生思想水平和文字表达能力的具体体现""作文教学既要培养学生用词造句、布局谋篇的能力，又要培养学生观察事物、分析事物的能力"。这里指的思想水平和观察事物、分析事物的能力，就是发展思维。由此可见，小学作文教学的基本核心是发展思维和训练语言。发展思维和训练语言是主从的关系；即思维为主，语言为辅。

作文不是简单地反映学生的生活，不是像摄影那样摄下生活原型，而是在从认识事物到表达事物的全过程中，进行思维的训练，从而形成正确认识，做到准确表达。"园中之竹"是客观事物；"眼中之竹"是通过感知获得的感性知识；"胸中之竹"是通过初步分析综合的思维过程，概括后在大脑中留下的表象；"笔下之竹"则是要托物言志，借景抒怀。这个升华过程，就是训练思维的过程。学生在这样不断的作文训练中，培养了思维能力。

我们在作文教学中，引导学生观察事物，提高认识事物的能力，就是包括了学生对事物由表及里、由此及彼、相互比较的观察和分析的思维能力。教师在作文命题后，引导学生从已有的作文材料中确定中心，这实质上是一种揭示事物本质，从形象思维到抽象思维的训练。学生必须在教师指导下，在回忆、收集材料的基础上，反复思考，认真分析，抓住事物的本质，获得深刻的理解，才能达到准确表达的目的。

如何运用作文技巧写成一篇有条理、结构完整的作文，来反映事物本质——中心思想呢？这需要教师运用灵活、多变、有效的教学手段，进行材料的组织安排，训练学生如何有条理、有逻辑。这是一项逻辑思维的训练，富有创造性的活动。

文章成篇后，教师要引导学生修改辨析，发现和修正表达上的欠缺，认识上的片面或谬误，语言驾驭（写作技巧）能力上的不足和偏差，这又是一种综合的思维和语言训练。

3. 通过作文教学，使学生形成良好的思维品质

基于作文与思维关系之密切，我们的教育应着眼于未来，通过作文教学，在知识、思维和情操上全面地训练学生，为他们适应未来社会打好基础。当前不少学者，从各个角度描绘现代人的形象，不管哪一种描绘，都包含着智能的因素，并把运用语言的能力列为具体的表现之一。而如我们在前面所述，语言的运用不单纯是个技巧问题，是受着思维的制约，关系着思维活动是否积极、正确、有效。作文教学恰恰是以训练思维和语言为核心的，因而作文教学同学生的思维品质的关系十分密切。作文是认识的表达，是对社会和自然信息的检索输出，是思维的综合反映。它具有个性，表现出独创性。任何两个人的作文，尽管题目一样，写的事物相同，但主题、角度、侧重点、结构和语言都可以是完全不同的，这就是思维活动对作文的作用。

从上述分析看，作文教学中重视学生思维品质，意义重大。所谓思维品质，则指思维的多向性、求异性和独创性。

华东师大教育科学院1985年校庆实验报告论文选中，华师大二附中陆继椿同志《浅谈作文训练中的思维模型》一文中提出的现代思维模型可以提供借鉴。

对此，我们可以获得以下几点启发：

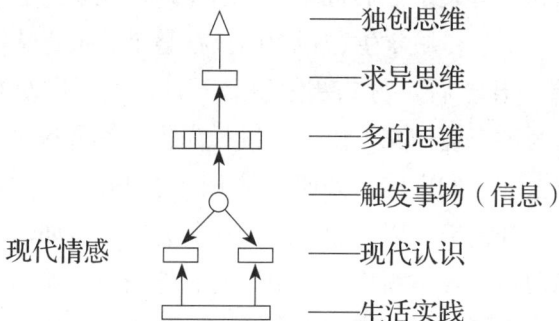

（1）思维的基础是生活实践。生活实践丰富，思维才会活跃，积极有效。

（2）通过生活实践，才能产生现代认识与现代情感。所谓现代认识，指现代社会一切知识、信息、观念的总和。现代认识的积累主要是按照逻辑思维的规律进行的——即符合客观条件的思维。所谓现代情感指现代社会的道德感、理智感和美感等高级情感。"情动而言形，理发而文见"，这是古人从写作实践中体会出来的规律。无论是状物、记事，写人、写景，情不动，理不发，是不可能写出好的文章的。

（3）触发事物（信息），是指在认识和情感基础上产生的作文冲动，即调动学生的信息贮存，唤起他们的有效记忆。这是交给学生思路的钥匙，打开学生思维的大门。

触发事物有四类。命题触发：见到题目触发认识和情感，产生表达欲望；课文（阅读）触发：通过学习课文或课外读物，促使学生理解事物，打开作文思路；材料触发：提供一定的材料给学生去揣摩、提炼（如扩写、看图作文等）；生活触发：最可贵的触发，最有生活气息的触发，有感可发，不吐不快。

（4）多向思维。在触发事物的基础上，引导学生对大脑仓库中贮存的信息进行汇集、排列、比较、重新组合，促使学生思维高度活跃，呈现多向发散的特点——在习惯性的常规思维中出现许多交叉和转向，这将有助于形成良好的思维品质。

例如寒假里，陈刚和他的几个小伙伴组成"寒假报童队"，向邮电局预购了各类少年儿童报刊。清晨，他们冒着严冬的寒冷，在集镇上设摊卖报刊。上午，穿街走巷卖报；下午，给学生送报上门。在整个"报童队"活动中，他们获得了深刻的体会。开学后，写"寒假生活"时，教师启发他们作多向思维。陈刚从不同角度写了三篇作文，以《卖报》为题，着重写在清晨中如何不怕寒冷，如何向集市上的人们宣传，如何针对不同对象介绍不同报刊，以锻炼少年儿童能力为中心展开情节；以《第一次卖报》为题，写如何不好意思喊出第一声"卖报"，如何约定齐声喊出"卖报"的有趣情节，如何练口算本领以应付找零钱等情节，表现了少年儿童的天真活泼、积极向上精神；以《送报上门》为题，写了他们不辞劳苦，把各种报刊送到同学家里，受到同学和家长赞扬的情节。

陈刚同学在思考"寒假报童队"这个题材时，表现出了能够多向思维的品质。

（5）如果教师在学生多向思维基础上，注意打破思维定式，另辟蹊径，就能够具有求新思维。求新，是寻求最佳思维的必由之路。致力于新的发现，从而达到新的境界，写出有新意的作文。

例如，某年二月开学的第一天，上海下了一场大雪。教师带领学生现场观雪、赏雪、玩雪。然后，要求学生以"雪"为题材写一篇作文。大多数学生在习惯性思维支配下，写雪景的美丽，堆雪人的乐趣，打雪仗的欢乐，铲雪扫雪的感受。其中有一位学生却另辟蹊径，从早上听到妈妈讲了句"春雪似刀"，便刨根问底，认识了雪有腊雪、春雪之分。农历冬至后下的雪，称腊雪；农历立春后下的雪，称春雪。腊雪如浇，指严冬季节下的雪起着浇水、浇肥一样的作用。因冬天干燥，下了雪可以保墒供水，还可杀虫、灭病菌。春雪似刀，指立春后，天气转暖，小麦、油菜等已返青拔节，而突下大雪，天气骤冷，会严重冻坏庄稼。且立春后雨水增多，下了大雪，正是似"刀"一般。据此认识，他出人意外地以《唉，这一场春雪》为题，从"春雪似刀"展开情节，叙述了开学第一天下雪所带来的一系列不便：不能穿新皮鞋上学，撑一顶笨重的大雨伞，听不见枝头小鸟的"歌唱"，看不到柳枝上绿芽芽的"跳舞"，不能举行升旗仪式，校园内一棵大树被压倒，幼儿园孩子滑倒在雪地⋯⋯表现了一种懊丧的心情。这篇作文就与一般学生作文不同，写出来的内容富有新意、不同凡响，是求新思维主导下产生的好作文。

（6）思维品质的顶峰是独创思维。独创思维则要求抛弃一切成见，善于在时代潮流中敏锐地捕捉问题，进行独立思考，充分利用当代最新信息去衡量现实、预测未来，敢于大胆提出疑问，发表见解。

例如，一个班级开展"农家乐"活动，与农民共享富起来的欢乐。教师带领学生参观那些一幢比一幢壮观的新楼房，式样新颖，装潢华丽，室内陈设又现代化，学生们看了深受鼓舞。回校后写作文时，同学们都以上述的一些情节来反映农村之富裕，农民之幸福，反映农村经济政策对农民带来的好处。

唯有两名学生，却写出了与众不同的内容。一名学生，是联系自己家里的实际情况（该生也是农村学生），写了他的亲身感受：父母亲由于赶潮流，学人家，硬是借了很多债，盖起新楼房。为了还债，父亲日夜劳苦，人渐憔悴；母亲思虑过重，身体得病；春游时家里连20元钱也拿不出⋯⋯小作者觉得，家里盖了楼房后，失去了往日的欢乐。他由此提出了一个令人深思的问题：不能脱离自己的经济实力，盲目追求高水平的生活；否则，便会带来不良后果。

另一个学生在作文中，引用了他与一户新楼房主人的对话：

"你家这三上三下楼房，外加厨房，花了多少钱？"

"六十万左右。"

"你家几口人？"

"三口。我们夫妇俩，加一个孩子。"

"你家只三口人，住这么九间大房间。我见你们只有一间房间和一间厨房派用处，其余几间都空关着，灰尘满屋，不是浪费吗？"

"嘻，你这孩子，农村都这样，不盖楼房，将来儿媳妇也娶不到。"

"你儿子几岁？"

"6岁，在幼儿园学习。"

"哈，你儿子到结婚还要20年左右，这20年我们国家有多大发展，你这楼房将来还适应你儿子和儿媳的需要吗？再说，你这四五间大房间空关20年，浪费多大！"

"……"

"要是少盖几间，把省下来的钱，投资再生产，或给你儿子智力投资，不是更有价值吗？"

"……"

然后，这个学生指出：不少农户盖了那么多那么大的新房，应用价值不大，是浪费钱财。这篇作文，表现了小作者难得的理性思维。

上述两个学生的作文，显示出了他们思维品质的独创性。他们善于在农村富起来后、急速盖房的潮流中，利用新的现代意识观念去衡量现实，大胆提出问题，发表自己的见解。

这类作文，在小学生中也常有发现。我们要善于发现——哪怕是有一点点苗头，就应注意加以引导。

三、小学作文教学的原则

文无定法，因人而异，作文教学的确是难，但是，实践经验告诉人们：难虽难，还是有规律可循，有原则可依。

作文教学的规律是从作文教学的矛盾关系中揭示出来的，概括为下列三点：一是生活、阅读、写作三者的联系；二是口头语言和书面语言的互相转化；三是内容与形式的关系。作文教学原则是客观存在的作文教学基本规律。人们在教学实践经验积累的基础上，依据作文教学目标制定的教学行动准则，其正确与否，教学的效果理想与否，取决于它是否正确地反映了客观教学规律。

但是，作文教学原则的制定，较为主观，因而各种著作提出的作文教学原则很多，综合起来，有如下几个。

（一）循序渐进的原则

《小学语文教学大纲》指出：由易到难，由简单到复杂，循序渐进，逐步提高要求。其实，循序渐进岂止是作文教学的原则，是所有学科的普遍原则。就作文教学来说，它包含的内容较广泛，概括起来，有下列四个方面：从述到作，从分到合，从扶到放，从仿到创。

1. 从述到作

这里有两层意思：一层是：述，述说，即说话的意思；作，写作，即写的意思，这层是指由说到写；另一层是：述，表述、叙述，是把自己阅读或别人朗读、讲述的材料复述或重新写出来；作，指写作，即学生把自己观察、体验到的生活情景，收集整理，确定中心，安排结构进行表述。

第一层强调作文训练与说话训练紧密结合。这里的"说"，也有两层意思：一层是作文前，先把要写的内容，简要地不拘形式地先说，达到对所写内容有初步认识与理解的目的，以助于构思作文；另一层是作文前（指书面表达），先按作文要求训练口述，即口述作文。这两种形式，都具有由易到难的特点。低年级的作文训练，更有先说后写的要求。当前，高年级作文训练尤其要强调这一原则。大家普遍的反映是年级越高，说话能力越差，这与平时教学中忽视这一原则有关。大凡高年级作文训练，由于时间不足，训练内容繁琐，而且阅读教学也不如中、低年级那样较为充分。如果能充分运用课内外时间，采用相互说等形式，让学生在动手写文之前，先说说作文的内容，或按要求先口述作文，那么，作文训练的效果会更理想。

第二层的从述到作，是学生由复述到创作，体现由易到难、循序渐进的原则。因为作比述更强调独立性和创造性，而述仅是重复别人提供的题材，用来过渡到自己独立表达思想，说明事理。

述的训练有复述课文句子、句群（包括复述教师和学生所造的句子），讲见闻，讲故事，复述课文，以及改写、扩写、读写练习。训练安排要灵活多样，由易到难，可先从一二句的复述，到三五句的短文复述，到结构复杂的文章复述，再到创造性复述；从教师提出提纲让学生复述，到学生共同拟订提纲再到学生独立拟定提纲复述。

从述到作，在小学阶段具有阶段性和过渡性。一般地说是低年级述多作少，以后在述中逐步增加作的创造成分，向作过渡和发展。

2. 从分到合

分指单项的、局部的训练，合指综合的、整体的训练。我国传统的作文训练，都是采用从分到合，即由单项到综合、由局部到整体的训练原则。如从字到句，到句群，从句群到写段，由写段到写篇的训练；从分项练写人物的外貌、动作、语言和心理活动，到完整写人的特点；从学写开头结尾，一个场面片断，一组景物片断等，到学写全篇。《小学语文教学大纲》也提出：从低年级加强词句训练，到中年级加强段的训练，再到高年级训练篇章，写好全文。这种训练之所以为大家所接受而长期保留，是因为它有着不可否认的优点。其一，可以分散难点，逐步解决作文中的问题，减缓作文训练的坡度；其二，简单方便，费时少，目标单一，成效快，便于结合阅读教学安排写作小练习；其三，针对性强，既可为作文做准备，又可在作文之后，起到补漏或提高的作用。

随着教学改革的深入展开，各地的教学成果层出不穷，如黑龙江的"注音识字，提前读写"，陕西汉阴查振坤的低年级起步作文实验，湖南箭评道小学滕昭容的童话教学等。他们采取了从整体出发，从篇章入手，要求由简到繁地按照中心搭好架子进行训练，而不是孤立地进行句子或片断的训练。这种训练是在一年级学生学好拼音后，就开始作文。一年级写话时，就要求学生围绕一个中心说（写）几句话，乃至一段，做到有中心，有头有尾，有过程。实验表明，由于先说后写，由篇入手，降低了开篇成文的难度；又由于起步早，作文量大，学生作文水平超过了其他班级。

如何正确对待这两种训练，局部（单项）与整体（综合）训练之间究竟是怎样的关系，这是值得进一步探究的课题。

3. 从扶到放

"扶"指教师给学生的扶助，"放"指放手让学生作文。从整个小学阶段看，低年级扶多放少；年级增高，扶的成分减少，放的成分增多。如低年级的写具体一句句子，看图说（写）一句话、一段话。指导时，需出示例句，启发开拓思路的步骤细致，细致到应该选用一些什么词语也要启发或提供。到高年级，就要写反映综合能力的记叙文。扶仅体现在对选材和构思的启发上；相对来说，就以放的成分为主了。

4. 从仿到创

仿即模仿，提供一个模式（范例文），让学生在作文的形式方法上仿作。创，即创造，即脱离模式，自行设计。仿是创的基础先导；创是仿的发展和目的，从仿到创体现了循序渐进的教学原则。仿作在小学作文教学中是一个重要的训练，是实现作文表达技能过渡的主要途径。学生写作文，有范文作指引，进步显著。把观察与模仿结合起来，把阅读与写作结合起来是提高作文水平的有效途径，而读写结合就以模仿为桥梁。一般的仿作有三种类型：

（1）句式仿作。模仿课文中或课外阅读中的基本句型、句式、常用句群。仿的目的在于建立完整的句子概念，了解句与句的结构关系，掌握用词造句的基本技能，使语言规范化。对于学生作文训练中出现的病句，也可通过仿作形式，针对性地出现例句（范句），让学生领悟修改。

为了使学生的书面语言更鲜明生动，还可以设计仿写简单的修辞句，如比喻、拟人、排比、设问、反问等。这种仿作，多数结合阅读教学进行。

（2）片断仿作。结合课文或范例文某些精彩段落，引导学生仿写某一片断，可以仿写各种开头、结尾、过渡、照应、衔接、连缀等语言片断；也可仿写记事（写具体）、状物、写景等段落，还可以进行人物的外貌、语言、行动、心理活动等专项仿写训练。

片断仿写有两种形式：一是同类仿写，取材与范文相同或相近，仿用范例片断的表达方法。如学习了《雨》课文后，让学生观察《雪》，"照猫画虎"地仿写。二是异型仿写，仿效范例文的观察方法和表达方法，去描写和范文不相关的另一类事物。如学习了《珊瑚》一课后，让学生学习这课文的观察方法去观察生活中的其他事物如手绢、文具盒等。

（3）篇的仿作。这主要是在高年级结合训练时运用。习作例文就是一种形式，命题作文等训练时的教师"下水文"和出示范例文都是这种性质的仿作。教师以范例文章为样子，为模式，让学生借鉴。仿其如何围绕中心写具体，如何主次分明、详略得当，如何前后照应、连贯一体，如何编列提纲、谋篇布局，如何语言得体、生动活泼、富有真情实感等作文表达技能的获得，也均包含在范例文的仿作这一教学手段中。

仿作在小学作文教学中的作用是应该承认的。人非生而知之，学生掌握任何一门知识和技能都必须从零开始，而模仿正是学习的一部分，是学习的初级阶段，是创造性写作的起始。茅盾曾将模仿比作"踏脚石"。他认为，只要能正确地模仿，"踏脚石"就不会变成"绊脚石"。从教育心理学的角度讲，模仿是儿童的特点。根据这一特点，引导一二年级的学生在模仿中学写作也是可行的。我们在实际教学中常会发现，低年级的学生观察事物往往是笼统的、不精细的，由说到写的过程中容易忽略许多主要的内容；加上心理上的负迁移现象和遗忘，印象更易模糊、混淆。所以如果在口语训练后，没有及时指导学生仿写，而让其想到哪儿就写到哪儿，必然会产生许多脱漏现象，甚至所表达的内容含糊不清或出现错误。而学生通过仿写后，初步掌握了一定的写作方式或表达技巧，将口语转化为书面语，就更能有的放矢地完善和补充感知不清或遗忘的东西，校正错误或混淆的部分。

但最为主要的还是从仿到创，因为任何仿作都是为了创造。在低年级，有时有些纯模仿的训练，但也要让学生从模仿中获得借鉴，而自行创造。如低年级课文看图学词学句：秋天、菊花、树叶。结合看图，让学生从图像上明确：秋天到了天气凉，秋天到了菊花开，秋天到了树叶落。

学生仿此句式说话和写作，这是仿的性质。仿图上情景，仿教师板书。在此基础引入创的成分。教师设计一个问题：天气凉了，我们小朋友穿衣服上有什么变化？学生讨论回答：要穿毛衣，穿长裤，穿皮鞋（不穿凉鞋了）。在这基础上，要学生自己思考后延伸说下去的内容（只要延伸一句话这就可以说是创了）。（例如：秋天到了，菊花开了，菊花真美丽，或菊花好看极了，我们去公园看菊花……；秋天到了，树叶落了。我们小朋友把树叶扫掉，或树叶落在地上影响卫生，我们去把它扫掉……）

中、高年级的仿作训练，更要着重于设计"由仿到创"的教学手段。例如适应四、五年级的课堂素描，是一种十分有效的作文训练形式。但因为素描的表演、演示情景，多数是统一的，学生按此描写叙述，仅是仿。如果在这基础上设计创的教学手段，就能达到从仿到创的目的。

从仿到创最重要的是教师借鉴范例文章，启发学生仿其谋篇布局，要重视以此来启发学生的发散思维，留有让其发挥之余地。要防止把范例文章当作框框，让学生完全"依样画葫芦"，束缚其创造性。怎样让学生尽快地过渡到独立写作上来，是值得深入研究的问题。当前，有不少学生往往在仿的引导下，出现千篇一律或套作或抄袭的现象，只要好好引导，还是能避免的。不能因为有了这种现象，而否定"仿作"的作用。

在模仿问题上，理论界有争论。持反对意见者主要认为，模仿会束缚学生思维，并引用叶圣陶在《作文选读》的题词"模仿不是好办法，抄袭是自己骗自己"，来引证模仿之不可行。

诚然，叶圣陶确实有过"模仿不是好办法"的题词，但只要了解一下题词的背景，就不难发现，这里所说的"模仿"是针对当时有些地方《小学生优秀作文选》泛滥，学生不动脑筋，盲目套用、背写，甚至抄袭现成文句的现象而言的。可见，叶圣陶否定的是内容的抄袭、背写，而不是否定范文表达形式和方法的模仿，这才是叶圣陶题词的真正内涵所在。张志公说得好："学习研讨叶老的教育思想，万不可抓住片言只语大做文章，而要深入了解，融会贯通，抓住思想实质和精华所在。"我们知道，叶圣陶在很多地方是十分强调模仿的，他也曾说过，"语文教材无非是例子，凭这个例子要使学生能够举一反三练习阅读和作文的熟练技巧。"叶圣陶先生是语文教学界的老前辈，为语文教学积累了丰富的、可资借鉴的经验，但作为后人，如果满足于对前人的论述作断章取义的发挥，是难以促进我国小学语文教学研究事业的创新和发展的。

（二）指导与练习相结合的原则

教小学生学习各门功课，获得各类知识技能，都要体现这一教学原则：即在教师指导下进行学习，以巩固所学知识，熟练已学技能。作文教学更需要贯彻这一原则。

小学生作文能力的形成与其他各科学习能力的形成比较，相对来说难度较大。难在制约因素多，要受到生活经历、知识基础、认识水平、语言文字的积累与运用等因素的制约。这就需要教师的指导。作文的操作性尤强，每次训练就要作一篇文章，考查也要作一篇文章，而不是靠解答有关知识。因而，练习就显得更为重要。指导与练习结合，在指导作用下，强化学生的练习操作就成为最重要的教学原则。

指导与练习脱节表现在两点上，一是表现在作文练习全过程的指导中。前面谈及，小学生作文能力形成的制约因素很多，那么，学生形成能力的练习涉及面也很广泛，指导就应体现在每一个环节上。例如，学生写作文的材料之获取，与学生生活经历之丰富与否，认识水平之高低。如果教师在这方面的指导不够，学生就会感到作文无材料可写或写不具体。又如作文的修改评析，应是学生提高作文能力的一个重要环节，但教学上这一环节放弃指导或缺乏练习安排的情况普遍比较严重。

另一个指导与练习的脱节表现在一味强调多练，放弃指导。不少教师认为学生作文必须多练，才能熟练掌握技能，这是有道理的。但是多练要适度，多练必须有教师的指导。有的教师一周一篇作文，一天一篇日记，再加上结合语文教材进行小练笔、小作文。结果，教师没有时间与精力指导，也不加以精细批改或指导学生自改自评，仅是批上个"阅"字。久而久之，这种多练既加重了学生负担，使学生生厌，又不能切实有效地提升学生作文能力，这就是指导与练习脱节的表现。我们必须注意，要适当让学生有多练习作文的机会，但每次练习都应把老师的指导贯穿于全过程，只有到了学生已掌握了作文的综合能力（一般体现在少数高年级基础较好的学生身上）的程度，才可让学生自行练习，提高自己作文的能力。

关于个别指导，这是一个新的探索。个别指导是相对以班级授课制的集体指导而言的。作文教学的个别指导在教学目标上，应与根据教材进行的集体指导一致。但个别指导下的作文，一般来说，总比集体指导下产生的作文质量高。具体表现为：内容生动活泼，富有个性，形式符合各类文体要求。

个别指导体现在两个方面，一个是内容，一个是形式。学生的生活应该说是丰富多彩的，他们从社会和自然各方面接受各种信息，时时会遇到富有情趣、拨动他们心弦的事物，从而萌发表达欲望。但班级集体指导下的作文命题，总是带有共性，很难满足学生这些表达的愿望。正如有的学生所言："老师命题的我们写不出，我们想写的老师没叫写。"所谓个别指导，就是教师要善于发现学生的这些"想写"的内容，指导其"写不出"的内容。几名学生经历的，指导几名学生写；一个人经历的，则指导这一个学生写。学生在这样指导下写出的作文，内容上必然具有个性特点，学生兴趣也足，都会产生这样的体会："真没有想到，这件事也能写作文？""这次作文，我觉得最好写，最有劲。"教师要善于捕捉学生的学校生活、家庭生活、社会生活中富有个性的材料，具有真切的感受、富有鲜明的儿童情趣的材料，及时加以指导，让学生练习作文。实践证明，这种指导具有很重要的意义，不仅能有效提高学生的作文表达技能，而且，能有效提高学生认识事物的能力——观察生活、分析生活的能力。

（三）认识事物与表达对事物认识相结合的原则

我们的小学作文教学研究，历来受静态研究理论的影响，把研究侧重点放在作文课堂教学中如何提高学生表达技能上。这种研究，以写作活动的作品为主要研究对象，研究作品的构成因素及其价值规律，从而形成理论来指导人们的写作实践。《小学语文教学大纲》指出："作文教学既要培养学生用词造句、布局谋篇的能力，又要培养学生观察事物、分析事物的能力。"我们接受了静态研究理论的影响，侧重于前者的能力培养，忽视了后者的能力培养。20世纪70年代开始，一部分作文教学理论研究者把注意力转向对人的写作思维活动，写作能力形成过程及其规律的研究上，这就是动态研究理论。这种理论认为学生作文，掌握写作知识和技能确有必要，但要培养成作文能力，却绝不是懂得这些写作知识就能够济事的。作文需要对客观事物有所认识，有了认识之后还需将它表达出来，表达出来的文字要恰如其分地反映自己的认识。如果能够做到较准确地认识事物，并将这些知识确切地表达出来，就算具备了作文能力。因而，作文教学应注意到这个认识事物与表达事物相结合的教学原则，重视提高学生融两种于一体的能力。

按照这个观点去认识作文教学，那就不能把作文教学只局限于提高学生表达能力上，而要将其看作是培养学生兼具认识事物的能力和表达对事物认识的能力。学生由认识事物到表达这些认识的过程，一般如下：

摄取信息→储存信息→提取信息→加工信息→记录信息→修改信息→完成

在这过程中，前两个过程完全是认识事物的能力，后几个过程是表达认识的能力。其中提取和加工信息，是对事物认识的分析消化。整个过程实质上是由"物"到"意"，再由"意"到"文"，是活动主体进行写作的过程。

大家对这个原则的认识是统一的，都理解"无米之炊"是巧妇也难以做成的。但在教学实践中，把提高学生认识事物能力、重视学生作文材料的获取作为作文教学手段的意识不强，工作做得太少，这也是形成"作文难"和"作文教学难"的主要原因之一。因而，教学实践中体现认识事物与表达对事物的认识相结合的教学原则，就显得十分必要。

（四）语言运用与思维训练相结合的原则

在"作文教学的性质和意义"这一节里，笔者谈及了思维对作文的意义和作文发展思维、形成良好思维的作用。思维与作文的关系，实质上也是思维与语言的关系。因为，作文就是学生通过思维，表达自己的认识，这个表达过程就是口头语言和书面语言运用的过程。叶圣陶曾精辟地指出："语言和思想又是合二而一的东西，所以语体该和语言思想一贯训练。"作文实质是运用语言表达思想，从想到写，既是思维过程，也是语用过程。从儿童语言发展看，它受内部语言制约。思维即内部语言，思维的清晰决定语言的明确，语言的丰富又取决于思维的广度与深度；思维的发展促进语言的发展，语言的训练又促进了思维的发展。因此，思维与语言应是作文训练相互依存的两个中心环节，须同步结合，一起训练，这又是作文教学的重要原则。

第二章

小学生作文能力

第一节　小学生作文能力概述

一、小学生作文能力的构成因素

小学生作文能力的概念是什么？就是小学生把所认识的客观事物，运用已掌握的语言文字知识和写作技巧表达出来的能力。这是一个复杂的、多种因素构成的能力。它由下列一些因素构成，并受它们的制约。

知识基础——指积累和掌握的语言文字知识和文章的基本结构形式；

智力因素——指对作文知识的理解和知识转化为能力所需的速度与质量；

生活经历——指经历的社会生活、自然生活，包括直接的和间接的；

认识水平——指对经历生活的理解与认识的广度和深度；

情感因素——指对生活经历认识后产生的对生活的感情倾向。

从上述的作文构成与制约因素来看，作文能力的形成，不是孤立的、单一的，而是整个小学教育中的一个部分，它与其他学科同时对学习主体——学生发生作用。这些因素的形成和发展，需要依靠其他学科，包括班队活动和语文学科的识字、阅读教学等的帮助。

由此我们知道小学生作文能力，一是学生对客观事物的认识的能力，包括生活经历和对生活经历的理解与认识，以及对生活经历有了认识后产生的情感倾向；二是学生对客观事物表达的能力，包括具有一定的语言文字积累和基础知识。这两种能力的关系如下图：

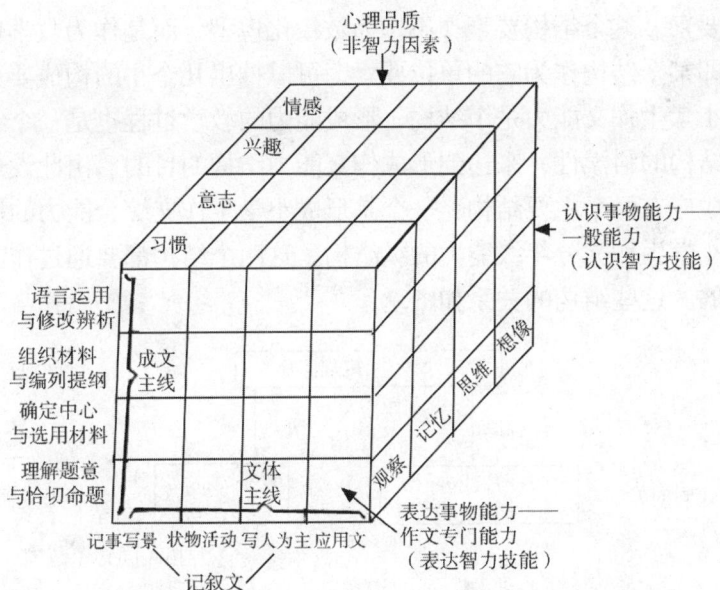

在立体图正面是表达事物的能力，即专门（特殊）能力，是表达智力的技能，它是作文训练培养的主体能力。

在立体图侧面是认识事物能力，即一般认识能力，包括观察、记忆、思维、想像等能力。

在立体图上面部分，是心理品质培养，包括情感、兴趣、意志、习惯等非智力因素的培养。它的培养是在两组作文能力发展过程中形成和发展的，同时，影响着这两组能力的形成和发展。

图中的经纬线，线线相通，表示的意思是其各项能力与非智力因素的形成与发展，是相互影响、相互发展的。

二、形成小学生作文能力的教学结构

小学生作文能力的形成，需要通过一定的科学的教学手段。这里就小学生在小学阶段形成作文能力"层次发展"的结构，和一次作文练习的"三段式作文教学过程"结构作一下探究性的分析。

（一）小学阶段形成作文能力的"层次发展"结构

小学生作文能力的形成，涉及面很广，借鉴美国教育家布鲁纳的知识结构理论中有关论说：任何事物（知识转化为能力）都有自身的本质结构，其结构有其构成要素。这个结构要素"不作为数量化模型，而是作为数学化模型来构筑的"。即某个结构作为它的单位要素，可以抽出几个小的构成要素。据此可以设想，小学生作文能力是个结构，形成能力的教学过程也是一个结构；通过作文教学结构的科学性，来达到形成作文能力结构的目的。由此设想小学生作文能力形成应有两个主要结构：一个是形成小学生作文综合能力的横结构，一个是形成小学生作文分年级能力的纵结构。这两个结构都要通过作文教学过程来达到目的。这些结构的关系如图示：

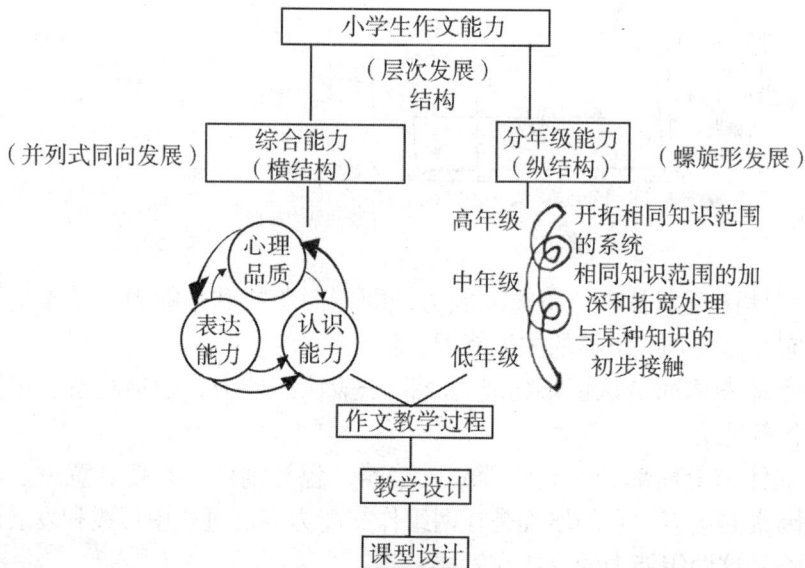

小学生作文能力的形成和发展，呈"层次发展"式的结构。它包含横、纵两种结构。横结构指综合能力，即认识事物能力，表达事物的能力和心理品质相互影响，相互渗透同向地"层次发展"；纵结构指分年级能力，是呈螺旋式地"层次发展"。

关于分年级能力呈螺旋式的发展结构，源于原联邦德国的螺旋式教学大纲理论。该理论的实质是主张某种知识可以从低年级开始，让学生接触，然后随着年级的增高不断拓宽。在教学要求上有所侧重，在教学考查上加以限制，一个年级段一个层次地发展。美国教育家布鲁纳的"螺旋式课程"理论中也提出："无论何种题材，可以一举学会的事例几乎是罕见的。""要真情实感地掌握适应的结构，就得对同一题材每次都以新的观点，反复地展开学习。"这两个理论的实质是同一的。又根据近年来各地创造的低年级提前起步作文的经验，提出了图表中这个"螺旋式"的分年级作文能力层次发展的思路。这思路的实质是主张在现有传统的阶段性发展基础上，融合层次发展的训练，即在低年级进行字、词、句教学中，为作文积累语言文字基础，进行开文成篇的起步作文训练。同时，中年级在段（片断）结构训练基础上，进行篇的基本结构初步训练；高年级在进行篇的综合训练基础上，补缺句、段基本功之不足。以此来实现低、中、高阶段以篇为核心的层次发展目标。

横结构的作文综合能力和纵结构的分年级能力之形成，都要依靠教学过程。这个作文教学过程又是一个结构，其中包含有呈隶属关系的教学设计与课型设计。教学设计指一个作文题训练的整体设计，包括引导学生提高对所写对象的认识能力和表达认识、修正认识的能力。课型设计指一堂课作文课的教学设计，这个课型设计，有其基本常式结构和变式结构。

（二）作文教学过程的结构

作文需要学生具有认识事物和表达事物的能力。由认识事物到表达事物的过程是：摄取信息→储存信息→提取信息→加工信息→记录信息→修改信息。

有一种意见认为，上述认识中的第一、二步是属于作文前的准备工作，作文教学从提取信息开始，作文教学的范畴不包括前两步。引导学生提高认识事物的能力，是各个学科共同担负的任务。作文教学把这些内容掺入后，会更加复杂化。作文教学就要从提取信息开始，因为10岁儿童已有大量的生活积累，只要引导得法，提取加工，足够可以写作文了。

我们的主张是，作文教学应包括认识事物和表达事物的全过程。从摄取或提取信息开始，要根据学生的生活与认识基础来区别对待。而且，学生经历过的生活，不等于已经积累了材料，从经历到成为作文材料，要有一个认识过程，涉及认识能力问题，需要通过一定教学手段来重温经历，增强认识；这就得从摄取信息开始；有的虽是已经历过的生活，但感受不深刻，难以成为表达的内容，必须再去经历，这也是从摄取信息开始了。

为此，应区别作文教学与作文训练的概念。前者系泛指，后者特指作文课堂教学中的技能。前者包含认识事物能力的提高和获取训练题的材料，即从摄取信息开始；后者则是从已积累贮存的、已有所认识的信息中，加以提取的技能指导。

这个作文教学过程结构可列表如下：

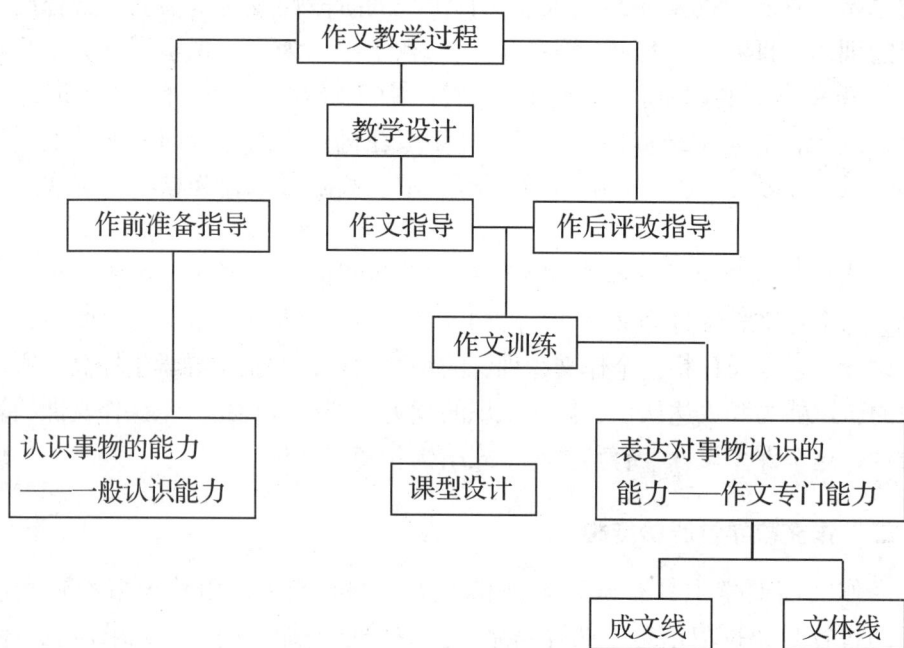

```
                    作文教学过程
                         │
                      教学设计
                         │
    作前准备指导      作文指导      作后评改指导
        │                │
        │             作文训练
        │                │
  认识事物的能力      课型设计    表达对事物认识的
  ——一般认识能力                能力——作文专门能力
                                        │
                                   成文线    文体线
```

作文教学过程结构由两个从属性的结构组成。一是教学过程中的教学设计结构，包含作前准备指导作文指导作后评改指导三个指导过程；二是作文训练中的课型设计结构，由作文指导与作文评改指导两个过程组成。这个过程当然还有提高、深化学生对所写事物的认识的作用。

根据上述分析，作文教学意味着包含作前准备指导过程中提高学生认识事物能力的教学手段，即从摄取信息开始；作文训练则是表达技能的指导，不包含提高学生认识能力的教学手段，是从提取信息开始的。

至于作前准备指导中的提高学生认识事物能力，是否会使作文教学更加复杂化呢？我有两个基本看法：第一，复杂化是作文教学的客观存在，意味着研究广度、深度的发展，是使作文教学花下去的精力成为有效的劳动，是作文教学研究的可喜现象。第二，并不复杂，只要把作文教学与班队工作、班队活动紧密结合起来。我们大多数小学语文教师是兼班主任和中队辅导员的，重视在作前准备指导中提高学生认识事物的能力，实质上是导入了少先队工作领域，这样既有利于教学的效果，又促进了少先队工作，何乐而不为呢？按此思路，作文教学设计是从内容入手的，它强调在作前准备指导中提高学生的认识能力，从而首先解决作文内容问题，激起学生的表达兴趣。十分明显，这个结构是主张先"意"后"文"，先内容后形式。同时，这种结构又突出了作文训练，即表达技能的形式训练的重要性。

第二节　小学生作文与其个性心理特征的形成

小学生在教师的指导下，通过观察感知周围事物，关注环境的变化，记忆发生的事件，思考各类不同的问题，想象未来的情景，这是一种认识过程。在这一认识过程中，他们会对周围的事物产生喜、怒、哀、乐等情绪，这就是认识过程后的情感过程。为了深化认识事物和表达认识事物所经历的过程，根据作文训练要求，克服困难，作出努力，达到目的，这是继前面两个过程后的意志过程。认识、情感、意志三个过程即"知、情、意"，是学生作文的整个心理活动过程。每个学生在写作文的心理过程中，由于各种内因和外因的影响，表现出不同的能力、气质、性格、兴趣和爱好，就形成和发展了每个学生在作文学习活动中的个性心理特征。

认识和理解作文对优化学生心理过程和形成、发展学生个性心理特征的作用，就可以在外因的重要因素——教学内容、教学方法的选择上，重视顺应学生心理活动规律。然后，在学生不同的内因——个性心理特征的基础上，充分发展学生在"知、情、意"三个心理过程的良性发展，形成理想的作文个性心理特征。

陈刚同学在小学时就是写作文的佼佼者。他还是四五年级学生时，就在全国少年儿童报刊上发表作文56篇，两年内参加14次全国性小学生作文比赛，均获一、二等奖。1985年、1986年连续两次参加国际少年书信写作比赛，分别获国内奖和国际奖，荣获上海市少年"巴金奖"荣誉。从陈刚等作文能力较强的小学生身上，探究作文对学生个性心理特征的形成与发展的影响，可以发现：凡作文能力强的学生，他们在提高作文的认识事物和表达事物能力的同时，良好个性心理特征也得到了发展。所以，应该说，作文对少年儿童形成与发展良好的个性心理特征，起着重要的作用，体现于下列八个方面：

一、目光敏锐

作文能力的形成，首先要具备观察能力。众所周知，作文的材料来自对生活的观察与思考，然后才会有积累、储存，才有条件提取、选择，从而谋篇布局，写成作文。所以，小学生作文能力的提高，首先显现在他们的观察能力上。十分明显，同样时间内观察同一类事物，作文能力强的学生就比其他学生来得全面与深刻。这里除了态度因素，主要是作文训练对他们个性心理特征的形成产生了作用。

有一次训练写动物的作文，事先要求学生花一周时间去有意观察一样动物。陈刚同学在观察时，就善于用比较的方法，抓住早晨开棚的时间，观察鸡在早晨出棚时与平时的神态的不同，母鸡与公鸡在出棚时神态的不同，母鸡与公鸡吃食时神态的不同，写出了下面的作文片断：

> 窝门一开，大公鸡急匆匆奔出，在棚栏内"腾腾腾"地兜了一转。然后，竖起它在朝霞下金光闪闪的锦羽扑打着翅膀，嘴里"咯咯咯"地轻声嘀咕，好像发泄着主人紧闭它一夜的怨愤。而那只母鸡．却慢悠悠地踱出栅门，径直向食槽走去，习以为常地啄起谷粒来。大公鸡似乎发现自己已经吃亏了，慌慌忙忙收敛锦翅，也拼命地啄起食来……

为写一篇反映农村欣欣向荣景象的作文，教师组织学生参观一个农民新村。一般学生在参观中都注意新楼房的宏伟，装饰的精致，设备的现代化以及生活条件的优越等，而陈刚则不同。他在作文中，写了这样三件事：一是写一家农民的孩子在玩一堆电动玩具，有汽车、坦克、飞机、火车和智力游戏玩具，以此显示农民之富；二是写了一户农民在新建的楼房门前拍摄全家福照片，显示农民富裕后的喜悦；三是写在养鸡棚工作桌上摆放着三本养鸡知识的书籍，显示了农民致富除了政策因素和个人勤劳外，还需要科学知识。相比之下，陈刚的观察力就非同寻常。他从几件极平常的，一般学生不足为奇的小事中，悟出道理，抓住不放，着力描写，这是写出好作文的重要原因。

可见，陈刚等学生作文能力的提高，又进一步促进了他观察力的发展。而这种目光敏锐、洞察事物的能力，是一种非常可贵的能力，对人的一生都是十分有益的。

二、情感丰富

小学生的情感都很具体，是受具体事物的影响与支配的。空洞的说教，不能激起学生的情感。在学校教育环境中，要培养和发展小学生的道德感、理智感和美感等内在的情感。优秀的小学生作文在字里行间表露出的真情实感，一定是学生对所写的对象（物、人、事）有强烈的情感，并在成功地表达了出来。而强烈的情感，来自对所写事物深刻的感受。在小学生作文题目中，经常有写老师的内容。成功的作文，能在字里行间流露出对老师辛勤劳动的真诚的尊敬与赞美。陈刚同学在教师节来临之际，为了写歌颂老师的作文，他与同学一起开展了访问老师家属、追踪教师的一天等活动。从大量的具体事例中，看到老师在校内、在家里为学生的成长洒下无数的汗水，熬了无数个夜晚，放弃了无数个休息日。尤其是了解到老师带病坚持工作，将病假单揣在怀里，带病上课的动人事迹。于是，他从对具体事例的感知认识过程，进入到热爱老师的情感过程，产生了强烈地要表达感谢老师的愿望。他于是就从不同的角度，选择恰当的事例，写下了《我的老师》《老师的奖状》《与众不同的班主任》《专管"小事"的老师》《给老师的一封信》《老师的假日》《老师的病假单》等近10篇作文，富有真情实感，被发表在各种报刊上，大多数还获了奖。其中有一篇长达3 000字的《老师的奖状》，参加了上海电视台和《上海电视》杂志的教师节征文，获得最佳的10名优秀奖中的第二名，而其他9名获奖者均是编辑、记者和作家。陈刚以老师为题材的多篇作文之所以获得成功，是因为情感真切和深刻。这些作文的词句虽然朴实无华，但深切地表露了对老师无限的爱。

这类作文的成功，无疑对作者情感这一个性心理特征的形成和发展有重要的意义。

三、浮想联翩

作文能力强的学生，有一个共同的特点：他们的想像能力特别丰富。想像是学生作文过程中的一个重要心智活动。因为作文的成功，不仅仅是学生对客观生活如实地记录和描述，还需要根据作文的要求，根据手头的材料，展开想像的翅膀来完善、丰富、充实作文的内容。在这种成功的作文训练下，学生的想像能力由低级的再造想像发展为高级的创造想像，对学生个性心理特征的形成和发展意义重大。

陈刚同学的作文，内容生动，文笔洒脱。读了他的作文，你会感到这是一个想像力丰富、富有个性的孩子。在一次以"异想天开"为主题的中队会上，他根据当前科技工业中出现的空气与水质污染的情况，提出要设计制造一种装有净化设备的"净化鸟""净化鱼"，让它们飞翔和遨游在空域、水域，来净化空气和水质。这种奇思妙想，受到了《少年科普报》的赞扬，称之为"少时敢于想，壮时敢于闯"。在此鼓励下，他借阅了有关空气、水质净化的科普书籍，请教了小学、中学的自然、生物、化学教师，然后进一步开展想像，写出一篇科幻作文和一篇《我的理想》的作文。在这两篇作文中，他分别写出了自己将考入××科技大学少年班，专攻"净化学"，学习世界各国先进的净化科学技术。他先假设要改进当前沉淀、过滤、净化水质的"净化鸟"。后又感到这种方法太费电能，会产生电能短缺的新问题。于是，又进一步想像利用太阳能，制成太阳能净化器，从而建造世界上最大的净化工厂，制造出无数的"净化鸟""净化鱼"，进入空域、水域，以净化空气和水质。作文受到专家的赞扬和肯定，认为这是一篇成功的富有想像力的作文。

这种想像能力丰富的儿童个性心理特征，对其以后的学习、工作和事业，必将起到重要的作用。

意愿性想像，在小学生作文中占主要比重。所谓意愿性想像，就是小学生描写的生活现实，如果感到还不甚美好，不太如人心意，可以按自己的意愿去想像描述。如"关心下一代"工作委员会在全国少年儿童中开展"少年梦——我的中国梦"征文活动中，不少小学生写了意愿性想像的"少年梦——我的中国梦"作文。上海嘉定区徐行小学五年级学生刘晓慧在《美丽的草编梦》中，充分表现了她的意愿性想像能力。嘉定区徐行镇是驰名国际的黄草编织品产地。但原材料黄草既种植困难，又易折断。小作者意愿性想像改造黄草质地，发明了草编织品图案设计软件和编织机，让黄草编织品从原料到产品上提高质量，更加畅销世界。这种意愿性想像的作文，将有助于小学生形成一种向往美好生活的个性心理特征。

四、爱好专注

生活是作文之源。文章，一方面来自学生对周围生活的观察思考，以及参与社会生活、自然生活的经历；另一方面来自学生自己的实践劳动。由此获得感受，写出富有儿童生活情趣和真情实感的作文。这类作文的成功，促使我们的学生对某一项爱好高度专注，从而发展成能力。这也是学生个性心理特征之一。

不少学生在小发明、小制作等科技创造活动中，取得了很好的成果。为了宣传这些成果，就要用作文、日记和科技小论文等形式呈现出来。这个过程，实质上是心理发展的良性循环过程。因为介绍得清楚、生动，就必须对自己的发明创造的具体过程和价值有充分认识。所以，这就鼓励学生进一步投入到发明创造的活动中去。谭佳慧是一位三年级的女学生，当她把第一项小发明"简易浇水壶"写成科技小论文，在县里的小学生科技作品比赛中获奖后，产生了再次发明创造的强烈欲望。有一次，她在新居住的教师公房拍死了一只蚊子，但雪白的墙壁上留下了一个污点，影响了美观。这件事引发了她的思考，于是第二项小发明"电动吸蚊器"产生了。接着她把创造发明"电动吸蚊器"的过程及其价值，转化为准确的语言文字和恰当的表达形式——科技小论文。此项发明又获市级小发明奖。于是，这位10岁的小女孩，愈加醉心于小发明创造。此时，当地农民养兔业十分兴旺，可时常发生偷窃现象，往往辛劳一年、被视为"财神爷"的数十只长毛兔一夜间被偷盗精光。数千元钱的收入化为乌有，被盗的农民痛不欲生。一位同学的家里也遭此劫难，她哭了一天，上课也打不起精神。谭佳慧看在眼里，痛在心里，决心发明一种报警器，来防止偷盗，甚至还可惩治一下可恶的小偷。她从爸爸一次不小心绊了她和小伙伴正玩着的橡皮筋而险些摔倒的情景中，受到启发，经过反复思索、制作和实验，终于发明了一种报警器。不仅真的抓住了盗贼，而且一度减少了偷窃现象。为此，这位小发明家荣获了上海市"少年钱学森奖"，被团中央特邀参加全国"创造杯"夏令营。谭佳慧之所以能在一年内有三项小发明，原因是多方面的，但每次发明后的写作小论文，不能不说对她后一项小发明产生了积极的作用。

不少教师在作文训练中，为了使学生获得真切的感受，经常引导和组织学生从事力所能及的公益活动、农副业生产劳动、手工工艺劳动和自我服务劳动，鼓励和帮助他们在这些劳动中克服各种困难，然后指导把这些写成作文。这类作文的成功，使学生获得了相关知识与能力，对形成其个性心理特征产生了积极影响。

五、兴趣广泛

兴趣，是少年儿童个性心理特征的一个重要方面；有了浓厚的兴趣，才有学习知识、获得能力的动力。小学生作文在小学语文教学乃至整个小学教学中较有难度，没有兴趣，是不可能学好作文的。

作文的兴趣从何而来？一旦激起了表达的情感，就会产生表达的兴趣。表达情感来源于对生活的认识，故而要有广泛的生活基础。因为作文所写的内容是包罗万象的。范围上，有社会生活、自然生活、学校生活、家庭生活、集体生活、个人生活；内容上，有写人、记事，有状物（包括动物、植物、建筑物、景物、自然景象和玩具、文具等小物件），以及体裁上的记叙文、议论文和交际应用文。要写好这么广范围和内容的作文，必然要参与各类生活，在生活实践中获得情感的积累，从而会积极参与各种生活，并产生兴趣。

陈刚同学作文的成功，主要是他的数十篇优秀作文均有浓厚的生活气息。有这么丰富多采的内容，显示了他兴趣的广泛。他爱好广泛，运动场上有他矫健的身影，是学校乒乓健将；他又是文艺爱好者，学校舞蹈队有他，合唱队有他，演话剧、故事比赛也有他的份。尤其是少先队活动，他曾是学校里的小队长、中队长和优秀大队长。他在少先队活动这个广阔的天地里施展身手，极大地拓宽了生活面。他与小队队员一起开展社会服务活动，给孤独老人搞卫生、买物品、洗衣、修家具。在长期给老人"送温暖"的活动中，体现了少先队员对老人的关心和帮助，是对老人晚年心灵的极大慰藉。这些积累，使他写出了《乐呵爷》这篇富有趣味的优秀作文。暑寒假组织"流动图书站"活动，开展调查考察活动。成立"报童队"，或在集镇上设摊卖报刊，或串街走巷叫卖报刊，或进村串宅送报刊上门。还慰问烈军属，慰问老师……平时，在辅导员帮助下，广泛开展了"猜谜夸家乡""各显神通""异想天开""'六一'忆童年""知识信息窗口"等中队活动。所以，他在参加"沸腾的校园生活"征文时，就得心应手，文思如泉涌，一举获得三个奖。

积极参与生活，获取作文素材，激起表达兴趣，写成作文。作文的成功，反过来又激起参与生活的兴趣。广泛的兴趣，对学生的个性心理特征形成，起着积极的作用。

六、勇于追求

　　心理现象由认识到情感，再根据既定目标，克服困难，经过努力，进入意志过程，即"知—情—意"。作文学习是语文学科乃至整个小学学习中重头的部分。作文学习的困难，不仅仅体现在表达所认识事物的意志过程中，还体现在认识事物的认识过程中。因而，作文成功的全过程都是经过努力克服困难的意志过程。这表现在学生对每次作文训练目标的追求上，作文能力较强的学生写出的每篇好作文，都是克服困难的过程。因为他与一般学生的目标不同。目标不同，产生的追求不同。高的目标，必须要勇于追求才能达到。这对显现意志的个性心理特征之形成和发展有着重要的作用。

　　在陈刚同学身上，这种个性心理特征表现得十分明显。他有30多本作文草稿本，草稿本上每篇作文都先后用不同颜色的笔修改三四次，有的作文还重写两三次。有次写《小保姆》，他按老师意见修改了两次，自以为满意了，可老师还要他改。他开始有些失去信心，不想再改了；但后来，还是改好后按时交给老师，成功完成了一篇富有意趣的优秀作文。又有一次，他写了篇《老师笑了》的作文，老师给了他一个"优"的等级，可当他在一本《作文》杂志上看到一位同学写的《爸爸笑了》，是写爸爸对自己耐心细致的教育帮助，自己有了明显成长，爸爸才笑了，他觉得这样写法比偏重写老师笑的情节要高明。于是，他又重新写了《老师笑了》作文。同学们笑他想得"优优"等级。其实，这正是他为提高能力而勇于追求的个性心理特征的表现。另外，每当报刊或市县组织作文竞赛，他总积极参加，力争获奖。因而能在全国性的各项小学生作文比赛中获得14个奖项。当他看到《中国少年报》上举办"国际书信写作比赛"时，他又积极参加。但《写给逃难儿童的一封信》的赛题不容易选材。他为收集材料，翻阅了大量的资料，观看电视的"国际时事"新闻节目，访问了不少老师，增加间接生活知识，从而获得感受，写的作文很成功，获得了国际奖。

　　由此看来，成功作文的写作过程，就是勇于追求的过程，对形成个性心理特征有重要的作用。

七、能思善析

　　思维是人们心理活动的核心，是认识的高级阶段。任何学习活动的成功，须靠良好的思维品质。因此，成功的学习，又促进了思维品质的优化。学生作文与其他任何学习活动一样，是思维主宰的过程。思维，从"在脑中说话"，到发出声音成为口头语言，或写成文章成为书面语言。总之思维借助于语言，语言又受制于思维，所谓"意在笔先，辞随意生"。所以文章之好坏，关键在于思维。

同样的，成功的作文是思维训练的过程，是优化思维品质的过程。作文不是简单地反映学生的客观生活，不是像摄影那样地摄下生活的原型，而是从认识事物到表达事物的全过程中，进行思维训练，从而形成正确认识，做到准确表达。学生在不断的作文训练中，同时发展了思维能力。

学生在作文过程中，首先要观察事物、认识事物，由表及里，由此及彼，比较地观察、分析、综合和概括。接触命题后，对题目的理解，或从拥有的作文材料中确定中心，是从形象思维到抽象思维的训练。运用恰当的作文技巧和语言文字，来反映所认识的东西，即写成一篇有条理、结构完整的作文，是一种针对思维条理性、逻辑性的训练。文章初稿写成后，发现和修正表达上认识的片面或谬误，发现并修正写作技巧和语言技巧上的不足或偏差，又是一种综合的思维训练。

作文与其他学习活动不同，它是认识的表述，是思维的综合反映，具有鲜明的个性。任何两个人的作文，题目和要求一样，写的事物相同，但主题、角度、侧重点、结构和语言却不可能是完全相同的。这反映出作文学习活动对提高思维品质是具有很大意义的。所谓思维品质，则对思维高层次的要求，即思维的多向性、求异性和独创性。思维品质主要表现在这个层次上，这是最可贵的个性心理特征，在不少成功的小学生作文里都显示了这种思维品质。前面谈到的例子中，陈刚在首届教师节从不同角度写了十多篇赞美老师的作文，就是多向思维的体现。

可见，成功作文对学生锻炼思维品质的重要作用，这也是形成和发展个性心理特征的良好手段。

八、习惯良好

良好的学习习惯，对学生的能力、气质和性格等个性心理特征均有影响。任何学科学习，均可培养学生一定的学习习惯。作文学习，对良好学习习惯的影响与作用更为深远。

（一）有意识观察的习惯

从作文的思维流程看，首先得从客观世界，即从周围的生活中摄取信息，也就是通过观察来感知生活，选取作文材料。成功的作文训练，关键在于教会学生有意识观察生活的方法，从而写出富有生活气息的作文。学生在这个认识过程中，体会到有意识观察对写好作文的意义，就会主动在生活中去发现富有新意的题材，养成有意识观察的习惯。陈刚和其他几个小伙伴一起玩，看到一家新开的铁匠铺，老师傅打铁时专注的神情，叮叮当当的打铁声吸引了他们。事后，陈刚在日记里记下了这些内容，并再次去观察体会，写出了《新开的铁匠铺》这篇富有情趣的优秀作文。而其他几位小伙伴，却未把此事放在心上。这说明，陈刚已具有有意识观察的学习习惯。

（二）比较材料的习惯

成功的小学生作文，不是一看题目想到什么材料就写。这种"拾到筐里就是菜"的选材方法，不是与题目不符，就是材料不典型，不能充分表现主题。应当根据题目的要求，尽可能较多地铺开有关素材，然后进行比较分析，确定最能表现中心的材料。这是思维选择性的训练。久而久之，就能使学生养成比较思维的学习习惯。陈刚在写《我的小伙伴》时，先罗列出自己的小伙伴8人。再在每个小伙伴后写出其显明的特点，及表现这些特点的主要材料。然后，比较一下，哪个小伙伴的特点是最值得赞扬并有情节可写的，于是他决定写张昕爱画画的特点。他集中回忆有关张昕学画的材料，再进行比较，最后确定最能体现张昕学画的两个事例。把这种思维过程运用在每篇作文的选材思维中，这就养了善于比较材料的习惯。

（三）多向构思的习惯

小学生的思维发展是从顺向发展到逆向，以至多向，反复地进行。这种思维发展的训练，为作文的选取材料和谋篇构思打下了很好的基础。在选取材料和谋篇构思中，均需要根据作文题目的要求，考虑用哪一个材料，从哪一种思路去表现中心；或根据手头拥有的材料，考虑用哪几种思路去表现哪几个中心，写哪几个作文题目。这样的作文训练，提高了学生思维的品质，养成他们多向构思的习惯。

在一次野炊活动中，陈刚就以活动中的情节为基本材料，写了《记一次野炊活动》；以活动中学习烹调技术写了《我学会了烧菜》；以活动中两位原来有意见、互不理睬的同学合作烧菜为主要情节，写了《他们和好了》等数篇作文。这显示他已养成了多向构思的习惯。

（四）一气呵成的习惯

成功的作文应该是获取了丰富的作文材料，审清了题意，安排好了结构，或理清了思路才开始动笔的。因而，其下笔成篇的过程必然是一气呵成的，做到笔头尽可能跟上思路，即使有不会写的字词，也不要停下来使文思中断。这样的文章才能前后连贯，融于一体。要是"一步三回头"，写写停停，说明未曾精心构思。因而，成功的作文，必须要进行一气呵成的训练，以养成习惯，有利于思维的敏捷和流畅。陈刚同学每次写作文，就是在充分准备材料、深思熟虑的基础上，一气呵成，然后再回过头来认真、细致地推敲和修改。为了加强作文能力，必须养成这种习惯。

（五）读读改改的习惯

成功的作文，最后的一步是要认真地修改。成文一气呵成，要求思维流畅敏捷；修改却要认真、细致，斟词酌句，反复推敲。陈刚曾三次修改《小保姆》，他的作文篇篇都修改过两三次。说明要写出优秀的作文必须养成读读改改的好习惯。

第三节　实施"三化"教学体系，培养小学生作文能力

小学生作文能力的形成和发展，有其构成与制约因素。并且，它又对小学生心理个性特征的形成与发展起着重要的作用。因而，在作文教学中，如何按照小学作文教学规律、小学生认识和心理发展规律，运用有效的教学手段，有效地培养他们的作文能力，发展他们的个性特征，是一个值得研究的问题。全国各地已积累了不少有益的经验。笔者根据小学作文教学实践与研究，逐步形成了一个"三化"教学体系。其内容是：作文内容生活化、技能指导结构化、训练序列系统化。从实践效果看，可以说这是个较有普遍实用价值的作文教学体系。

一、作文内容生活化

小学生作文的内容来自生活，教师要引导学生从生活中积累作文素材，提取和选择恰当材料写入作文。大家都知道，小学生的"生活充实，才会表白出发抒出真实的深厚的情思来"（叶圣陶《叶圣陶语文教育论集》）。但在教学实践和研究中，还没有切实具体的教学手段，保证学生在每次作文训练中，都能写自己的生活。

前面说过，我们的作文教学研究，历来受静态研究理论的影响，把研究侧重点放在作文课堂教学中。这种研究，以作品为主要研究对象，研究其构成因素，从而形成理论来指导人们的写作实践。《小学语文教学大纲》提出："作文教学既要培养学生用词造句、布局谋篇的能力，又要培养学生观察事物，分析事物的能力。"我们受了静态研究理论影响，侧重于前者的能力培养，忽视了后者。近年来，很多作文教学理论研究者，把注意力转向对人们写作思维活动、写作能力的形成过程及其规律的研究上，这就是动态研究理论。这种理论认为，学生作文，掌握一些写作知识和技能确有必要，但要养成作文能力，却又绝不是仅仅懂得了写作知识就可以的。作文需要对客观事物有所认识，还需将这种认识表达出来，表达出来的文字要恰如其分地反映自己的认识，这才具备了作文能力。

按照这个观点去认识小学生作文能力，那就不能把作文能力单纯看作是表达能力，要把作文教学看作是认识和表达事物能力两者辩证统一的一种智力技能训练。是由对事物的认识到分析消化，再把这分析结果予以表述，即"物——意——文"的过程。我们要按这个规律去探究小学生作文能力的培养途径，这就是"作文内容生活化"的思路依据。其目标是，在作文教学手段上引导学生扩大生活面，培养他们对周围事物的认识能力，从而在作文中写出自己认识的生活。

当前，小学生作文还存在"无啥可写"或"似乎有材料，却写不出来"的普遍问题；不能反映学生自己的、真切的、富有童趣的生活。如有一个五年级班级的36名学生，写《我的老师》时，只有三个题材："我"上课时身体不好，×老师送"我"去医院，配了药，又送"我"回家服药，"我"望着老师离开"我"家的背影，觉得他越来越高大；"我"学习成绩不好，×老师天天放学后来"我"家给"我"补课，这天下雨，爸爸妈妈说："老师不会来了。"刚说完，门"笃笃"地响了，老师披着雨衣地来给我补课；我很顽皮，新来的班主任×老师耐心教育我。一问他们的老师，她笑着说，这三件事我都没做过。显然，这是从作文选上移过来的人云亦云的材料。那么，是否这些学生的老师不值得写，没材料写？当然不是，是因为学生对自己老师还没有"认识"。因而，"作文内容生活化"就是要解决两个问题：第一，要充分认识到，学生写作文，首先要有生活，要扩大学生生活面，丰富学生的直接生活和间接生活；其次，要引导学生认识经历的生活，只有充分认识生活才有丰富的作文材料；第三，要在作文教学手段上，有个优化的教学和训练过程，保证每次学生都能获取和选择恰切、典型材料写入作文。

二、技能指导结构化

作文内容生活化，主体是提高学生的认识事物能力；技能指导结构化，主要是提高学生的表达事物能力，亦称作文专门能力。

所谓"结构化"，《现代教学论发展》中指出："现行的极其丰富的学科内容，可以把它精简为一组简单的命题，成为更经济，更富活力的东西，亦即可以结构化。这样向学生教授学科的结构，学习者不仅可以简单地明确地把握学习内容，而且可以发挥迁移力，对有关联的未知的事物迅速地作出预测。"美国教育家布鲁纳的知识结构理论中曾论及：能力，都有自身的本质结构。探究和建立作文教学结构及其教学价值，是与其他学科相通的。

当前在小学作文技能的指导上，教学随意性较大，缺乏小学阶段和本年级的整体教学目标与要求。一般的教师，都是单一地就该次作文训练而进行指导，因而在指导学生掌握作文表达技能时，也是就题论题，孤立地进行些零星、片断的训练，不能建立起一个综合作文能力的结构。同时，在教学结构上，往往也是只用一个基本模式来指导学生获得表达技能。

我们认为作文教学"技能指导结构化"，应建立包含三个层次的结构。

（一）小学阶段作文能力"层次发展"的结构。布鲁纳的"螺旋式课程"理论说："无论何种题材，可以一举地学会的事例几乎是罕见的。""要真情实感地掌握知识的结构，就得对同题材每次都以新的观点，反复多次地展开学习。"如《扫落叶》一文，低年级的作文水平是："秋天到了，天气凉了，树叶落了。我们到操场上把树叶扫干净。我们干得很高兴。"共四句话，是完整的写事记叙文结构：事情的起因、发展（经过）、结果。这就是"开文成篇"。到中、高年级，则要求在"凉""落""扫"和"高兴"几个词上写具体，分阶段丰满情节。这就是在一个基本结构上的层次发展。

（二）"技能指导结构化"提出，教给学生的表达技能，教师要有明确的结构。理解题目与恰当命题能力，确定中心与选择材料能力，组织材料与谋篇构思能力，语言运用与下笔成篇能力，作品评析与修改能力等的培养，都有一个结构层次。每次作文训练时，要强化指导，使学生"层次发展"地掌握这个构架，并在这基础上有所突破，有所创造。

（三）"技能指导结构化"还指教师进行作文技能指导过程，也要有一个基本的指导模式（即课堂教学环节）。上作文课时对学生的技能指导要改变随意性的现状。作文教学与其他教学一样，应该充分发挥教师的教学主动性。但是，正如学生先要学会基本写作结构，然后，才能写出巧妙构思的作文一样，不拘一格的教学，先要有个"格"，教学无"格"，如何不拘一格？因而，必须以提高全班学生作文能力为基点，遵循学生认知规律和作文教学规律，设计一个基本的作文指导模式。当然，这个基本模式，一定要从教学实践出发，从全面提高学生作文能力的角度出发。

三、训练序列系统化

这里指的训练序列，是学生获得作文能力的发展顺序。任何一种能力，都有其自身的基本结构。小学生作文能力结构还要受到诸多因素的制约。但有一点是基本确定的：任何一种能力——包括小学生作文能力，要以知识为基础。小学生作文能力的形成，也要在认识和理解作文知识的基础上逐步转化。这个转化过程的速度和效果，是多种因素促成的。其中的一个重要点，是学生对知识的认识和理解的科学性。美国教育家布鲁姆在谈到教育目标时指出：完整的教育目标分类包括三个部分：认知领域、情感领域和动作技能领域。认知领域的目标又分为：知识、领会、运用、分析、综合、评价六个层次。其中知识是指对具体事物和普遍原理，对方法和过程或者对一种模式、结构或框架的回忆。包括具体的知识，处理具体事物的方式方法，学科领域中的普遍原理和抽象概念的知识以及理解能力和技能。因而，给于学生科学、规律的作文知识系统，就是给予学生掌握作文表达技能的一个借鉴，以辅助其有效迅速地转化为能力。

目前，全国已出现了各种角度的序列，但不少序列与语文教材不一致。教师运用这些序列，必须运用相适应的教材或补充教材，这势必增加教师教学与学生的学习负担。为此，作文训练的序列，还应依附教材才有普遍意义，每类学校、每个教师都有借鉴和运用的可能。

现行的各类教材在培养学生作文能力上缺乏序列。由于语文教材总以阅读能力发展为主体，作文能力发展的序列不是十分明显。因而，有必要以小学作文专门能力中的横向文体能力的分类为基础，串连起小学阶段各个年级教材中的作文能力要求，适当调整、补充、完善，编织成一个知识系统，按前面所述的"层次发展"结构来培养学生的作文能力。

这里，还可以原联邦德国的范例教学模式理论来理解系统的作用。

范例教学是原联邦德国的一项教学改革。它以范例进行教学，让学生获得此例的有关知识能力。

范例的出发点是：以一个既定的目标为基础，帮助学习者取得对这个范例的批判能力（这里的批判能力，是指理解、吸收、质疑能力）；学习不应该是对知识的生搬硬套，而是对知识的批判吸收，即主动学习。

范例教学的用意是，用较少的例子，介绍一般规律性的知识，或从已知的一般性知识，去获得广泛的知识。范例教学掌握的知识应该是有效的知识——起作用的能转化为能力的知识。

范例教学的原则是：基本法，给学生的知识结构，包括基本概念、基本规律、基础性，所学内容适应儿童生活发展，是基础的东西；范例性，教给学生的内容是经过精选的，能起"范"与"例"的作用。

范例教学的特色是：范例的知识结构既精简又具体，可以举一反三、触类旁通；范例是理论与实际的自然结合，是理论的具体化；范例所能解决问题的内容是综合的，不是单一的；范例给学生的应是典型、具体、实际地培养学生分析、解决问题的能力。

作文知识系统的编制、借鉴范例教学模式的基本理论，根据小学生作文能力结构中表达能力横线的文体能力的结构，编制成简单、明晰的和基本的知识系统。作文训练时，以一个范例带出一个系统，达到举一反三、触类旁通的目的，如范例教学那样，用较少的例子，介绍一般规律性的知识。

笔者根据多年来作文教学实践与研究，并结合"徐老师教作文"课堂教学实践编制的作文训练序列，形成如下一个小学作文教学（训练）的系统。

（一）以"写成作文"为目标的"基础班"（3—4年级适用）

表达类型	表达要求	范例作文题
写景记叙文	1. 学会运用方位顺序的"定位法"和"移位法"有顺序、有条理写一组景物。 2. 运用静态描写、动态描写与想象方法写具体景物的美丽。 3. 懂得大自然景物有一般景物和季节特色景物之分，并掌握其描写方法。 4. 学会通过景物描写，表达喜爱的思想感情。	《春景一角》《澄塘湖》《校园春景》《山前公园》《××秋色》《我家周围的景物》
写事记叙文	1. 按"时间、地点、人物、起因、经过、结果"的结构，写完整一件事。 2. 学会写具体"事情经过"这一重点部分的基本方法：（1）分3—4步写；（2）运用描写方法。 3. 学会描写方法：写具体人物的动作、语言、神态和心理活动，来表现事情的意义，表达思想感情。	《小灰兔请客》（小童话）《我看望××》《我受到××表扬》《我当××》《我第一次××》《这天我真高兴》
写人记叙文	1. 运用"总述—分述—总结"基本结构，围绕人物特点，通过一件事或2—3件事来表现人物的一个或几个特点。 2. 运用"总述—分述—总结"基本结构，围绕文章中心，通过一件或几件事表现两个以上人物的特点。 3. 学会通过人物特点的描写方法，表现一个小群体（家庭）的特点。	《我的小伙伴》《我的一位长辈》《我》《我的老师》《我和××》《我的一家》
写活动记叙文	1. 运用"活动前，活动经过，活动结束"的结构有条理地写各类活动。 2. 学会通过人物的言行举止描写，写出活动过程中的场面和气氛。 3. 按照活动的意义，组织材料来表达文章中心和思想情感。	《一次文娱活动》《一次游戏活动》《一次体育比赛活动》《一次浏览活动》《一次参观活动》《一次××营活动》
状物记叙文	1. 学会由整体——部分的顺序，描写静物的外形特点（形状、色彩、质地、结构、功能）和通过写实或想像方法，写出喜爱的思想情感。 2. 学会按空间顺序描写动物的外形特点及其特色功能，并通过其生活习性描写，表达喜爱的情感。 3. 学会按根、茎、叶、花、果或籽的顺序，写植物的茎本特点与其生长过程，写出喜爱之情。	《一件小物品》《一种小动物》《一类植物》（以上三题均以物品名称为题）《我的"小天地"》《我的教室》《我的学校》

这一序列把写景记叙文放在序列的最前面训练，其次是写事、写人、写活动和写物。这样安排，是考虑首先通过对景物方位、静态、动态和想像描写方法的学习训练，提高孩子的方位思考、系统构思、认真观察和遣词造句能力，使孩子具备空间概念、想像能力。接着再训练写事，让孩子具备时间概念和对事情情节的描写能力。接着训练写人时，人物的形象、活动情景就具备了空间感和时间感，形成了刻画人物的有力基础。然后训练写活动，把空间、时间、人物等技能整合运用起来。最后再训练状物，写起来就会丰满有序，而避免空洞乏味，泛泛而谈。

（二）以"写好作文"为目标的"提高班"（4—5年级适用）

表达类型	表达要求	范例作文题
写事综合训练	1. 在各类记叙文的单项训练基础上，熟练综合运用这些方法选材与构思。	《我爱好××》《××乐》《照片上的我》《"闯关"》《××的烦恼》《做客》《喜临门》
写人综合训练	2. 运用承上启下"过渡句"和插叙等形式，写几件事，表达一个中心；运用"概括叙述"与"具体描写"结合的方法，表现人物特点与事情意义。	《我要学习他（她）》《可亲可敬的×老师》《自我画像》《难忘的伙伴们》《夸夸我们班》《我爱我家》
写事、写人综合训练	3. 运用一定的作文技巧来提高表达效果。 4. 初步学会"有读有感，以感为主"的读后感写法。	《我的私房钱》《那天我流下了泪水》《"考试"》《晨曲》《友情》《亲（师）情》《我为自己而喝彩》《我家的故事》
五类记叙文综合训练	5. 了解简单议论文的结构、论证方法和论据运用等知识。	《我爱家乡》（难忘家乡的××）《我爱我的学校》《我喜爱的相册》《在××影响下》《想象作文（自行命题）》
"读后感"与简单议论文		《读〈游子吟〉有感》《论"责任"》《我也谈"电脑迷"》

以上这两类由单项到综合的训练序列、具体操作方法，请参看外教社已出版的《特级教师的30堂作文训练课》"基础篇"和"提高篇"。

第三章

小学生作文能力的培养

第一节 对小学生认识事物能力的看法

作文，是由内容与形式两部分组成。实质上，作文中认识事物的能力是解决学生获取作文材料，即作文内容的问题。

一、有了生活，作文才有源泉

小学生作文要有生活，这是小学语文教师们的共识。但是，这点在具体的教学实践中，如何体现出来还存在问题，必须提高认识，强化教学意识。

《小学语文教学大纲》指出："学生的生活越丰富，写作的内容就越充实。"教育家叶圣陶先生说："应该去寻到它（指作文）的源头，有了源头，才会不息地倾注出真实的水来，这源头就是充实的生活。""生活充实，才会表白出，抒发出真实的浓厚的情思来。生活充实的涵义，应是阅历得广，明白得多，有发现的能力，有推断的方法。"（叶圣陶《叶圣陶语文教育论集》）从心理学角度来看，学生的思维规律是从形象思维发展到抽象思维。有丰富的生活，才有丰富的形象思维，抽象思维才有扎实的基础；生活丰富了，学生的情感也随之丰满。

因而，生活是学生作文之源，是学生写作文的重要基础。

在教学实践中，曾发现这么一个现象：一些智力较好、态度认真的女学生，各科成绩较好，但作文总不理想，思路拓不开，作文内容单调。而一些教师眼中的顽皮学生，却生活面较广，反映在作文上，虽然基本功欠扎实，可内容却较为丰富多彩。如果对这些学生加以个别辅导，发挥他们的长处，他们就能很快掌握表达技能。这一事例说明，生活的丰富与否，的确对学生作文能力的提高起着至关重要的作用。

还有这么一个值得思考的事例：某县教研室受一家报刊委托，举办一次现场命题作文比赛，全县20所农村中心校，每单位选派两名选手参加；县教育局直属的县城小学，因为学生知识能力强而各选派4名选手参赛；一共52名选手。当场命两个题目，由选手任选一题作文。这两个题目是：《我的_____》（状物）和《（连续观察）日记三则》。比赛结果，出人意料的是：公认质量高的三所县城小学的12名选手没有人获得一等奖和二等奖，一、二等奖竟全被农村学校选手囊括了，这是什么原因？是县城学生写作文技能不如农村学生？当然不是。原因是农村学生作文的题材占了优势。县城三所小学12名选手的题目选了前一题：《我的_____》，其中9名写《我的储蓄罐》，2名写《我的文具盒》，1名写《我的小闹钟》。要说作文质量，应该说条理清晰，是好作文。但是农村学校选手的作文在表达上，仅在文字上略比县城学生逊色一点。可是内容就不同了，写《我的_____》的，有《我的白头翁鸟》《我的芦花鸡》《我的小黑狗》等；写《（连续观察）日记三则》的，有《蝌蚪脱尾巴》《生小兔》《乌龟蜕壳》《竹笋破土》《扁豆爬藤》等。与县城小学生的作文相比，前者是静态描写，后者是动态描写；前者的储蓄罐、文具盒、小闹钟，是孩子喜爱的物品，可芦花鸡、小黑狗、乌龟、小白兔却是孩子生活中的伙伴。学生放学后，割了兔子草，丢进兔棚，看着心爱的白兔吃草，直到吃完才离开。小白兔吃草的一举一动，深深地印在孩子的脑海中。小黑狗与小作者朝夕相处，送他上学，接他回家；帮助家里找回逃跑的小猪。如此种种，怎不叫孩子在作文中流露出真情实感呢？就因为农村学校选手在作文内容上占了优势，所以这次竞赛县城三所学校的选手没有取得预想的成功。

可见，生活对学生作文质量、学生作文能力，及学生作文兴趣，有着至关重要的作用。

二、有了认识，生活才起作用

叶圣陶先生曾精辟地论述道："心有所思，情有所感，而后有所撰作。""思"和"感"从何而来？要靠在实践中触发。而这获取并不等于学生经历过的、接触过的事物，都可做到"心有所思""情有所感"。我们平时老埋怨学生"视而不见""听而不闻"，并不是说他们眼睛没看见，耳朵没听见，而是指看见的和听到的无有思和感。因为写进作文的材料，是学生客观生活有所思有所感的材料。学生经历的生活，熟悉的事物，要成为认识的生活

（事物）写入作文，必须在教学上提供条件，引导学生对所经历的生活深化认识，对事物不仅认识其表象，还要认识其实质，才能转化成作文材料。

有的教师常抱怨学生生活单调，没有生动的作文材料。其实，我们学生的生活并不贫乏，问题是学生没有能力认识他们周围的生活。笔者曾在提高作文能力较差学生的实践过程中，得出结论：这些学生之所以写不好作文，在于对自己的生活缺乏认识，以致没有材料写作文而失去对作文的兴趣，影响了作文的学习效果。试以下列一例剖析。

陆×学生在四年级，没写过一篇像样的作文，以他的话说："实在没啥写。"所以，在作文课上，他常抄语文课文，抄了一遍又一遍。语文教师退还作文本，要他重做作文，他交来的又是抄的课文。事实上，教师未曾具体帮助他选材和构思，叫他重做，当然仍做不出作文。后来，语文教师干脆给他同样题目的的作文选优秀作文让他抄，以学习他人写法，比抄语文课文稍好一点。升入五年级后，笔者注意对他实施个别指导，在"认识生活"这一环节上突破，以改变他写作文难的恶性循环问题。

开学第一课，报到领书后，笔者留下了他，进行了如下谈话：

师： 第一周作文课就要写作文，老师想帮助你写好第一篇作文。

陆： 老师，我不会写作文，还是让我抄抄别人的作文。

师： 老师知道你不会写作文，所以现在给你吃"小灶"。我先告诉你，第一周作文题目是《暑假生活一则》，我们一起来准备一下。

陆： 我……暑假里没做过好事，没啥写。

师： 你一个暑假60天，干了些什么？

陆： 玩，我只是玩。

师： 好，《暑假生活一则》这题目，做过好事的，当然写好事，但不一定写做好事，写"玩"也可以；写"玩"的事情还有趣呢！你说说看，玩了哪些？哪些玩得最有趣、最高兴？

陆： （思索了一会，断断续续地）与邻居小伙伴到灌水渠道沟里摸蟹，摸到几只蟹，很高兴；和小伙伴一起游泳，钻到水底，抓了河泥打水仗，也很高兴；几个小伙伴一同在一条小河上筑坝，舀干了小河水，捉到几条小鱼虾，弄得浑身泥浆，被妈妈揍了几下，心里也高兴；晚上，捉了萤火虫，放进瓶子里，睡到床上放下帐子，把萤火虫从瓶子里放出来，让它们在帐子里一亮一闪的，挺好玩，连热也不觉得了；白天，用塑料袋做个套子，扎在长竹顶端，去套知了，也很高兴……

师：（十分高兴）哈，玩得真有趣，这些事都可以写作文。现在，你想一下，这几件事情中，你觉得哪一件玩得最高兴，感受最深。

陆：（想了一下）套知了。

师：噢，套知了？在大热天的阳光下，你套知了怎么最高兴？

陆：老师，我套知了不是自己玩，都送给比我小的孩子。

师：真的？那你刚才说没做过好事，这不是好事吗？自己辛辛苦苦，汗流满面套了知了，送给比你小的孩子，这不是"助人为乐"吗？

陆：老师，我不是助人为乐，我有代价的！

师：什么，有代价？你收孩子们钱？

陆：不，不！我要他们叫我一声"哥哥"。

师：（笑起来）是吗？说说看，你怎么想到要孩子们叫一声"哥哥"的？

陆：（也来了劲）开始，我套到了知了，拿在手里"叽叽嘎嘎"的，吸引了几个比我小的孩子。他们问我肯不肯送他们玩。我就给他们了。这样一来，就有一大群比我小的孩子围在我身旁，瞪着小眼睛，看到我套到了知了，就七嘴八舌地嚷着"给我""给我"，我就一一给他们。后来，我觉得这样给他们太便宜他们了，就想了个办法：要一只知了，叫一声"哥哥"，于是，当我套到一只知了时，就有不少伸着小手，嚷着"哥哥"的声音，我看着，听着，心里可得意哩。我还给他们编了号……

师：（大笑）真有趣。你这材料写起来可生动啦，你看，老师听了都笑了起来。

陆：这些可以写作文？

师：当然可以写。作文就是写我们日常有意义、有趣味的生活。你这套知了的事情，反映了你有趣的暑假生活。而且，你套了知了还送给比你小的孩子，虽然要叫声"哥哥"，也是十分有趣的情节。另外，套知了要耐心细致，还要有一定的技巧。对啦，你一个下午能套到多少知了？

陆：30多只，有时40多只。

师：啊，真不少。老师小时候，用蜘蛛粘网知了，一个下午粘到十几只算多了。你本领不小，你有什么技巧吗？

陆： 我开始也套不到，我想，人家为什么套得多。我就留心注意为什么套不到。我发现（边做手势）我这么用套子平套向知了。知了发觉了套子，就往下一飞，再斜飞开去，正好钻了我套子与树枝之间的空隙逃跑了。后来，我改进了方法，套子斜向上套向知了。知了仍然往下一飞，正好飞入我套子里……

师： 真想不到，你玩也动脑筋，真有意思，你这篇作文的材料可算得上好材料了。

……

就这样，笔者帮助陆×同学列出了下列提纲：

> 暑假玩了哪些高兴的事？
>
> 哪件事最有趣？
>
> 开始套知了为什么套不到？
>
> 怎样改进方法套到知了？
>
> 套到知了后心里怎么样？
>
> 当时哪位小朋友先向你要知了？
>
> 你怎么想的？
>
> 把知了给了这孩子后，其他孩子怎么样？
>
> 你把知了给了孩子，心里怎样想？
>
> 你提出要孩子们叫"哥哥"，心里怎样想？
>
> ……

笔者要求陆×按提纲把套知了的情况，照实写下来，把讲的话、做的动作、心里想的写具体，并按下列结构分节段：

起因：暑假套知了——套不到知了——改进方法后套到了知了。

经过：比"我"小的孩子向"我"讨知了——"我"给孩子知了——我觉得不合算，让孩子们叫"我"声"哥哥"——"哥哥"声此起彼伏，我听了真舒服。

结果：我越套越有劲——后面跟了一大群孩子。

就这样，五年级第一次作文，陆×同学写成功了。那次作文课，陆×在座位上"洋洋自得"。他想："你们还不知题目呢，我作文已写好了。"课堂指导时，笔者有意让全班同学发觉陆×竟写了篇生动有趣的作文。这是新学年第一次作文训练，陆×这篇作文，虽然在表达构思、语言文字的运用等方面还有不足，但他一下子感到作文并不难，从而产生了追求学习作文表达技能的主动性。同时，陆×这篇作文的成功影响了全班学生，使大家对作文产生了兴趣。后来每次作文课前，总有学生先向老师询问写什么，让自己先作准备，提高了作文能力。

这件事例告诉我们这样的道理：作文基础较差的学生，不一定没有丰富的生活。他们之所以不能把自己的生活写入作文，是因为他们缺乏对生活的认识能力，发现不了生活中能写入作文的材料。陆×的暑假生活，经过好好指导，可以写上好几篇有趣生动的"一则"，如《摸蟹》《捕鱼》《打水仗》《捉萤火虫》。

学生的生活，不一定都能成为作文的材料；要成为作文材料，需要教师采用一定的教学手段加以点拨、启迪，使之有了充分认识，从而转化为作文材料。

三、有了情感，表达才有激情

不管是成人的创作，还是小学生的作文，要抒发自己真情实感，都必须对所写事物有所认识。这样，写起作文来就有了激情。

刘勰在他的名著《文心雕龙》的"情采"篇中说："故情者，文之经；辞者，理之纬。经正而后纬成，理定而后辞畅，此文之本源也。"刘勰精辟地阐明了构成一篇文章的主要成分，一是情理，二是文辞。情理是人在实践活动中，对客观世界认识后产生的情感，即"物——意——情"的认识过程："物"，指客观世界的事物；"意"，指对周围所见所闻事物产生的认识，是与非，美与丑；"情"，即由对事物的认识产生的感情，爱、憎、敬、恨、喜、怒、哀、乐。这"情理"是文章之经，来源于人的生活。有了"情理"，才能转化为文辞。文辞是人在实践活动中对口头语言和书面语言的掌握、抒发与运用，是文章的"纬"。

当前，小学生写作文，由于忽视了对他们认识事物的引导，因而不少作文是"奉命"之作。写的人、事或物，都是因为老师叫写才写，并不是学生自己想写。当然，作文考试难免是这一类的，但平时训练的作文，应尽力激起学生的表达欲望和兴趣。那种"要我写"的作文训练，写不出真情实感。如写《我的老师》前文曾谈及一个班级共写了三个题材：一个是×老师送我进医院，一个是×老师帮助我补课，一个是×老师耐心细致地教育我。而×教师却没做过这些事。为什么学生要人云亦云呢？是他们的×老师没有什么事迹可赞颂吗？并不是。×老师是个认真负责、关心学生的优秀教师，是因为学生缺乏对教师工作的认识，认为"老师要我们赞颂老师"，所以应付着写。

变学生的"要我写"为"我要写"，就要引导学生认识自己生活，从而产生激情。如前面所举的《套知了》，陆×由于认识到自己的生活，产生喜爱、愉悦的情感，写起作文来，即使表达技能上有点困难，他也会主动积极，努力掌握。又如前面所述的《我的老师》，笔者在实践指导时，就首先引导学生认识自己的老师，举行"追踪老师的一天""访问老师家属"等活动。学生在活动中，对老师一天的工作，都想一下"为什么这样做"。如班里有的学生因各种原因而不吃早饭上学，影响身体健康和学习效果。×老师发现后，就提出口号"吃饱早饭上学"，并联系家长，共同督促学生吃饱早饭。这天，一位学生一进校门，×老师就问他："今天早饭吃饱了吗？""吃饱了。"×老师又用手机打电话给这位学生的妈妈。话筒里传来："老师，你放心，今天这孩子早饭吃饱了。"×老师这才放心。"追踪小组"暗中记下了这件事的全过程，在"为什么这样做"的引导下，了解到×老师无微不至关心学生的情况。又如×老师中午学校吃饭，饭后就在办公室批作业、备课。学生们以前在窗外走过，从不把这事放心上。"追踪小组"记下这情况后，思考"为什么"时，理解了：中午正是老师休息时间，×老师天天中午这么不计报酬地加班，真是辛勤劳苦。很多看起来无足轻重的小事，仔细一思考一琢磨，都成了认识老师、增强对老师情感的材料。

"访问老师家属活动"，学生了解到不少事例，使他们更加敬佩、爱戴自己的老师了。如一位工厂厂长作为教师的爱人接受访问时，谈了对他当教师的爱人的一大堆"缺点"：天天很晚回家，不是去学生家家访，便是给学生补课。他这个当厂长的这么忙，还要烧晚饭，做家务。每天早上，老师又经常很早去学校，不是轮到早自习辅导，便是要带领学生早锻炼。"我又要烧饭，又要洗衣服。"同学们听了自己老师这么一大堆"缺点"，笑了。笑声中感受到老师把自己全部身心都放在学生身上，真辛苦。

一个小组访问一位老师的女儿，了解到老师星期天去亲戚家喝喜酒，也把一大叠作文本放入包内，全家人都表示反对，可这位老师说："明天星期一就要发下作文本。今天不批改好怎么发？"到了办喜事的亲戚家，人来人往，没有安静的房间批改作文，他到亲戚的邻家借了个安静房间，批改了整整一下午。同学们听了感动极了。

又一小组访问一位老师的当医生的爱人，这位医生谈了自己当了二十年医生的体会。他告诉孩子们，老师最值得敬重，因为享受劳保待遇的各行各业职工，来看病总希望多开几天病假休息证明，而教师则不然。当医生提出开几天病假休息证明时，很多教师则说："开不开证明无所谓，反正休息不了。"的确，老师生了病也不会安心休息。"因为你们年纪还小，不懂事，班主任老师休息不放心。""老师休息了，别的老师代课了。当老师休息后来上班时，不是作业堆了一大叠，就是课拉下了一大截，处理起来更吃力了，所以，你们的老师不愿休息，要带病上课。"这位了解教师工作的医生滔滔不绝地对孩子们说了这么多心里话，使访问的同学们感动得热泪盈眶。

就这样，学生们对教师有了较深切的认识，加深了对老师的热爱，从而产生了想表达的激情。在这情景下，动笔写《我的老师》，字里行间就流露出了真情实感。不仅不是"人云亦云"的作文，还学会从不同角度写老师的辛苦和对学生的关怀。全班同学最少的写了两篇赞颂教师的作文，最多的写了十多篇反映教师精神面貌的作文，后来有20多篇作文发表在各地报刊上。

从这些实践经验中，充分说明了"生活—认识—情感"是提高小学生认识事物能力的重要途径，对作文教学具有重要意义。我们应该重视强化这个教学意识，把它作为作文教学改革的一个突破点。

第二节　小学生认识事物能力的培养

一、丰富学生生活，重视活动设计

小学生的生活，有直接生活和间接生活。直接生活有两种，一种是学生每天周而复始的社会生活、学校生活和家庭生活，以及对自然界景物气象变幻的认识。一种是学校教师组织的各类有目的的活动，这是有意组织的生活。是引导学生创造生活、提高认识事物能力的一种主要教学手段。它包括以陶冶道德情操，提高思想觉悟，弘扬民族文明风尚等为目的的丰富多彩的少先队中小队活动；学习雷锋，为国家，为人民，为社会，为集体所做的好人好事活动；为丰富知识，培养动手能力的小制作、小发明活动，和观察、探索大自然奥秘的活动；为培养劳动能力，养成劳动习惯的公益劳动、自我服务劳动，力所能及的农副、手工业实践劳动，等等。应该根据学校政治思想工作要求，遵循学生心理发展规律，结合作文教学目的和各种训练的要求把各种活动，与作文教学的提高、学生认识事物的能力紧密结合起来。寓教育于活动中，寓知识于活动中，寓作文教学于认识事物的能力活动中。

按理，广泛地开展丰富多彩的班队活动，对学生提高认识事物的能力，积累多彩的作文材料有切实作用。但是，教学实践中也会出现这样的情况：学生参加了活动，仍然写不好作文；久而久之，学生对活动也持反感情绪，活动成了学生的思想负担。一个五年级学生放学回家对妈妈说："明天，老师又要带我们去公园玩了。"妈妈听他口气不对头，就说："去公园玩还不好吗？"孩子说："玩了要写作文，我情愿不去玩。"

这是什么原因呢？有人提出："搞次活动写篇作文"这个方法是否可取？

应该说，班级活动就是引导学生创造生活，深化认识，激发情感。搞了活动写作文，合情合理。问题是如何组织和指导开展活动。要是去游公园前，教师只是简单地布置学生："带上笔记本、圆珠笔，记上所见所闻，回来要写作文的。"那么，学生视活动为上课，当然他们会把活动当成负担了。在这种思想情绪支配下的任何活动，回过头来写作文，自然不可能是理想的。

学生写好作文有两个基本条件：一个是对所写的对象（或事或人或物）要有情感（由"物"到"意"到"情"），情感越真切越丰富，越有兴趣表达；另一个是对所写对象要有具体的描述，情节越丰富，写起来越顺手。这两个基本条件，实质上是遵循了作文教学的认识规律。我们要以这两个基本条件来组织设计活动、指导活动，就能使活动的教育因素与作文的教学因素统一起来，既丰富了学生生活，又激发了他们写作兴趣。这是活动与作文的指导艺术问题。

我们小学语文教师多数是班主任和中队辅导员，因而研究这个问题，也是研究小学作文教学与班队工作如何和谐统一的问题。这是颇有意义的。

怎样的活动，才能把活动的教育因素与作文的教学因素统一起来，使作文教学与班队工作和谐统一呢？最主要的是设计活动要具有作文教学意识，要精心设计每次活动，要在设计思路上诱发学生的积极性，力求做到联系学生的环境实际和生活实际，注意活动的新颖性、知识性和趣味性。既有一定的教育因素，又有浓厚的情趣，使学生经历过后能久久难忘。不少学生对小学时代的少先队活动，到大学时还津津有味地谈论着。这样的活动，你不叫他写，他也会主动写入作文。因而要在活动设计时，应从作文训练角度为作文考虑。具体地说，要有下列三个原则：

（一）人人参与

这里指的"参与"，是指全班学生人人参与活动的全过程（包括准备和活动的参与），这是相对于当"观众"式的参加活动来说的。

当前不少教师设计与组织班队活动，缺乏作文教学意识，只依靠班上少数能说会道、能歌善舞的骨干学生，在教师的导演下，完成活动的过程。活动时，由这些骨干学生表演，多数学生当"观众"。这类活动，搞一两次还能吸引学生，经常搞学生就会失去兴趣。从少先队活动角度来看，也不符合自主自动的原则。从作文教学角度看，多数学生因为是"观众"，对活动难以产生感情，缺乏表达兴趣。就是那些"演员"学生，往往也因频繁的"排练"而产生厌烦心理，也不会有多大的兴趣写作文。同时，多数学生只能机械地记录活动过程，没有精彩的情节可写。教师在组织指导这些活动时，花的时间很多且很辛苦，但却不是良好的辅导员工作方法；指导学生作文，又激不起学生写作文的欲望，学生望纸兴叹，无从下笔，对"搞次活动写篇作文"的做法产生厌倦心理。

重视了人人参与的原则，每个学生在活动准备与进行过程中，有自己参与的情节，有活动中的感受。这些，正是活动后作文的内容。正因为人人参与了活动的全过程，他们在活动中获得了乐趣（成功的愉悦和受挫的沮丧），又有活动过程中的具体情节，就会有表达的欲望。所谓"不吐不快"，就是这种情况下的心理反应。

语文教学一旦结合小队活动，并结合教材上基础训练的作文练习内容进行活动设计，就会非常活泼。如写《我受到××表扬》，举行"我受表扬的一件事"演讲比赛；写《我的小伙伴》，举行"夸夸我的小伙伴"小队会；写《我要学习他（她）》，举行好事故事会。这类主题活动不要对学生要求太高，只求学生都去参与，去回忆，去调查、访问、收集、观察。然后，在主题活动中交流、比赛、参讲，可引导学生相互充实、扩展。活动不要太拘于形式，与上课有区别，力求生动活泼、情绪热烈，以激发学生活动与作文的兴趣。另外，根据作文教学需要，设计一些中、小队活动，来丰富班队活动内容，活跃学生生活。这些活动饶有趣味，学生乐于参与，以此来作为作文训练题材，更易激起学生作文兴趣。如写《我爱家乡》的作文题时，开展"猜谜夸家乡"活动，每个学生选择家乡出产的一种物品，观察其形状，了解其习性、作用等，用三言两语编一则谜语让人猜。编得贴切，或一分钟时间内未被猜出的，全班学生给他唱首歌作为奖励；编得不贴切或被立即猜出的，他唱一首歌给全班学生听。活动形式生动活泼，情绪热烈。从少先队活动来看，这活动达到了丰富生活、消除学习疲劳的目的。更有意义的是，在愉快的活动中，进行了热爱家乡的教育，并扩展了学生知识。从作文教学角度看，调查、观察、思考、分析、编谜，夸家乡的过程，已经含有丰富的情节；在参与表演时，又有成功和失败的感受。因此，这个活动创造了写好作文的两个基本条件。活动后，全班学生都从不同角度写出了富有生活气息、真情实感的作文。

如一位平时很少声响、表达基础很差的杨丽同学，"猜谜夸家乡"活动对她来说是个难题。她观察这样那样的物产，都觉得没有词儿编谜语。到了星期天，她仍编不出来，眼看下周一要举行主题活动了，心里很着急。在洗剥葱时，突然灵感来了，她发现了葱的特点：葱叶是青色的，葱根是白色；葱叶是空的，葱根是实的。她编了两句谜语："一半青来一半白，一半空来一半实。"但觉得太短了。她又对着葱，横看竖看，终于又想到了两句："一半在地上，一半在地下。"于是，一则谜语编成功了："一半在地上，一半在地下，一半青来一半白，一半空来一半实。""猜谜夸家乡"主题会，气氛非常热烈。轮到杨丽了，她把"三个一半"的谜语一说，全场一片寂静，她也很紧张。突然，在安静的思考气氛中，"嚯"的一声哨音，她的心一下子轻松了。同学们奖励她，为她唱了歌。

她成功了。编谜成功了，写作文也成功了。她后来谈体会说："这次主题会，我心里比吃了蜜糖还甜。同学们唱歌给我听，我从来没有这样自豪过。写这篇《猜谜夸家乡》活动的作文，我觉得十分顺利，就像自己干过了一件愉快的事后，告诉别人一样。"

另一个学生张健兵，是个很顽皮的男孩子。他平时喜爱唱歌，但因为他常惹同学，学校和班里搞文艺活动，总轮不到他表演唱歌。这次"猜谜夸家乡"活动，编不好谜语要罚唱歌。他决定不编谜语，以便捞到唱歌的机会。到了星期五下午，他到乡下一位同学家去要了一支钓鱼竹竿，扛着走回家里。路上，他见一池塘中养有不少菱。他见四周无人，就用钓鱼竿拨近一丛菱，躲在湖塘岸坎处偷菱角吃。就在这当儿，一则谜语却自然地从脑子里跳出来："一棵草，水中漂，开银花，结元宝。"

因为当时正开展编谜活动，他虽不准备编，但由于受到班里编谜的气氛感染，产生了一种编谜的意识。所以，当他看到漂浮在水面的菱茎叶，似一丛丛青草；菱花有白的，似银花；菱角两头弯弯像一只只元宝，就不自觉地编出了这则谜语。

既然谜语编出来了，能不舍得献一献？但是，他要想出个办法，既参加了编谜活动，又实现表演唱歌的愿望。于是，他串通了一个知己的小伙伴，告诉他自己谜语的内容，要他等自己谜语一说出，就举手揭谜底。

主题会上，他说谜语排在最后三名，他的谜语刚说出口，他的同学马上揭了谜底："菱"。按照规定，他应该给全班同学唱支歌，但是就在这当儿，他的一个事先没通气的知己同学，站起来"帮"他的忙："中队长，我有意见。"中队长让他发表意见。他说："今天的主题会上，要数张健兵的谜语质量最高。第一，字数最少，只有12个字；第二，谜语押韵，草、漂、宝。"这位同学话音刚落，中队长竟毫不犹豫说："同意！"于是，变为同学们唱支歌给张健兵听。张健兵在作文上写了这次编谜和主题会的过程，最后写道："我还是没捞到唱歌表演的机会，都怪那个'倒霉'的朋友帮倒忙。"

杨丽和张健兵两位同学，都写出了富有情趣的作文。主要的原因，是他们参与了活动全过程，创造了情节，积累了情感。要不是人人参与活动，只是少数人参加活动，他们就不可能当"演员"，只当"观众"，就不可能写出这样的好作文。而这两篇好作文，又正可以激起这两个同学学习作文的兴趣，为他们今后学好作文创造了条件。

诸如"猜谜夸家乡"那样人人参与的生动有趣的活动还很多，如"各显神通"主题会（每人表演一分钟的兴趣爱好），"从名字谈起……"（人人介绍父母为什么替自己取这个名字），"异想天开"主题活动（每人从一个生活实践中不如意的事物，谈自己改进的设想）等活动。这些活动，都可以全班人人投入，人人都积累作文材料。

人人参与的原则，又可使教师为辅导活动少耗费精力，"猜谜夸家乡"编的谜语，"各显神通"所准备的兴趣爱好表演，"异想天开"的想像，只需要教师对学生给予鼓励、督促，个别地给予适当帮助。教师只需精于设计，然后，让学生按自己的思路投入活动即可。

（二）内容与形式新奇

少年儿童最大的心理特点之一，是对新奇事物特别感兴趣。设计组织的活动，只要在内容上或形式上稍有点新意，就会吸引学生积极参与，并从中获得感受。"猜谜夸家乡"活动，新奇点在于猜谜的形式上。每个人编的谜语，都处于保密状态。否则，不就让人轻易猜到了？"各显神通"活动，新奇之处在表演各人的兴趣爱好上。上海市在风景秀丽、地势起伏、树林茂密的浏河岛上，建立了一个少年儿童浏河营地，以供全市少年儿童进行野外活动。凡去营地活动的少年儿童，都能写出很多生动的作文。这是因为这个野外活动营地，既富有野趣，又有惊险新奇的"抢渡""索道过河""荡索过河""走铁索桥""夜间军事游戏""野炊"等十多项野外活动，而且大家食宿在一起，过自我管理的集体生活。这一切，对现今的少年儿童，尤其是久居城市的小学生来说是新奇无比的。在活动中，乐趣足，感受深，加上这些活动都是带有竞技性的军事游戏，新奇刺激，给学生的作文表达创造了条件。

紧紧抓住儿童心理好奇的特点，在设计活动时，在活动内容或形式上都追求新奇的效果，不仅吸引学生，而且使他们的作文内容更加新颖有趣。

（三）积极创造情节

有的活动过程较简单，学生的感受雷同，缺乏个性。这样的活动，写出来的作文既呆板，又千篇一律。教师在设计与组织这类活动时，要为学生创造情节，并为各个小队（小组）设计不同的个性情节，从而使作文的内容丰富多彩。例如搞野炊活动，一般都是写野炊前准备，野炊经过（挖灶、备饭菜、烧饭菜），野炊结束。要是统一活动，必然写出内容雷同的作文。教师在野炊活动中，根据各小队实际，为他们设计一些情节，如挖灶、点火、切菜竞赛；以鲜桔水代酒为某个同学祝贺生日，说一句祝贺语或演个小节目；为某两个同学重新和好祝贺；为某个同学某方面的进步祝贺；为某小队所烧炒的菜题上贴切的名字，并以此展开想像，说古道今；或通过野炊所烧的饭菜搞尊师、敬老、爱幼活动；向烧出美味佳肴的老师或同学学艺等。野炊活动时，全班各个小队情节各有不同。这样，既增加了活动的情趣性，又丰富了活动情节。各小队的活动又有个性特点，每个学生在小队情节个性中又各有不同的细节表现。活动后，学生不仅有兴趣，而且有具体情节可写。一次野炊活动，反映在学生作文本上，就显得丰富多彩了。

就是游览公园，也可指导写出有个性内容的游记。教师在组织学生游览公园或某个风景区前，应事先了解这公园或风景区内各区域的景色特点。然后分成小队（组），要求学生进入公园或风景区后，各小队（组）重点观察一个区域的景色特点。教师可提示各景点的观察要点。学生进入公园后的一二十分钟，像刚响上课铃声，学生等候教师进教室上课，进入准备状态一样，思维处于最活跃阶段，记忆力最强。这时候的有意观察，不必记在本子上，回忆起来也会历历在目。正如上课开始，需安排20分钟左右"新授"同一个道理，因为这时候学生思维最活跃，最易接受知识。重点景点观察好后，他们就各自选择，自由自在地活动。这样组织的游公园活动，符合儿童心理特点，因此活动后写起作文来，详写重点景点区的所见所感，略写其余区域，学生不会感到困难。其中少数基础较好的学生，自会写出几个区域的景色特点，不必担心这样指导会限制他们。这样的指导方法，能防止学生捧了笔记本到处抄资料，结果记了很多连老师也难理解的古词句，却没有游览后欢愉的感受，当然写不好作文。

在语文教学实践中，遵循这三个指导和组织活动的原则，学生开展活动时觉得轻松愉快，活动后感到有内容可写，久而久之，孩子们欢迎搞活动，乐意写作文。

二、运用多种手段，提高学生认识事物的能力

提高学生认识事物的能力，除了丰富学生的活动，扩大学生生活面，开拓视野，增加感受，积累作文材料以外，还要运用多种教学手段，来达到提高学生认识事物能力的目的。

（一）善于发现，精于点拨
1. 注意学生的闲聊

学生在没有教师在场的课余时间内的闲聊，相互间毫无顾忌地说笑，经常会发现他们日常生活中最敏感、最有兴趣的事情。教师要善于从学生的这类谈话中，发现他们生活的亮点，精于点拨、指导。

例如，一次中午放学，几名学生叫一名名叫王健的学生："小公公慢慢走！""小公公，等我们一起走！"老师听到后，觉得很奇怪：孩子间称呼外号，起绰号是常事，但都是戏谑性的，像这样的尊称从没听到过。老师意识到这个外号是学生生活中的"亮点"。下午，老师找来王健。问他为什么同学们称他"小长辈""小公公"？他笑着告诉老师："我就是小长辈、小公公。"什么道理呢？原来，王健的老家在王家村，全村一色姓王，由一个老祖宗传下来。70多岁的王兆年老爷爷和王健是同一辈分，他与同村的小伙伴差两辈。因此，论辈分，小伙伴们要尊他为"小长辈"，叫他"小公公"。王健已随在城里工作的父母住到城区，但他留恋老家，经常回老家王家村看望爷爷奶奶，与村上小伙伴玩耍。当妈妈告诉他，他是个小长辈，要有个长辈样子时，他感到12岁就当上"小公公"，真有点洋洋自得。这次暑假他回老家，村里小伙伴和他一起游泳，几个小伙伴把他压在水里嬉耍，他忍不住叫起来。这时，岸上的大人听到了，把压王健的两个小伙伴叫上岸来，打了他俩一下，责备说："怎么能和小公公闹，没大没小的！"第二天，王健还去找小伙伴玩，那些孩子

说："不和你玩了，和你玩要守规矩，要当心，真没劲！""你去和那些老头儿们玩吧！"他感到当小长辈很不自由，变得孤立了。

后来，王家村上一个小青年结婚，他去喝喜酒。酒过半席，新娘在婆婆陪同下，一桌一桌酒席上认长辈。新娘经婆婆介绍，每见一个长辈就称呼一声，长辈就摸出一个"红纸包"作为见面礼。当新娘来到这位小长辈的桌边时，宾客们怂恿新娘，也要叫一声"小爷叔"。满堂客人又哄笑着要这个比新娘小好几岁的"长辈"摸出"红纸包"，弄得他红着脸，低着头，怪不好意思的。

这些当了"小长辈"后的趣事，同学们听了都笑得前仰后合。以后，同学们便称王健为"小长辈""小公公"了。

老师听了王健这段外号的来历，也笑了起来，觉得这是一个生动、有趣的作文材料。经老师点拨，他写了篇作文《小长辈的烦恼》，发表在《小学生报》上，在全国小朋友中引起了很大反响，大家一致赞扬这篇作文写得富有生活气息。

2. 引导学生写生活日记

了解学生生活的另一方法，是引导学生写生活日记。在小学语文教学实践中，要求学生每隔一天，写下两天生活中感触较深的所见所闻所想。日记不求长，允许三言两语；可以不拘形式，不讲技巧。教师批阅时，不作批改，只是从这些简短的信息中，寻找有新意处。然后，指导学生将这新意，加以扩展、完善，写成具有特色的作文。

如在寒假生活日记中，发现一位学生写他当裁缝的妈妈，在春节大年初一夜，为一位将结婚的女青年赶改婚装。事情很简单，初看起来，个体裁缝节日赶改衣服，以增加收入也是平常事。但仔细一想，有几个细节值得思考：赶改的西装是他妈妈做的，还是其他裁缝做而请他妈妈改缝的？如前者，可反映个体户的重质量、守信誉；如后者，可反映他妈妈技术高超，深受顾客信赖。另外，春节是人们喜庆的日子，他妈妈大年初一为顾客做衣服完全是为了钱吗？收的工钱是否加倍？教师把这"信息"作了深入了解。果然，从中发现了他妈妈是急他人所急，放弃节日休息，且又不额外收费。通过指导，《我那做裁缝的妈妈》成了一篇优秀作文，发表在儿童文学报《摇篮》上。

组织引导学生写生活日记，以了解学生生活的亮点，从而抓住它，给学生点拨、启发，深化认识，转化成富有生活气息的作文材料，是提高学生认识事物能力，获取富有个性特色作文材料的一个好办法。

3. 设计课堂对话评析

对话评析，是教师在课堂上与那些优秀习作的小作者进行对话。学生在教师发现亮点的基础上，经指导写出的作文，都有较深刻的体会。通过这些小作者现身说法谈自己如何发现新意、深化认识的过程和体会，让全班同学从中获得启发，不仅个人能力有提高，而且全班学生的能力也有提高，这也是提高学生认识事物能力的一个方法。

例如一位学生在上述方法下，成功地写了一篇《新开的铁匠铺》，教师就组织了一次课堂对话评析：

师：你为什么去看退休老师傅新开的铁匠铺？

生：无意中听到爸爸讲后，感到新奇才去看的。

师：为什么感到铁匠铺新奇？

生：因为是手工打铁，我只有在电影上看到，所以想去亲眼看看。

师：去看了后，有什么想法？

生：的确很好看。把铁烧红了，用锤子"叮当叮当"地敲打成各种铁器用具，老师傅的神情也紧张极了。

师：嗯，的确很有趣。我倒也要去看看了。（学生齐笑。）

生：是的。我想，我感到新奇有趣，其他小朋友也一定会感到新奇的，写进作文，同学们一定要看。

师：想得好，请大家记住：凡你感到新奇有趣的事情，写进作文，别人一定喜欢读。后来写了吗？

生：写了，但你看了后，对我提出单写打铁新奇立意不高，要我再去观察，看看，想想，人们有什么反应。

生：我看到了居民火钳坏了来接铸，农民要锹口加钢，文化站来打铁道具架，阀门厂定制刀排；听到人们称赞铁匠铺解决了他们生产上、生活上困难。因为小铁器具不容易买到，更无法修理。我想，这铁匠铺符合人们需求，所以受欢迎。

……

通过这样的对话评析，学生就非常具体地、亲切地感受到怎样来观察思考周围的生活，提高了认识和提炼生活的能力。

有些生活"亮点"被发现后，老师不忙先指导拥有这些材料的学生，等写好作文后再进行对话评析，而是通过全班学生的对话评析来帮助小作者深化认识，完善情节。如一位学生的生活日记上写了自己本来不喜欢吃大蒜。后来半夜肚子疼吃了醋大蒜后不疼了，就对大蒜有了好感。这题材富有生活气息，又有知识性，但内容太单薄了些。学生们在集体评析时，为小作者提供了大量的"怕大蒜臭和辣"的材料，又提供了蒜能治好腹泻，防治脑膜炎，能制西药等功用，大大充实了小作者对"大蒜"的认识，写出了《我和大蒜》优秀作文。而其他学生也从这次评析中，明白了如何选择富有新意的题材。

（二）定向观察，有意训练

小学生观察事物，最大的缺点是观察不细致，主要原因：一是观察目的不明确；二是方法不合理。要提高学生认识事物的能力，观察是重要一环，所以必须在教学中教会学生观察的方法。

教会观察方法，不是靠概念的说教，理论上的认识也是需要的。如让学生了解观察的顺序，由外到内，由近及远，由表及里等。但要知道观察不是观看，必须发挥视、听等多种感官的作用，必须多动脑筋，边观察边思考，还必须专注等。除此外，还要通过具体的指导，让学生领悟。教师要选择一些项目与学生一起观察，来教给学生观察的方法。如在观察花草时，教师按要点具体指导学生观察方法。观察集市贸易市场时，教师也应事先去观察，抓住一二个典型事例，让学生体会。观察人物时，教师也要具体指导学生怎样从人物外貌、语言、举止行动及神态上去观察，判断人物的内心活动。一句话，让学生掌握观察方法，要教师在实践活动中启发学生领悟，并引导学生从作文训练中反复去实践，去体会，这样才能提高学生认识事物的能力。

有意识的观察训练，是一项有深远意义的训练。有意观察训练有即时和长期两种。即时观察，即要写什么事物就引导学生去观察这种事物；长期观察训练是一种定向观察训练，教师可在开学初要求学生选定一项常接触的事物为定向观察目标，或人物，或动物，或植物，或景物。坚持观察一个学期或半个学期，每天定点或不定点观察几分钟，记下各次观察时新的发现（事物的情景、动态……）。这样的训练，可以增加学生认识事物的广度和深度，获取富有特点的典型材料。学生从半个学期的长期定向观察中筛选的材料，就可能写成具有个性特色的作文。原因十分简单，因为他花了这么长时间有意地观察，才能了解到人们一般不易发现的事物特点。其材料必然有特点，富有可读性。试举三例，分别说明如何定向观察植物、动物、人物，以显示这种引导法对提高小学生作文认识事物能力的作用。

例一：一个学生见邻居家小院子里种了一株扁豆。这株扁豆苗不几天，就已长出茎蔓和抽丝攀登，他感到很有趣。他就把它作为定向观察对象。每天留意观察几分钟。他在观察日记上记下了下列内容：

扁豆茎攀登的本领真大，光秃秃的一根竹竿，在它们缠绕下，只三天，就成了一根"绿莹莹"的柱子；

扁豆茎蔓分枝很多，竟多头地向楼房上面"进军"。

我解下了缠在窗框上的扁豆茎，可第二天，它又回到原处，真倔强！我明白了农民为什么要用细绳子拴住扁豆茎。

邻居从不给扁豆浇水，也不施肥，更不松土，却在秋天收到很多扁豆，自己吃不完，还分送给邻家共同享用。扁豆毫不计较主人的"冷遇"，毫不吝惜地给主人极美好的果实，真值得赞美。

经过整理，他从这些发现中，抓住了扁豆的特点：善于攀登、真倔强、对人无所求而给人类的回报甚多。要不是定向的较长时间观察，只凭想像或抓住一时的表象，要写出扁豆这些特点是不可能的。

例二：一位学生家里养有两只鹅，她决定定向观察鹅的生活习性。她知道人们称鹅是"戆大"，就想找到其中的原因。在一个学期中，她观察到了很多有趣的、不易发现的鹅的生活习性。

她发现，鹅的体形与走路神态，有点"蠢""呆"，叫声"戆戆戆"。她还发现，在院子里，鹅看到一片鲜嫩的甜菜叶，不马上吃，而是"戆戆"地叫几声，一群鸡鸭围过来抢吃一空，等它伸下长脖子想吃，哪有甜菜叶了？真戆！一大群鸡、鸭、鹅偷吃邻家自留地上的青菜。邻家发现了，拿起一支竹竿，边吆喝，边把竹竿丢向鸡鹅群。鸡、鸭听到吆喝声，连飞带跑溜走了。可鹅，还回过头来，看看是谁在吆喝，还"戆戆"叫几声，等它想溜，一竹竿敲在它身上。

她感到鹅的确戆，难怪农民称它"戆大"。可后来，又有一些情景，使她改变了看法。

她发现，鹅在吃一片长长的甜秆秆叶子时，动作灵巧；脚一踩，嘴一撇，三下两下就吃完了。鹅要生蛋了，神情十分焦急，拼命想撞开被风自动关上的棚门。它不像鸭那样到处乱生蛋，一定要到棚窝里生，避免被陌生人拾去。她又发现，鹅将蛋深藏窝里，上用柴草盖没，保护下一代。她发现，晚上有人来自己家，鸡鸭声息全无，而鹅要叫几声报信。它能担任警戒任务。究竟是"戆"？还是"乖巧"？经过一番思考，她写了题为《"戆大"不戆》的作文，先写了鹅的几种"戆大"情态，再写了"乖巧"的表现。再后，把"戆大"推翻，转为"不戆"："戆戆戆""自我定名"是"自我谦虚"；见甜叶不马上就吃，最后未吃到，是"先人后己"精神；走路"呆"相，见人不怕，是有胆略；被人发现偷吃青菜而挨打，是为了掩护同伴先撤退的先人后己的精神。

这位同学写了《"戆大"不戆》作文中鹅的生活习性表现，都是人们不易发现的特点。要是花上三五分钟观察鹅，了解一下它的一般生活习性，也可写成一篇作文。脖子长长，桔红的额头，走路摇摇摆摆；见人不怕，要啄人；喜欢吃青草植物，不吃荤。这些一般人都可观察到的外形，可了解的生活习性，如果写成作文，那是一篇没有个性特色的作文。而这位同学写鹅，就写出了个性特色，这就是他长期定向观察所获得的成果。

例三：一位学生定向观察一位商店营业员阿姨。她每天上学、放学路过这家商店时，都要观察这位阿姨几分钟。有一天，她发现这位阿姨对一位耳聋的老头服务时，既热情耐心，又周到细致。她觉得很奇怪，因为平时这位阿姨从没有这样好的服务态度。她就把这天观察所见，详细记在观察日记上。

过了一段时间，她又观察到这位阿姨对一位老婆婆十分不耐烦，还骂了老婆婆，老婆婆气得要去找商店领导，被其他营业员劝止了。她又觉得奇怪：这位阿姨从没有这样恶劣地对待过顾客。这是为什么呢？

她把这两次截然不同的观察情况，告诉了也是当营业员的妈妈。她妈妈就将此事告诉这位阿姨。这位阿姨一听，也觉得有趣，这个孩子竟这样关注自己。她仔细一想，查了日期。才发现：之所以那么热情对待老爷爷，是因为爱人加了两级工资，补发了数百元，她心情舒畅了好几天，营业的态度也大变。那次态度恶劣，是因为隔天为了孩子与婆婆争吵，挨了爱人的批评，窝了一肚子气，竟出到顾客身上。这位学生把这些事例写进作文，不仅十分典型，而且很有深度。

这种长期定向观察训练，对积累个性材料，深化对生活的认识很有意义。教师要经常鼓励、督促和指导学生坚持。开始时，学生会感到无内容可记，或开头记了些一般的发现就满足了，结果没有新意。这种训练，学生只要坚持一段时间，养成了习惯，就会逐步形成一种敏锐的洞察力，善于发现事物新的情况和变化，从而深切认识其本质，这是一种难得的、可贵的能力。

（三）持续实践，积累感受

所谓持续实践，即连续进行某项劳动，这与长期的定向观察是同一个道理，是认识事物、积累作文材料的一种方法。教师应该要求学生坚持从事某项力所能及的实践劳动或公益劳动，或农业、饲养、手工工艺劳动。这种训练，以学生为主体，也可以数人一组的方式进行。教师要善于运用班队工作优势，对学生坚持要求，督促、鼓励他们。对不能坚持、缺乏意志的学生，争取家长配合，组织小队队员予以帮助。

从作文教学中认识事物、获取材料的角度看，教师要着重指导学生体验实践的感受。如学会技能的喜悦，受到他人赞扬的欢快，遇到困难、挫折时的懊丧，受到责难、误解，甚至讽刺打击时的愤慨……教会学生善于把这一切记录下来。这种训练下产生的作文，内容富有生活气息，具有个性特点。这个过程，就是认识事物的过程。

一名学生从事一项公益劳动：每天上、下午两次在校园里捡废纸，捡起散落在操场、走廊、花园、楼梯等地方的纸屑。这是十分简单的劳动。要是捡了十多天后写作文，那只能写点捡废纸是为了美化校园，保持校园清洁卫生的思想认识，但没有"捡"的情节，文章显得空洞、无情趣。这位同学坚持捡了一个学期，她"捡"到了很多情节，"捡"到了很多感受。

一天，她发现上午捡起的一张撕破的画纸，明明已经丢到垃圾堆上了，怎么下午又出现在后操场上？是谁把垃圾堆上的废纸捡回来乱抛？太可恶了。她要暗中侦查，抓到这个破坏校园环境卫生的人。结果，发现"捣蛋"的原来是风。垃圾堆在后校门外，后校门两侧围墙很矮，北风一吹，就把垃圾堆上的废纸吹到空中，又飞过矮围墙，飞到了后操场。原因找到了，她就花点时间，把垃圾堆上的废纸全捡掉，不让"风"再作怪。

可是，本来捡了废纸往堆上一倒就完事，现在捡来废纸该怎么处理？

同学们给她出主意："把废纸烧成灰倒掉。""把废纸埋在垃圾下，让它飞不起。""把废纸用纸浸湿了，就飞不起来了。"一位同学的主意被采纳了："备个箱子把废纸积起来，积多了，卖给废品收购站，也可以给班级里积点经费。"原来废纸捡得越少越好，现在要"卖"钱，为班级积攒经费，就希望捡得越多越好了。于是，光捡走廊、操场、楼梯上的废纸不够了，她到各个班级去捡，捡到教师办公室里，把办公室字纸篓里的废纸也"捡"到手。

她捡到油印室，急慌慌把手往废纸篓里一伸……一手的黑油墨，连新的白衬衫袖口上也沾上了，回家挨了妈妈一顿骂。

她捡到卫生老师办公室里，将手伸到字纸篓里，一手抓到一大把同学们交来的灭鼠战果——老鼠尾巴，毛茸茸、滑溜溜的，吓得她丢下往外就跑。

把废纸卖给废品收购站，收购站老爷爷批评说："废纸也要讲究质量，要把废纸上的灰尘抖掉。"她觉得，原来捡废纸也要讲质量，真是新鲜事。

这位学生捡废纸的公益劳动，由于实践时间长，积累的情节多，感受丰富。在一次作文比赛中，她写的作文《捡废纸》获得了一等奖，同学们说："她'捡'到了个一等奖。"

持续实践劳动这个教学手段，表面上是引导学生创造生活，认识事物，积累作文材料。实质上，其价值不仅仅是写出一篇好作文，还是引导学生养成良好的劳动习惯，学会一定的劳动技能，体验为社会服务、为他人服务的乐趣，锻炼学生的意志和毅力。

（四）提供情景，深化认识

学生对自己周围的生活往往缺乏认识。教师根据作文训练要求，将学生熟悉的，但认识还不够深的素材综合整理，为学生提供若干情景，以启发学生联系自己的生活实际，深化对有关情景的认识，以选取其中之一，写出符合要求的作文，求得"作文内容来自生活，而表达高于生活"。

这种教学手段与一般的扩写训练所提供的写作情景不同。扩写训练形式，所提供的情景只是一个。学生应按此去构思全文，这情景可能是学生生活中发生过的，也可能是未发生过的，全凭学生根据生活现实，合理的想像去构思情节。

教师提供情景有两个方法：一个是靠平时的了解和积累，语文教师多数是班主任，对学生的生活有较多的了解；另一个是举行有关的主题会活动，让学生交流，从而加以整理分析。

如写《我的小伙伴》作文，学生对自己的小伙伴往往缺乏实质性的认识。老师可以提供如下一些学生们了解不深的情景，供学生选择其中一个来写，这样容易取得效果。

（1）×××在大扫除时挖阴沟泥，不怕脏、不怕臭。热爱劳动。

（2）×××自理能力活动中包了馄饨，送到孤老家，慰问孤老。尊敬老人。

（3）××，×××采集白菊花，晒干后送给老师润喉。尊敬老师。

（4）"六一"节，×××同学义务负责招待贵宾，不小心打碎茶杯，主动赔偿。诚实无私。

（5）班里参加学校文艺演出，缺少服装，××动员做裁缝的妈妈，为班里赶制服装。热爱集体。

（6）××同学写毛笔字不小心把墨汁沾在×××同学的衬衫上。×××同学要赔衬衫，×××坚持不要赔。文明礼貌。

（7）××扭伤了脚踝，×××扶××上学回家。团结友爱。

（8）×××同学忘了作业本，回家去拿，发现小偷行窃，想办法把窃贼关在屋里，"瓮中捉鳖"。机智勇敢。

……

又如，写《我的妈妈》作文，教师不妨提供如下情景表现妈妈的爱心，激发学生的生活实际感受，深化对妈妈的认识。

（1）清凉的风：暑天天气奇热，妈妈为我扇扇，使我安睡。

（2）淌落的泪水：生病时，妈妈心疼我，送我去医院时，泪水滴落在我脸颊上。

（3）责备的目光：当我与小伙伴争吵时，妈妈责备我。她的目光，使我认识到自己的错误。

（4）遮雨的伞：妈妈给我送伞，和我合伞回家，尽量遮住我的身体，自己淋雨也不在乎。

（5）辛勤的汗水：妈妈清晨又要洗衣，又要烧饭，又要照顾生病的奶奶，汗水滴落在衣襟上。

学生根据上述情景，联系自己妈妈的实际，可以选择其中一个情景写，也可选择几个情景有详有略地写。训练效果证实，学生围绕"妈妈的爱"这个中心，写得富有生活气息与真情实感。

（五）顺应心理，激励想像

在丰富学生生活，引导学生通过感知获得具体形象材料和知识的基础上，激励他们展开想像，是提高学生认识事物、发展思维、获得更多作文材料的又一个重要手段。

想像，是儿童利用已知知识所形成的表象，创造出新的事物的心理过程。想像是作文过程中一个重要的智力活动，缺乏想像力的作文，必然文思凝滞，语言贫乏；想像力强的学生，其作文必定生动活泼，文笔洒脱。

少年儿童正处于智力蓬勃发展阶段，他们富有幻想。顺应和开发儿童这种心理特点，因势利导地激励他们进行合理的想像，就能有效提高他们的认识能力，提高他们作文的综合能力。

儿童的想像，一般都是意愿性想像。这种想像必须要有生活和情感的基础。所以，在设计、引导儿童展开想像时，一定要注意两个基础：想像的内容要联系儿童的生活实践和知识基础；引导想像的形式要能有效地激起学生兴趣。这样的想像才会生动活泼，富有童趣，感情丰富。

《少年科技报》曾用一个版面，介绍我组织的一次"异想天开"主题会活动。如：

"净化鱼"与"净化鸟"

我们上海的环境污染严重，假如能发明一种"净化鱼"，在它肚里装上自动净化器，这样，一游过污水河，这条河就干净了。

污水里含的垃圾存在鱼肚里，有啥用处呢？经过高压，最好能变成良好的建筑材料。

假如再有几种"净化鸟"，在它肚里装上仿照植物绿叶光合作用的机器，让它专门吸进废气，排出新鲜空气。这种"鸟"如果还能分解出烟尘中的有用物质就更好。　　　　　　　　　　（陈刚）

避电衣

我们村子里一位电工，在一个下雨天，为了帮助村里断了电线的电灯复明，凭技术高明，带电操作，不小心触电身亡。

我想现实生活中经常需要电工师傅带电操作，如果发明一件避电衣，电工穿上避电衣带电操作，不仅不触电，而且还在避电衣内储存好输进的电，那有多好！　　　　　　　　　　　（潘存强）

企鹅衣

一次，我忘了带伞，下起雨来，身上被淋得像只落汤鸡。回到家我看见"动物趣闻"中的企鹅在下雨时，欢快地奔跑的画面。我忽然想，要是能做出像企鹅那样的衣服，像滑雪衫一样，那该多好啊！我们穿上这种衣服后，既防寒，又防水。

愿我的理想能实现。　　　　　　　　　　　　　　（汤建明）

月球实验室

月亮上既没有水，也没有空气，在上面做真空实验，是非常容易的。然而，在地球上做，就不一样，要抽掉空气才能做，这是很困难的。

我想，要是在月亮上办个真空实验室，那该有多好啊！月亮上没有空气和生物，人不能在上面住长久，可以让机器人代替人们去工作。如果它们也像人一样失重，就让它们穿上一件太空衣，这样，它们就能在月亮上安然的工作。　　　　　　　　　　　　　（黄强）

《少年科技报》还为这版"异想天开"加了编后语："这些设想，闪耀着新一代智慧的火花，体现着新一代的理想与追求。现在认为是'异想天开'，不远的将来有可能变成新一代手中的蓝图。'少时敢于想，壮时敢于闯'，我们希望少年朋友大胆设想，勇于创新，只要选定探索的目标，'奇迹'一定会从你们手中创造出来！"

教师把《少年科技报》的编后语读给学生们听，鼓励学生把"异想天开"的设想，通过学习加以完善，写出富有意愿想像的科幻作文。学生们受了报纸和老师的鼓励，掀起了一股"完善异想天开"的热潮。教师的教学手段，激起了学生意愿想像的兴趣。学生的寻求知识的过程，又是一个间接认识事物的过程。然后，学生再写出的作文，充分发挥了他们的意愿想像能力。如有的学生在"避电衣"设想基础上写成了《避电衣》作文；在《"净化鱼"与"净化鸟"》的设想基础上，先后写出了《我的理想》的科幻作文。

（六）鼓励博览，诱导触发

重视学生从间接生活中获得触发，从而引发联想，扩展作文材料的范围，这也是提高学生认识事物能力的一个不可忽视的教学手段。

教师要鼓励学生多收听广播，观看电视；鼓励学生多借阅图书或组织班级图书角，向学生推荐优秀儿童读物；提倡和发动学生订阅报刊杂志，引导学生及时获取知识信息。教师要运用课外活动时间，指导学生听、看、读、写，如举办知识信息汇编、电视观感三言两语等小报活动。以小队为单位，集中一周之内从报刊上获得的知识信息，看电视的感受，汇编成小队报，在班里交流，以此来强化知识信息的作用。实践证明，间接渠道对扩展学生生活面、知识面，作用很大，学生从而获取触发，提高了对事物认识的能力，获取了作文材料。

第三节　对小学生作文表达事物能力的认识

小学生作文中表达事物的能力，是小学生对事物产生并深化了认识，具有了表达的欲望，提取积累、贮存于大脑的"生活信息"，按照训练规范进行表达的能力。

表达事物的能力有两类：一类是口头表达能力，一类是书面表达能力。我们平常所说的作文表达能力，指的是书面表达能力；但是，口头表达能力也非常重要，不容忽视。

一、对口头表达能力的认识

口头表达能力指两种口头表达形式，一种是人们日常生活的交际语言表达，不规范的随意性表达；一种指有一定规范要求的表达，即口头作文。这里主要是指后者。

口头表达能力是很重要的，但在我国却长期不被重视。随着社会的发展，人们对口头作文的重要性逐渐有所认识，并加强了研究。但总的来说，口头表达的训练和口头作文的发展，远远不能适应我国社会主义经济和科学技术发展的需要，必须尽快改变这种状况。

（一）口头表达的意义

1. 提高语文表达能力

从小学生言语发展的规律来看，听说是读写的基础。如果学生把话说得意思明确、情节完整、条理清楚、通顺明晰，那么，在此基础上，稍加整理，适当加工，即可成为书面作文。显然，口头表达训练会直接促进书面表达能力。

再从语文教学的听、说、读、写之间的内在联系来看，听和读是吸收，是理解语文的能力；说和写是表达，是运用语文的能力。叶圣陶曾说过："听是用耳朵来读，读是用眼睛去听，说是用口去写，写是用笔去说。"他把听和读，说和写的内在联系分析得十分透彻。小学生就是通过听、读吸取营养，再经过自己的说、写实践，逐步提高表达能力的。因而，口头表达能力是整个语文表达能力的一个重要组成部分。

2. 有利于发展学生智力

从发展智力与说话训练的关系来看，观察与说话是有密切联系的。观察要有顺序，表达才有条理，没有全面细致的观察，就没有深入的理解和准确的表达。想像力是智力结构的重要组成部分，有人把它比喻为智力的翅膀。有了丰富的想像力，学生就能把话说"活"，描述就能生动形象、有声有色。语言是思维的物质外壳，所以语言训练会促进思维的发展。一般来说，语言的准确性体现思维的明晰性，语言的条理性体现思维的周密性，语言的连贯性体现思维的逻辑性，语言的多样性体现思维的形象性。记忆是一切智力的根源。学生说话时，如果缺乏词语与表象的积累和记忆，必然言之无物。

由此可见，智力活动在听说过程中是贯穿始终的。智力素质是听说能力的基础，而听说能力的训练又促进了智力的发展。两者是有机结合、相得益彰的。

3. 适应现代社会需要

在日常生活中，人们工作、学习的节奏也比以前加快了，如果听话不得要领，说话含糊不清，也会影响工作和学习的效率。由此可见，人们在生活实践和社会交往中，口头的表达和理解能力是十分重要的。社会生活的高速度、高效率，要求人们的口头语言更具有敏捷、简练、严谨的特点。同时，良好的语言修养也是全民族科学文化水平的一个标志，精神文明的建设同样需要培养和提高学生的口头表达能力。凡此种种，都要求我们把听说训练及时地提到语文教学改革的议事日程上来。

（二）口头表达能力的特点

与书面表达能力比较，口头表达能力具有以下几个特点：

1. 口述的情境性

口头表达一般都采取当众叙述的言语交际形式。口头表达总需要有听的对象，是在交际双方接触中进行的，这就创造了口头倾吐的情境。

口述的情境性是口头表达的积极诱因，正如前苏联心理学家维果茨基所指出的："在说每一句话，进行每一次谈话之前，都是先产生言语的动机——为什么要说话，这一活动的激情的诱因和需要的源泉是什么。口头语言的情境每一分钟都在创造着言语、谈话、对白的每一个新的转折的动机。"（（前苏联）赞科夫《教学与发展》）口头表达虽然也是一种训练，但这种形式更能满足言语交际的需要。学生每次当众口头表达总有一定交际内容，其目的是要把自己的见闻、感想、观点直接传达给大家。而书面表达一般只能有假想的读者，并不直接与他人进行言语交流，不易产生交际的实际需要。作文过程与交际过程往往脱节，口头表达恰恰能避免这点。这是口头表达的优点，只要充分利用口头表达所造成的情境，就能给口头表达训练带来活力。

2. 思维的敏捷性

思维是作文能力的核心因素，这对书面表达能力、口头表达能力都是一样的。不论书面表达，还是口头表达，思维的过程基本相同，只是特点有所侧重。

口头表达特别需要思维的敏捷性。这首先是因为口头表达是有声言语活动，语音快如闪电，稍纵即逝，话一说出来便成最终形式，不能像书面表达那样可以反复考虑、反复修改。更重要的是因为口头表达展开的独白言语活动，一般都要在班级里当众即席讲说，边想边说，边说边想，说话必须连贯，不能中断，思维必须敏捷，不容停滞。而书面表达除某些时限很短的命题作文而外，一般都有比较充分的时间进行构思。从审题到立意选材，到谋篇布局，再到语言运用，都可反复琢磨、仔细推敲。可以想好再写，也可想好一部分写一部分，写作中遇到困难还可停下笔来再想。

口头表达思维的敏捷性，主要表现在快速构思、组织语言上。口头表达时，学生没有充分的时间进行准备，看到题目，要在三五分钟内构思好，包括确定中心，回忆相关的生活经验，选择材料，考虑口述的先后顺序和主次详略，这都必须快速思考。快速构思的同时，还要快速组织语言，才能把要说的中心意思和主要材料连贯地、有条理地表达出来。

口头表达能锻炼思维的敏捷性，这是一个很大的优点。但也要注意思维的敏捷性同思维的深刻性、严密性的联系。学生口头表达，由于要快速构思、组织语言，往往会深度不够，显得比较肤浅；而且严密性也不行，显得有点零乱。针对这种情况，在训练思维敏捷性的同时，还要训练思维的深刻性和严密性。

3. 口语的感染力

语言，不管是书面语言还是口头语言，都蕴含着感情，都能给人以情绪上的感染。但是，两者相比，口头表达的感染力更强。

首先，口语具有强烈的感染力，除了以内容打动人（这一点书面语言也一样）外，口头作文使用的是有声的口头语言，它能直接诉之于听众的听觉，更能打动听众。具体地说，口头表达更能抓住听众，使人产生共鸣。

其次，口语还可借助于手势、姿态、动作、面部表情等辅助手段来传达感情。口头表达时，特别是在演讲、辩论的场合，可以适当运用手势等辅助手段，以增强感染力。这一点，书面表达是无法做到的。

4. 反馈的及时性

信息反馈对作文具有调节作用。书面表达的情况下，学生不能及时看到教师的评分、评语和修改，听到教师的评讲，因而反馈较慢。这会影响到学生积极动机的进一步诱发和强化，削弱信息反馈的积极调节功能。而口头表达的反馈则很及时。学生当众即席口头表达（作文），立即就能从听众听讲的情绪、面部表情以及其他反应，来判断听众的听讲情况，获知自己讲说的效果。不仅如此，学生口头表达后，教师一般都会立即进行评讲，肯定优点，指出缺点，这对他们日后改进口头表达能力是一种有力的促进。

（三）口头表达训练的类型

1. 记忆性口头表达训练

表达靠积累，它所倾吐的是积蓄在作者胸中的思想感情。因而记忆的因素是渗透在表达过程之中的。训练学生口头表达，最好从记忆性的口头表达开始，因为材料是现成的，说出来就可以了。这种口头表达是建立在学生已有的生活经验和思想积累的基础之上的，只要设法加以引导，就能使学生开掘自己的记忆，经过适当的思考，作出清楚明白的叙述、议论或说明。

2. 观察性口头表达训练

口头表达训练还可采取现场观察、讲说的形式，把观察与口述结合起来。现场观察具有直观性，能使学生当场获得鲜明的印象、具体的材料，口述起来非常生动形象。而且这种口头表达训练，侧重在指导学生对人物、事物、景物作深入细致的观察，然后用生动的口语，把它们的状貌栩栩如生地描绘出来。

这种训练建立在观察的基础上，有被观察的对象作为口头表达的支撑物和参照体。口述得不清楚，出现错误，还可再观察，并根据实际情况加以补充或改正，因而容易取得效果。

3. 想像性口头表达训练

这是一种创造性的口头表达训练，学生也很感兴趣。学生富有想像力，既能进行再创造想像，又能创造形象。在一定的资料的启发下，根据已知表象，他们就可能用口头语文创造出新的形象。

想像性口头表达训练，不能凭空进行，最常见的途径是与阅读训练相结合。生动、多彩的画面，会激起学生说话的兴趣。

4.说明性口头表达训练

这种训练指面对一个事物或一个情况作有条理说明性口述，如提出口头训练要求："外宾来我校参观，请你向外宾作学校情况的介绍，包括学校的环境、校舍、设备情况，同时介绍你的老师和班级同学的情况。"然后，让学生作说明性的口头表达。

（四）口头表达训练的形式

1. 观察说话

带领学生到一处地方，先进行实景、实物、实事性观察，然后作有条理的口述。通过实地观察,为训练学生说话提供生动的材料。教师要善于组织学生有条理、有层次地观察实地大自然中树木花草以及其他景物的特征。

这种观察的范围较大,教师要做好观察的准备工作,要制定观察计划,明确观察目的,安排好观察过程中不同要求的说话项目。

在课堂内也可通过实物的观察来训练说话能力。这种观察的实物范围很广,如玩具、文具、小物件、花草、小动物。要根据物品结构性能的差异,提供给不同年级学生进行观察说话练习。因所观察的实物不同和年级的差异,观察后的讲述或描述也不尽相同,教师在指导上应考虑层次性。

2. 复述故事

这是一种先听后说的训练活动。其一般训练程序是:教师提出本节课的训练目的和要求,使学生有意识地倾听、思考和记忆。然后由教师讲述故事或口述听力材料,最后在理解的基础上,由学生进行复述。

语文材料中一些故事性较强的课文,或全文或片断,在理解的基础上进行复述,也是一种常见的训练方式。这种训练,不仅能增强学生听的能力,还能培养学生连贯地组织语言的能力。听力材料应不受课文的限制,可尽量选择那些生动有趣且能启发思考的内容。低年级学生喜欢听童话、寓言故事;中年级喜欢听情节曲折和有战斗场面的故事;高年级则可多选些情节较复杂、逻辑性较强的故事,或有知识性的科普文章进行训练。

3. 情境说话

口头表达训练中的创设情境,是指充分利用直观形象,为儿童设置形象生动的语言环境,激发学生说话的兴趣,使他们有形可见、有声可闻、有事可说。这种形式的说话练习,能培养学生敏锐的观察力和迅速组织语言的能力。

这种训练与课堂观察说话训练之区别在于,课堂观察训练是静态的实物,情境说话训练是动态的情境。

进行这种训练时,由教师设计情境,如表演小品、游戏活动、绘画剪纸等;可运用多媒体设备制作课件,提供各类情境,学生边观察边说话。同样,所设计的情境要符合学生的年龄特征,力求生动有趣,情境也不要太复杂。

4. 见闻说话

见闻说话指学生在一定时空内,按要求选择一段直接的或间接的生活见闻,公开叙说。如在班队会课、课外活动、主题队会等场合,进行"一句话新闻""所见所闻""简要时事""社会新闻简报"等说话训练。这种训练,不仅能训练口头表达能力,而且能训练学生敏捷地观察生活、思考和分析生活的能力。

5. 口头作文

口头作文，是口头表达训练最高层次的训练，它要求像书面作文那样中心明确，条理清楚，结构完整，语言准确规范。

这种训练方式也是多种多样的。按要求分有模仿范文的口头作文、提供材料的口头作文、命题口头作文等；按范围分，有口述局部（如片断模仿、扩展描述、改动说话等），有口述全文。训练时，可由模仿范文口头作文、提供材料口头作文，逐步过渡到命题口头作文；由口述局部到口述全文。模仿范文的口头作文是指模仿范文的写作特点进行的口头作文；提供材料的口头作文，是指由教师提供材料，定好体裁，让学生自己加工提炼、确定中心、组织材料的口头作文；命题口头作文，是指由老师确立题目（或者指定范围）、体裁，让学生自己选择材料，组织成文，口述出来。这种口头作文训练，又可由预先出题当堂出题发展到即兴作文。

二、对书面表达能力的认识

书面表达，是指书面作文。书面作文不同于口头作文，是教学范畴中学生的书面语言形式规范训练的结果，是书面表达的主要形式，是人们进行各种交际活动的重要工具。

书面作文与口头作文相互影响，相互促进。就听说读写的语文训练整体而言，听，是根据语音去探求语义；读，是根据文字去探求语义；说，是经过思考选择词句，把结果用语音表现出来；写，是经过思考选择词句，把结果用文字表现出来。具有说写性质的书面作文与口头作文，都离不开思维和选词组句能力。同时，书面作文与口头作文都要求言之有物，合乎语言规范。

从语言发展的顺序来看，书面作文与口头作文有着密切的联系。口头语言总是走在书面语言的前面，书面语言是以口语为基础产生发展的。小学生在将自己对客观世界的认识通过文字表达之前，必然是先在头脑中通过思维形式，组织成有条理的、连贯的内部语言。如果将内部语言外化为口头语言，借助口头语言来控制和调节表达之认识。然后，再选择文字进行书面的表达，其表达必然比直接思维进行表达更有条理、更为规范。因而小学生的书面作文训练中，要采用"先说后写"的教学手段。

以一般的学生而言，口头表达的娴熟、清楚、生动、得体和感情真切，正是反映了思维的敏捷性、条理性，也必然促进书面表达能力的发展。反之，书面作文（表达）能力的提高，也反映其思维能力的发展；同样地，也会影响和促进口头表达能力的发展。

（一）书面表达（作文）的意义

1. 书面作文交际活动工具性功能

广义地说，凡是人们交际用的书面语言，不管其形式如何，均是书面作文。它与口头作文，不论在功能还是在结构上，都存在着本质的差别。书面语言是在交谈对象不在场的条件下产生的。因此，它是独白语言，只能用语言手段来表达信息，并且运用视觉符号；口头语言是在交谈者双方在场的情况下、直接交际的情况中产生。因此，它是运用听觉符号的对话语言，可以用非语言手段来表达信息的部分内容的。前苏联心理学家维果茨基对口头语言和书面语言的差别作了深刻的研究，他说："从产生语言功能的心理本质来看，书面语言是完全不同于口头语言的另一种过程，书面语言是语言的代数学，是有意识的，自觉的语言活动中最困难、最复杂的形式。"（吴立岗《吴立岗作文教学研究文集》）

因而，书面作文的重要意义就在于，它与口头语言一道成为人类社会活动交际的基本形式；而书面语言在时空上的流传更为广大，从而丰富和加强了语言的交际功能。并且，书面作文的表达比口头作文更为精密、准确、规范。研究表明：在词语的多样性上，书面语言中词语的丰富程度明显超过口头语言。对客观事物特征的反映，即能把内容丰富、形式多样的客观事物的各个方面，都详尽无遗地表现出来。书面作文运用的书面语比口头语来得详尽周致，因为口头语的表达，往往使说话者感到没有必要描写他说话对象的各种特征。可是，书面表达的时候，写作者必须详细描写对象的各种特征；语言表达中动词数与语言表达中词的总数相比——被称为对客观事物积极面反映的"积极率"，也比口头语言高。

2. 书面作文训练的教学功能

小学中的书面语言训练，一般称为作文训练。从教学法角度看，作文的过程，是运用语言文字对思想内容进行整理加工然后表达的过程。其作用之一，是把学生识字、写字、阅读以及基础训练中所获得的语言知识、技能，在写作实践中加以应用。一方面可使学生掌握审题立意、谋篇布局、用词造句的表达技能：另一方面，有助于学生发展观察、想像、分析、比较、抽象、概括等智力技能。作用之二，小学生的观察能力较差，通过作文训练，逐步养成有目的、有计划、有比较地观察事物的能力。作用之三，作文训练要求学生根据题目的中心，来收集、组织题材，拟订提纲，以及把意思或句子前后衔接起来，并且表达得连贯通顺、层次清楚，前后互不矛盾。这样，学生的思维就得到条理化的训练，逻辑思维的能力也随之发展起来。

从教学论角度看，作文训练的作用在于：第一，写作需要运用学过的各种知识，通过写可以加深、巩固、改造和系统化各科知识，并促使儿童进一步获取周围自然和社会生活的知识；第二，学生写作必须深化写作对象，进行自我情绪体验，可以陶冶儿童审美感情，激发他们的求知欲，培养他们热爱科学、热爱生活的思想意识。正如朱自清所说，写作"是基本的训练，是生活技术的训练——说是做人训练，也无不可。"

（二）书面表达（作文）类型

书面作文的分类有不同的分法，就小学作文——以记叙文为主来说，一般分为命题作文（包括半命题）、材料作文和应用作文三大类。

1. 命题作文

命题作文是小学作文训练中基本的训练形式，它分命题作文、自由命题作文和半命题作文三种形式。

命题作文，就是根据指定的题目去写作文。这种作文题目往往是老师或出考题的人拟定的。作者只能根据题目的要求来作文，对题目不能作任何改动。

自由命题作文，即由作者根据自己拥有材料的实际情况、兴趣爱好和熟悉的题材，自己拟定作文题目进行写作。日记，就是自由命题的练习，只要按日记内容命上一个贴切的题目。

半命题作文，即作文的原题只拟了一半，要求把题目补充完整以后再写作文。如《我的_____》《发生在_____的一件事》《我爱_____》等。半命题作文是跟命题作文、自由命题作文相对而言的。它介于命题作文与自由命题作文之间。半命题作文跟命题作文相比较，作者在一定范围内有一部分自主权，对所写的题材、范围、时间、内容等有一定的选择余地。但跟自由命题作文相比，它又受到了一定的限制。因为，它只能在半个题目所规定的范围内进行有限制的选择。另外，有的作文训练，在训练要求上提出一个范围，如"反映精神文明建设中的一件事""反映暑假生活中一件有意义或有趣的事"等，也可归为半命题作文。

命题作文在我国有悠久的历史，在今天作文的教学实践中，不少人认为它有明显的弊端。主要是这种教师出题、学生据题作文，不符合儿童的写作心理活动规律。因为，在生活实践中，人们提笔写文章，总是先有表达的内容，在写成文章后定题，或先有了内容后再定题写文章的。这个题目是作者根据所写内容主要意思和表达的目的（中心思想）来确定的，是"有所为的作文"。现今教学中的命题作文则相反。它不一定是学生有了感受非写不可才写的，不是"情动而辞发"，而是由教师指定写的内容，是"奉命作文"。没有内容也得去找内容写，学生往往缺乏表达的欲望。加上教师命题脱离学生思想或生活实际，或题目陈俗，无法激起学生的写作激情和启发他们的思路。学生敷衍成文，日久天长，学生对写作文就产生厌烦、畏惧心理。

既然命题作文有这么明显的弊端，那么，为什么我们的小学作文教学中仍然坚持命题作文，而不采用自由命题，让学生完全主动地"情动而辞发"呢？那是因为命题作文具有自由命题作文所不能代替的作用，原因有下列几点：

（1）作文教学与其他学科一样，有明确的训练目标，是一种智力技能训练。教师必须根据教学的目的和要求，设计循序渐进的训练程序，选定训练内容。这就需要整个班级相对的集中统一，采取有计划、有系统的命题作文形式，避免出现学生因为缺乏明确的计划目标而盲目地练习写作，造成技能上畸形发展的现象。

（2）学生自由选材、自己命题的能力，也不是一蹴而就的，只有经过一定的训练，在掌握了审题能力的基础上，才有能力做到。

（3）社会上人们写文章，比较多的是"奉命作文"。所以，命题作文中的各种能力，正能适应将来走入社会工作的需要。

（4）小学生作文，是练习写作，因此要求掌握一定的表达技能，包括认识事物的一般能力和专门能力。在第一章"小学作文教学的性质和意义"中，笔者曾提出，小学生作文还具有考查性质。如果一味自由命题，将来如何统一一个相对合理的标准来考查学生的知识技能呢？这种考查手段，也得运用命题作文或材料作文的形式。所以，必须充分认识到命题作文仍然是当前作文教学中的主要形式。采用半命题作文形式，在选材上增多自由度，在命题上作些改进，以符合学生心理，都可以部分消除命题作文的弊端。

小学生所写的命题作文、自由命题作文和半命题作文，主要的体裁是记叙文。包括写景状物性记叙文、以写事为主的记叙文和以记人为主的记叙文，也可适当进行一些简单的说明文和议论文的训练。当前小学生作文改革中，有的学校以低年级为主进行童话体写作实验，引起小学语文界的关注。但小学生的童话，一般还得借鉴记叙文的写法。

2. 材料作文

材料作文，又称条件作文。它区别于命题作文的主要特点是：向学生提供一定的写作材料和提示一定的方法。让学生经过周密的思考和合理的想像，对原有的材料或扩充，或压缩，或改变形式，用自己的语言，组织成一篇新的文章。因为新写成的文章，并非学生独立构思而成的，而是按照有关材料或条件写作的，故名材料作文或条件作文。

材料作文形式包括看图作文、扩写、续写、缩写、改写、仿写等。材料作文中，除了看图作文——尤其是中、低年级，是传统作文训练形式，其他形式是20世纪80年代后开始逐步被引入，作为小学作文训练和考查的形式。这些训练形式，对学生想像能力的培养是很有意义的。

材料作文的各类形式、写作的体裁，与命题作文相同，基本上是写景状物、记人写事的记叙文，也有一些童话体材料，如看图作文。

3. 应用体作文

应用体作文，是为培养学生在社会生活中具有书面语言交际能力而进行的作文训练。应用体作文，也就是指处理社会生活中一些实际问题的文章，如便条、收据、协议书、书信、读（观）后感、启事、通知、广告、总结、自传、报告等等。

应用体作文近年来已越来越为人们所重视，不仅语文教材内增加了这方面的作文训练内容，而且在教学研究上也已成为一个热点。

应用体作文在写作结构上，与命题作文和材料作文不同，有其自身的多种形式。在文体分类上，有人主张，应用文应与记叙文、议论文、说明文并列。但它的有些形式，在归属和文体上还是交叉的。如应用体作文中的日记，也是一种自由命题作文。

第四节　小学生表达事物能力的培养

一、命题作文的指导

命题作文的指导，包括命题作文、半命题作文和自由命题作文的指导。命题作文、半命题作文、自由命题作文，主要是在所写的题材范围、时间、内容等方面有差别。命题作文限制较死，缺乏自由选择的余地；半命题作文有一定选择余地；自由命题作文则可以完全地自由选择。但它们在成文过程中，所要掌握的几方面的能力是有共性的。作文教学中，要指导学生具备如下几个能力：

（一）审题能力

1. 对审题和命题能力的认识

题目（又称标题）是对文章的材料和中心思想最精炼的概括，是文章的"眉目"。

习惯所称的审题能力，实质上包含两种能力：一是审题能力，二是命题能力。

（1）审题能力。指的是在学生接触题目后，仔细分析和反复研究题目文字，以求领会题旨，掌握题目要求的能力。这是写好命题作文的先决条件。审题的成功与否，关系到文章中心思想的确立、材料的选择，将影响全篇内容是否符合题目要求，决定着构思能否朝正确的方向展开。审准了题意，文章才会切题；相反，就会偏题，甚至出现下笔千言、离题万里的现象。

（2）命题能力。指的是学生按自己拥有的材料，确定了中心后，编拟题目的能力。命题的思维过程与审题不同，它是选取材料后的行为，而审题是按题目选取材料的。

（3）审清题意和合理命题，是培养学生分析问题和解决问题，掌握正确的思维方法，培养逻辑思维和创造思维能力的基础。

2. 审题能力

教师要根据文章命题的不同情况，和学生掌握这方面知识能力的实际情况来引导学生：

（1）审清题目蕴含的主题。题目是一篇文章的名字，主题是一篇文章的中心思想。它们之间既有一定的关系，又不尽相同。其间的关系是：

题目与主题没有必然联系。如《上学路上》《我的爸爸》《一件小事》《集市见闻》《一个星期日》《一次活动》，从题目上看不出表达什么中心；

题目直接点明主题。如《助人为乐的×××》《记一件关心集体的事》《忠于主人的小黑狗》，从题目上明显看得出要表达什么主题；

题目含蓄地表明主题或具有比喻意义的意喻题。如《园丁》《镜子》《浇花》《温暖》《闯关》，它不直接体现中心，是含蓄地地表现中心。

（2）审清要求写作的内容。审题时要弄清，记人写什么人，用几件事写人；写事写什么性质，有意义的、有趣的，还是内疚的、接受教训的。写什么限制条件下的事，如《上学路上》《校园里发生的事》《暑假见闻》《星期天记事》《夏天晚上的一件事》；写景状物，写何时何地的景或何类物件，写出何种特点。

（3）审清要求取材的范围。要从题目上理解取材的时间范围（如《暑假见闻》）、空间范围（如《校园新事》）、数量范围（如《中队二三事》）、关系范围（如《我爱老师》《妈妈爱我我爱她》）。

（4）审清要求写作的重点，引导学生从题目上揣摩重点。如《老师笑了》，重点在"笑"上，老师为什么会笑？《这件事我做对了》，重点在"做对"在什么地方？为什么是"做对"了？《童年趣事》，重点在要写出"趣"来。作文题目的深浅不同，对比较复杂的题目，要推敲它的重点词语，以理解选材范围，确定题目要求的重点。如《我的一家》《自我介绍》《关怀》等题目。对一些范围广泛的半命题作文，要选择自己最能写的内容，再把题目补充完整。

（5）审清要求所用的人称。不少题目对人称有明确的要求，千万不要混淆，对一些没有人称要求的作文题，就要从内容上判断采用哪种人称。如《一件有意义的事》《上学路上》等题，可以用第一人称"我"，也可用第三人称"他"；《一件使我感动的事》，就只能用第三人称"他"；《给××的一封信》，就要用第二人称"你"或"您"了。

（6）审清题目要求的体裁。即要审清是写景状物，还是记事，还是写人。

3. 命题能力

（1）命题的分类

教师要引导学生认识如下几种分类，然后合理命题。

以主要人物命题。如《王小明》《张老师》是直接用人物名字命题；《我的同学陈超》《我的老师张文珠》是表明文中人物与作者的关系；《管闲事的沈爷爷》《优秀队员陈刚》《班主任李月英》是表明人物特点、身份、职务的。

以地点作题目。《校园》《机械化养鸡场》等题是单纯以文章描述地点为题的；《发生在教室里的一件事》《家庭琐事》是以地点兼事件来命题。

以时间命题。如《早晨》《冬晚》是单纯以文章描述时间为题目；《不平常的星期天》《欢乐的"六一"节》是在时间前加上限制词。

以事物名称为题。如《仙人掌》《猫》。

以景物名称为题。如《晨雾》《第一场大雪》。

以活动内容或事件为题。如《欢乐的野炊》《记一次乒乓赛》《劝架》。

以主要人物语言命题。如《啊，终于成功了》《就是他！》，选择的语言应起画龙点睛的作用。

以体裁为题，如《日记三则》《给老师的一封信》《读书笔记一则》。

（2）命题的要求

贴切：即题目与文章的内容相符合，做到恰如其分。

鲜明：即言简意赅，要运用关键词语，高度概括文章的中心思想与重点内容。

新颖、醒目：给人以新鲜和深刻的感受，并引起探究欲望。

（二）确定文章中心能力

1. 对确定文章中心能力的认识

（1）确定文章中心能力又称立意能力，即确定文章表达什么思想观点，提倡什么、反对什么的能力。中心思想是文章的灵魂。一篇材料的取舍、结构的安排、词语的遣用乃至题目的拟定，都围绕文章中心的需要而定。

（2）确定文章中心在作文中的思维程序是因题目而异的。

按中心选取材料。如《关心集体的一件事》《勤劳的爸爸》等题。

按材料确定中心。作文题目上看不出文章中心的要求，教师要引导学生根据自己储备材料的优势，从中选定所写材料后来确定中心。如《学校生活二三事》《家乡新事》《暑假趣事》《我的小伙伴》等题目。

中心确定于命题之前，提供范围的半命题作文、自由命题作文，往往是选定材料，确定中心，甚至写成作文后再命题。

（3）确定文章中心是一项复杂的思维活动，文章中心思想是对全部写作材料、思想意义的正确概括。按中心选择也好，按材料确定中心也好，都反映学生思想认识水平。

2. 确定文章中心能力

（1）中心思想要正确健康

小学生作文的中心思想，不要求它去教育读者，只要求学生在作文中反映的认识正确健康。所谓正确，指对事物看法正确；包括对社会现象的分析，思维方法的正确，对自然现象观察描述得正确与否。所谓健康，要求能分清是非，避免错误、片面的看法，防止把违法的、不道德的、庸俗的、愚昧的内容写入作文。要指导学生，养成良好的思考习惯：每写一篇作文要想想写这篇作文说明什么。

学生写的作文，往往由于他们年龄小、知识不够丰富，认识水平不高，难免在作文中出现一些认识错误、不够正确健康的内容。教师要通过讲评指正，引导学生自己认识和修正这些问题。

（2）中心思想要明确具体

小学生的作文应该结构简单、立意鲜明。立意鲜明就是中心思想要明确具体，让人一看，就明白是提倡什么或反对什么，赞扬什么或批评什么。小学生作文要防止文学化倾向，其中一个要求就应该是中心思想明确具体。

小学生作文最易产生"多中心"或"无中心"现象。所谓"多中心"，指学生在一篇作文中没有一个重点，不是集中表达一个意义，而是写多件事。所谓"无中心"，即学生写的作文中没有自己的认识，就事写事，没有就所写之事物表达出一定的认识。防止学生出现这种毛病，应在作文指导时，提示学生确定中心以后，要围绕它来选择材料。即使是部分半命题作文或自由命题作文，要在掌握的材料中提炼和确定中心。然后，仍要根据这个中心来剪裁组织准备的材料。写完作文后，教会学生自己轻读作文，然后想想是否表达了已定的中心。

（3）中心思想的广度与深度的开掘

中心思想的广度，是引导学生表现中心思想的面要广，要多角度、多侧面地思考。如指导《植树》题目的作文，可引导学生从美化环境的角度，培养学生好的习惯，掌握劳动技能；培养克服困难、战胜严寒的艰苦精神；了解植树或树木的生物特性知识，以及植树育人的象征意义等多个角度去组织材料，从自身感受中选择最深刻的一点，加以开拓。又如《校园新事》的命题作文，教师不要急于指导选定某一方面材料，反映某一个中心思想，而要引导学生开拓思路，从同学友谊、师生关系、遵守纪律、文明礼貌、班队工作、课外活动、社会服务、校园劳动等多侧面选取材料，确定中心。

要引导学生对所写事物有深刻认识，文章才有新意，给人耳目一新的感觉。如写《雪》，大部分学生写当时一场大雪后，玩雪的欢愉和赏雪的情趣。而有一位学生，却抓住了当时已"立春"半月余和"腊雪如浇，春雪似刀"的农谚，写雪对庄稼的危害，大雪给自己和小伙伴带来的种种不便。如校园内大树倒下，压断电线；幼儿园孩子摔跤，不能举行升旗仪式。这篇作文表现的主题，就比其他学生的作文显得深刻。又如范围命题作文《写我熟悉的一个人》，一般学生都写老师、干部、民警、医生、营业员，当然这些人物都应该写、值得写，问题是写这些人物的哪些事情，表现什么中心。而有一位学生，写自己当个体裁缝的妈妈，通过写春节中为一位新娘修改不合身的西服一件事，写出个体户为顾客着想的服务精神。显然，这位学生所表现的主题比较深刻。

作文中心思想的广度和深度的开掘，反映了学生思维的深度。指导时要因题而异，因人而异，有层次地指导。要视作文训练的题目、选取的材料、学生的生活基础和认识水平，以及写作基础等具体情况来加以指导。作文中心思想深度的开掘，一般不可能在一次作文指导时就获得成功。教师需要做有心人，发挥"个别教学"优势，在学生作文初稿完成后，发现新的内涵值得开掘时，就加以指导。如一个学生写了篇作文，写自己在帮助养牛人放牛过程中，观察了牛的外形，懂得了牛的生活习性，获得了知识。这么写，对小学生来说，已符合中心思想正确健康和明确具体的要求了。但教师抓住他文中一句话"养牛的阿龙叔叔对我说'放牛也要像读书一样用心'"，就运用个别教学手段，询问这位学生："你在放牛过程中，有没有不用心的情况？"在交谈中，了解到学生曾因贪玩去游泳，牛挣脱了拴在树桩上的绳子，而损坏了农民的稻秧苗，后经养牛叔叔的教育，才认识到做任何事情都要用心。在教师指导下，小作者重写了这篇《放牛》作文，立意显然比原来深刻多了。

对作文中心思想的广度和深度的指导，是充分发挥作文学科优势，对学生进行思想教育的重要手段。

对作文中心思想深度的开掘，就全体学生而言，不宜强求，只要求中心思想正确健康、明确具体，就可以了。

（三）选取材料的能力

1. 对选取材料能力的认识

（1）选取材料的能力，就是根据题目和中心的要求，选取贴切的内容的能力。如果说中心是文章的灵魂，那么材料就是文章的血肉。有了丰富、贴切的材料，文章的中心才能充分显现。材料的贴切和生动与否，会直接影响文章的可读性。

（2）选取材料在作文思维过程中的程序也是因题而异的。

① 按题目和文章中心选材，如《助人为乐的×××》《记团结友爱的一件事》；

② 按题目要求选取材料后再确定中心，如《校园新事》《小伙伴》；

③ 根据训练要求或根据拥有的材料来确定中心，编拟题目（或小标题、副标题），如《写一种动物》《反映农村丰富多采的生活》等范围性半命题作文及自由命题作文；

（3）所谓选取材料的能力，是在学生获取和积累有较多可供选择的材料中进行选取的能力。因而，这种能力的基础是学生已经获取或积累了相当多的有关素材；积累得越多，选的余地越大。为此，选取材料的能力，与丰富学生生活、提高认识事物的能力有关。教师要充分做好写作文前引导学生获取作文材料的工作，或唤起回忆，铺开素材，提供选择。

2. 选取材料能力的培养

（1）选材要重在"选"

教师在教学中，要使学生养成认真选材的习惯，要求对材料进行分析、比较，选取爱写（有感情、有兴趣）、能写（有情节）和贴切（能充分表现中心）的材料写入作文。选材指导时，还要让学生理解材料有主次之分，与中心无关的材料要舍得剔除，基本要求是看材料能否表现文章中心。要防止学生"拾进箩里就是菜"——养成随意选取或堆砌材料的毛病。

（2）选取典型材料

对学生选材的要求，通常只要能符合题目中心的要求，达到贴切就可以了。如写《小伙伴》作文，所选材料只要是小伙伴而不是成人，能反映小伙伴某个特点或思想品质就可以了。而典型材料，则要具有一定的特点：

① 有儿童情趣的材料。如《电子娃娃乘车记》，写了一个女学生抱了一个电子娃娃乘公共汽车，由于人多，把电子娃娃口衔的奶嘴挤脱了，发出了"哭"声，引起全车人的注意：有的让座；有埋怨女孩子的妈妈，不该让"孩子带孩子"。作文富有童趣，但不可能要求所有学生都写出这种情趣的内容。

② 有意义的材料。有一个学生写了一个小伙伴勇敢跳入河中救起一个落水儿童的事迹，内容生动、真切。但这类事不可能经常发生，所以也只能"有则求典型，无则求贴切"。

③ 不易发现的材料。如前面所举的例子，写鹅生活习性中"戆大"和"乖巧"的特殊习性的作文《"戆大"不戆》。这类"戆大"和"乖巧"的细小习性，一般人是不易发现的，写出来就显得富有新意，称得上典型材料了。

④ 逆向思维、求异思维下产生的材料。如前面"确定中心思想能力的培养"中举到的例子，以另外的角度写"雪"，以价值观念写农村建新房，称得上典型材料。

教师要重视启发学生，善于展开有关素材，善于比较分析，要重视引导学生运用看起来不足道、却能充分表现中心的材料。

（3）灵活运用作文材料

这是指学生拥有了较好的、典型的材料，教师指导其运用这材料写各种题目和各种形式的作文。训练时要根据作文题目和学生拥有的材料，与指导有机地结合进行。也可专门进行训练，如把写人为主的记叙文，改为记事为主的记叙文，用《记一个心灵美的人》写人物心灵美好的一个具体事例；用记事的顺序，写一篇《记难忘的一件事》。也可以把记事记叙文改为写人的记叙文，用《一件助人为乐的事》中当事人物的助人为乐的材料，改写成《助人为乐的×××》。

这种训练也可结合语文教材或课外读物进行。如读了一篇作文选中的作文，就在这篇作文题目边，再命名数个恰切题目，说说该如何适当改变结构来写。学习了《忆铁人》课文后，就提出几个不同的题目，引导学生运用课文内容进行改写，如写《托儿所里发生的事》，可删去第一节；写《他还在辗转反侧》，可删去第一节，写具体"伸手相助"或"排解矛盾"；写《关心群众的王铁人》，可写具体"伸手相助"或"排解矛盾"，删去或略写第三节，以突出"关心群众"。

这种训练，并不是机械地让学生"改头换面"，而是着重指导学生按照变换的题目或形式，如何适当改变文章结构，使其符合改编的要求，形成一篇新的符合题目和中心要求的作文。这是一种开拓思路，培养学生思维灵活性、逻辑性的训练手段。

（四）谋篇构思能力

1. 对谋篇构思能力的认识

写作文有了材料后，组织、剪裁、安排材料，使之成为一篇结构完整、前后连贯、条理清楚、主题鲜明的文章的能力，就是谋篇布局的能力。如果说中心思想是文章的"灵魂"，材料是文章的"血肉"，那么结构就是文章的"骨骼"。只有具备坚实、匀称、恰当、完美的结构形式，把思想观点和具体材料融合在一起，才能写成一篇符合要求的文章。把审清题意、确定中心、选取材料几步作为"写什么"来理解，那么，组织材料开始就是"怎么写"。前一步是写好作文内容（实质）的关键，后一步是作文形式（技巧）上的关键所在。

2. 安排材料与编列提纲的能力

（1）掌握文章的基本结构

① 状物性记叙文：按一定空间顺序，写出整体到部分的外形特点；有重点地写出生活习性或生长过程；并通过写实和想像，写出状物功能和自己的关

系，写出喜爱的思想感情。

②　写事记叙文：按事情发展顺序或时间变化、地点变换顺序，以及事情的起因、经过、结果的结构写完整一件事。经过是重点，要分步运用人物言行举止描写写具体，写出一定意义，或按事情性质安排层次写具体。

③　写人记叙文：一类是一件事写出人物一个方面的特点，可直接用具体一件事来写；另一类是用几件事来写人物一个方面或几个方面，可有详有略地写，或并列写，或按特点分类写。

④　写景记叙文：按方位顺序或时间顺序，运用静态描写、动态描写和想像的方法来写。

⑤　写活动记叙文：按活动前、活动经过、活动结束的结构，描写人物的言行举止，写具体活动经过的场面或所见所闻所感，写出活动收获。

（2）着重对构思的指导

①　组织材料的能力，核心是构思，教师要着重对构思的指导。构思指导是引导学生把准备写的作文材料，在头脑中条理化的一个复杂的思维过程。要让学生理解"文成于思"的道理，以古人为求一字一词的准确，"捻断数茎须"的精神来勉励学生。构架搭正确，搭结实了，下一步的下笔成篇就容易了。

②　对学生的构思指导，教师要进行一系列连续性的、有目的的教学，引导学生理清作文的思路，学会构思。构思的基本要求是：向心性——围绕中心，确定主次；条理性——先后有序，有条不紊；严密性——清楚完整，前后连贯。

③　构思指导要提供学生借鉴的模式。按训练要求，提供结构的范例文，或教材（包括"习作例文"），或教师的"下水文"，或优秀作文选中的作文，提倡运用先行指导本班学生按训练要求写成的作文——"先行指导文"，结合板书或电化媒介，给学生展示具体、清晰的结构模式。学生模仿借鉴模式，构思自己的材料，要明确：写什么内容？说明什么道理（或知识，或特点）？用什么结构写？哪一部分是重点？为什么将这部分作为重点？如何写具体这部分重点？可采用师生合作和学生合作的方式，由口述议论到书面构思，让学生在教学过程中，由形象思维到抽象思维，使构思指导具体化。

要说明的是，小学生作文在文章结构上只要求大同小异。小异指基础较好的学生可以突破借鉴模式，进行巧妙构思。而作文内容上要"大异小同"。小同指基础较差的学生可以根据某些写作技能的知识要求。不提供借鉴模式，是不符合小学生作文规律的。

（3）编列写作提纲

书面构思，实质上就是教学上所指的编列写作提纲。

对编列写作提纲，人们有不同看法。一种观点是，编列提纲有助于克服学生内容无重点、层次不清晰、详略不得当的毛病，也是一种逻辑思维训练。另一种观点认为，列提纲限制学生的思维，写成的作文容易千篇一律。前苏联拉德任斯卡娅主编的《苏联的作文教学》中认为："提纲一般不需要，因为它会束缚学生思维，扼杀他们的独创精神。"赞可夫在《教学与发展》中也认为："写作文不列提纲。专门的准备工作和列提纲会限制或甚至压抑学生的个性，使学生不能用适合自己个性特点的言语、形式来揭示题意和表达独立思考的内容。"这种说法，在理论上无疑有其正确的一面；但任何一种事物或做法，都有其两面性，要看其主流的一面。编列提纲有利也有弊，就小学生作文能力的实际出发，编列提纲是学生思维条理化的过程，有助于克服学生作文中常有的内容无重点、层次不清晰、详略不当等毛病，列个提纲可起到"拐棍"作用。如果我们在训练中，选取材料适当，每个学生都拥有自己有所认识的内容；那么，编列提纲就不会出现上述弊端。

前面说过，小学生作文构思上只求"大同小异"，在内容上力求"小同大异"。实践证明，思维活跃的学生，会冲破"大同"的构思，表现出个性特点。教师要鼓励学生充分利用材料，不要受提纲的约束，可以采用个别教学手段，指导有能力的学生（写作基础较好或有好的材料）进行巧妙构思，写好作文。

当然，小学生学习编列提纲，目标是训练学生的逻辑思维能力，也要有个由"扶"到"放"的过程。在训练中，不求篇篇排列提纲，要在学生构思能力有所提高的基础上，逐步过渡到打腹稿写作文，以提高学生的作文综合能力。

（五）下笔成篇的能力

1. 对运用语言文字能力的认识

下笔成篇的能力，就是运用语言文字的能力。学生运用学到的语言文字知识和获得的能力，写成一篇结构完整、条理清晰、具有真情实感的文章，这是不可能一蹴而就的，需要慢慢培养。

一篇文章由一句句话组成，每句话又是由一个个字符、记号和词连成。

如果把写文章比作盖楼，那么词句就是砖瓦。砖瓦的质量很重要，只有破砖碎瓦，不论房子设计蓝图多好，房子都难以建成；词句粗劣，不论中心如何明确，材料多么丰富，结构怎么完整，文章也不能打动人。从某种程度上说，成文能力中，前面的各项能力，均落实于下笔成篇后的作文形式中。语言文字运用能力之重要性可想而知。

2. 语言文字能力的培养

（1）语言文字能力的基础是语言文字的积累，这要靠小学各阶段的识字、阅读教学和课外阅读的积累。积累的基础越厚实，作文时运用语言文字的能力就越强。这种积累，一类是基本的常用语言的积累，比较容易。一般说各个年级积累的语言，基本上够用。另一类是丰富的修饰语言的积累，包括表示准确动作的动词，多彩形象的形容词语、成语、谚语，以及排比、比喻、拟人、夸张、反问等修辞手法，这种语言积累较难。但只有具备了这类语言，才有可能写出修饰性描写作文。这类语言积累，需要在教学中采用词语赏析、词语游戏、词语变换、词语集锦、造句等强化训练手段，让学生获得提高；此外还要鼓励学生大量阅读书报，达到潜移默化的效果。

（2）作文的语言文字运用的要求。小学生作文的语言文字运用，应有下列三个基本要求：

① 语言准确。所谓准确，即学生作文句子通顺，无病句，无错别字，标点正确。

② 语言贴切。所谓贴切，即作文的语言要描写准确到位、朴实无华、情感真切，这是小学生作文的基本文风。作文忌用套话、空话、大话及口号式的语句，反对过于追求华丽词藻和矫揉造作的描写。如写不值得激动或伤心的情节，就不该用"泪如雨下""泪水湿润了脸颊"等词语。

③ 语言精炼。小学生作文的另一个要求是语言精炼。表现在：详略得当、语言不啰嗦。如与人物特点不相关的外貌描写，与文章中心、情感不一致的环境描写，与文章主题无关的情节叙述，就应该不写或略写。精炼不等于少写。相反，该写的具体情节，要浓墨重彩地写。如反映事物特点的外形、习性、功能的细节，有助表现主题意义和儿童情趣的环境、事情细节，突出人物特点的语言、神态动作和心理描写，就要详写。

用精炼语言还表现在文章的开头提倡开门见山，不绕圈子；结尾提倡干脆利索，不拖泥带水。

（3）语言运用的准确、精炼。作文往往因内容各异，很难统一指导。那种提供一定的词语，让学生选择运用就不是好做法。这样指导，不仅不能提高学生运用语言的能力，反而会束缚学生思维，形成思维定势。

作文完成后评改指导，是纠正学生不良语言习惯的教学手段，可采用范例赏析、病例修改、读读改改、互读互改等形式，纠正语言运用上不准确、不贴切、不精炼的毛病，从而提高语言运用能力。

（4）运用语言文字下笔成篇，必须在具备前几个能力的基础上进行。谋篇构思主要是组织安排好选定的材料，理清思路，判明层次，给落笔成文搭好架子。下笔成篇就是把构架具体转化成一篇前后连贯、中心明确的作文。所以，这应该说是在学生深思熟虑的基础上进行的。因而，要教导学生下笔成文时尽力做到一气呵成。教师要通过长期的训练，培养学生思维的敏捷性，做到笔头尽可能跟上思路。这样，文章才能连贯一体。作文时，即使遇到不会的字词，也不要停下来；个别地方文字不顺，也可以暂时不管。等全文写完后，再作润色。在学生作文时，要保持安静；教师巡视时，不要随便插讲，以免打扰学生思路。如果有个别学生写作有困难，只能轻声加以个别指导，切忌斥责、埋怨，以免影响班里其他学生。

二、材料作文的指导

（一）材料作文概述

给学生提供一定的材料，要求学生以此展开写作，这叫材料作文。从某种意义上说，材料作文比命题作文更需要学生展开想像的翅膀，发挥创造思维能力。这是因为命题作文在一个题目范围内，学生选取自己熟悉的生活内容，可以按自己的材料优势进行表达。而材料作文中的看图作文、扩写、续写、改写、仿写，必须按提供材料的思路去构思，选材的思路有了一定限制。有一些训练提供的材料，要求展开的情节，学生不一定亲身经历过，就需要按照平时对生活的认识与积累，根据训练的要求去联想，去重新组合编写情节。在教师的启发指导下，学生能学会从提供的材料去想像符合要求的情节，或用少年儿童生活中的事实（不一定是亲身经历过的）编写得合情合理。显然，这是符合发展儿童思维的敏捷性和逻辑性的，这种能力是创造思维能力。材料作文在发展学生创造思维能力方面，有如下几种类型：

1. 靠想像

这类训练所提供的材料，学生没有经历和体察，他只能假设自己处在这个环境中，会怎么做，怎么想。如看图作文《小气象员》。画面上是一个学生冒着严寒，在黑板上写天气预报，背景是百叶箱和冬天的环境。画面上提供的这些材料，大多数学生无法去经历的。那就要完全靠画面的内容去想像。要是在这种环境下，轮到自己去观测百叶箱，去写天气预报，会有什么想法、什么行动？你家里人、爸爸、妈妈、奶奶支持还是阻止，为什么，会讲什么话；要是你看到你的同学在这种恶劣天气下去完成小气象员的任务，你会想些什么。这些，都是靠想像去形成写作材料。

2. 靠联想

教师要引导学生，由提供的材料得到启示，从而联想到过去的生活经历中曾经历过哪些事件，可以与材料中的特定环境联系起来。如扩写："星期天早上，我被窗外的风雨声惊醒，一骨碌滚下床，披衣拖鞋，往屋外风雨中冲去……"要求就提供的情景扩写一篇作文，题目自定。

3. 靠知识

训练提供的材料，学生没有亲身体察，就得靠从各方面获得的知识去想像、构思。如看图作文《××的早晨》，有两张图，一张图供城镇学生写，一张图供农村学生写。农村学生写的那张画上有山。不少地方的农村学生没见过山，对山的描写，就得靠书本、报刊、影视等间接渠道获得的知识。如《美丽的心灵》看图诗歌改写记叙文。大多数的乡村集镇和农村的小学生，还没条件直接接触过机械化清洁工具——清洁车、洒水车，要完成这篇材料作文，也需要靠间接渠道获得的知识。

4. 靠综合生活感受

很多材料作文的训练所提供的材料，学生本人没经历过，但周围的社会生活有这类情景，这就可靠综合生活感受写入作文。如某小学升初中入学语文试卷的作文是看图作文。画面是一头老黄牛，背上依次骑着一只小白兔、一只公鸡和一只老鼠，说明文字是"妈妈属牛，爸爸属兔，我属老鼠——妈妈在家里最辛苦。"要求以《我的一家》为题，写一篇记叙文，要突出人物特点，同时符合属相动物的特性。妈妈勤劳似老黄牛，这是最易写的，但爸爸似兔子般悠闲自得，哥哥的鸡，"我"的老鼠之属性，就不可能符合每个家庭人员的特点了。这就需要学生在周围获取适合的材料进行编写了。

上述四种类型，与命题作文相比，有一个明显的特点，就是需要发挥更多的想象。这也是近年不断增加材料作文训练比重的原因之一。

写好材料作文，必须要认真阅读、仔细体察和充分理解所提供材料的内涵，明确具体的要求，准确把握文章的中心思想以及所用的文体，然后构思和组织材料，运用学过的写作方法，写出符合要求的作文。

（二）材料作文的分类与指导

1. 看图作文

看图作文往往可分看图写记叙文、看图写说明文、看图写童话等；或分看图写景状物、看图记事写人等；还可分为单幅图、双幅图和多幅图。

指导学生写看图作文，主要从如下方面进行：

（1）指导学生仔细观察画面。应先对整个画面进行观察，有个整体的印象，明确画面是写景状物，还是写人记事。然后分解画面，按一定顺序进行观察。要观察人物的服饰、容貌、年龄、身份、表情，在干什么，并从周围的环境来确定时间、空间、人物、事件。

（2）指导学生进行合理的想像。画面上的景、物都是静止的、无声的、片断的，要引导学生充分运用自己的生活经验（包括直接与间接的），通过联想或想像，推导画面上事物的前因后果，使画面上的人物活动起来，让他们说话、行动，使画面的内容变成活动着的镜头。但这种想像和联想，必须是合情合理的，充分体现文章的中心；主要人物和展开的情节必须紧扣画面内容，不能离开画面内容任意编写。

（3）指导学生注意前后照应。若是多幅图，要让学生注意每幅图的主要内容与其他几幅图之间的联系，要把每幅图都串在中心这条主线上。要是单幅图，也要注意情节的前后照应。

（4）要防止学生写成图解说明。看图作文不能写成干巴巴的画面解释和说明书，要引导学生运用记叙描写和简单的说明、抒情、议论等手法，写出的文章要具体生动，要充分体现中心。

如看图作文《小气象员》，从画面上人物的服饰、环境，可以推定这个女学生是个学校气象小组的小气象员。在严冬风雪天的早晨，按小组规定观测百叶箱的气象记录，再将天气预报抄写在黑板上。接着想像这位小气象员在这样恶劣的环境下，坚持观测、记录会产生哪些困难，她由此会产生哪些心理活动，她又是怎样克服困难，坚持工作的。当然，也可假设这个小气象员是代人家值班，或刚参加气象组，或身体不好，或手上患有冻疮——这样想像、假设，情节就会更丰富。根据这种想像确定基本情节，确定中心思想，再写具体，那么，画上的这位小气象员就活起来。似在你眼前展示电影镜头一样，出现了完整的一个故事。

2. 扩写

扩写是把篇幅较短、内容概括、情节单薄片断，或几句话，扩充成篇幅较长、内容完整的文章。

扩写与看图作文有相似之处，也有不同。看图作文是有图而无文，所以要引导学生仔细观察理解图意，然后作文；扩写则是有文无图，要抓住原文的重点句或词语，展开想像与联想，再写成文。

指导学生扩写要注意四个方面：

（1）引导学生要认真阅读原文。搞清楚原文的主要人物和事件，把握文章的中心和重点，找出原文扩写的"点"——需要写具体和能写具体的句、段、词语，对重点部分要充分展开想像和联想，要运用间接渠道获取的知识，综合周围生活中有关材料，写细写深，写具体，能体现文章中心的细节；

（2）引导学生用事实说话。要引导学生把原文中的概括叙述，化成形象的描写，特别是对重点部分的内容，如人物的神态、语言、心理活动等要具体描述；

（3）引导学生要尊重原文文意。正如看图作文要根据画面写而不能脱离画面任意想像一样，对原文的体裁、人称、顺序、主要情节，都不能随意改动；

（4）引导学生扩写时要注意详略得当。要让学生懂得，不是每句话、每个节段都要扩充描写，与中心无关的部分仍要略写。

如扩写"翔华小学五（1）班同学在课外活动踢足球时，张强不小心摔了一跤，血流不止。老师和同学伸出友谊之手。"必须把握文章中心是反映师生和同学之间的友爱情谊，扩写的重点是张强摔伤后，老师和同学的关怀帮助。有的同学把踢足球场面写得很热烈、很生动，就不符合要求。这方面写得越具体，越离题；有的同学把人物张强换了别人，有的同学写关怀张强却没有老师的言行，也不符合要求；还有的同学把"不小心摔了一跤"改为"被人推倒"，都不符合扩写的要求。

3. 续写

续写也称补写。它有三种，一种是根据文章的开头或有关情节，通过想像把事情的发展和结局写具体；另一种是就情节完整的一篇文章，继续开拓情节，写出与原篇有紧密内在联系的一篇新文章；还有一种是根据原文中人物的特点去延伸和发展其特点，写出新故事情节的文章。如学习了《我要的是葫芦》，续写："第二年，种葫芦的人又种了许多株葫芦……"就是按原文"只想要葫芦，不重视叶子上的蚜虫，不听邻居劝告去治虫，结果即使生了许多小葫芦，叶子被虫吃光了，仍然没有收到葫芦”的情节，发展为“接受教训，收到许多葫芦”的情节。又如学习了《神笔马良》后，续写课文最后一句“马良又回到村里，给穷人画画”，则要延伸原文中马良的“为穷人画画解决困难”特点续编故事。

续写的内容都是原文所没有的，因而多数是虚构的，要启发、鼓励、引导学生大胆合理地展开想像。

指导学生续写：第一，对提供的材料，要进行多种设想，经过比较、筛选，择定最佳者（题材新鲜，构思巧妙，材料熟悉，写起来比较顺手）为续写的素材。

第二，续写的内容可以保持原文的中心，也可以变换为相关联乃至相反的中心，但这种变换要合乎情理。这种相反的中心，在童话作文中较多。如《狐狸与乌鸦》的续写，可以仍保持原文的主题，乌鸦又经不住狐狸的奉承而上了当；也可以改变为乌鸦接受教训或有意报复，设计让狐狸上了当。一般对反映现实生活内容的续写，则均应顺着原文来写。如学习了《穷人》课文后，以《西蒙的两个孩子有了新的家》为题续写一篇新的文章。如果写西蒙的两个孩子被桑娜收留后生活很幸福，长得很健康，则只能从桑娜家的生活条件为基础来写，而不能写得脱离实际，如什么喝牛奶、吃巧克力、看彩色电视……这就违背了原文的背景内容。又如桑娜在原文中是个勤劳能干、心地善良的妇女，如果续写文章中说她发脾气，打孩子（即使打自己的孩子也不适宜，不要说写打西蒙的孩子了），就不合理，违背了原文人物的特点。如果在续写中，只写如何关心照料西蒙的两个孩子，不去写桑娜自己的五个孩子，那么与原文情节又没有关联了。

4. 改写

改写是运用原来文章的材料，主题思想不变，改写成另一种表达形式。改写有好多种：改变体裁，如把诗歌改成记叙文；改变人称，如把第一人称改为第三人称；改变文章结构，如把顺叙改为倒叙，改倒叙、插叙为顺叙；改变文章的语言，如把古诗改为现代诗，把古文改为白话文，把对话改成叙述等。

指导学生改写，要根据不同的要求作不同的指导：

（1）改变文章的体裁，主要是改诗歌为记叙文。这是难度较大的改写训练。因为诗的语言精炼，情节常有跳跃。指导改写时，学生要充分理解诗意，理解诗的整体构思，掌握诗的语言特点。在改写为记叙文时，应把诗中情节跳跃的地方连起来，按记叙文要求，有起因、经过、结果、细节地把内容写具体，写清楚。尤其要把诗歌中比较含蓄的地方和作者蕴含的感情，通过丰富的合理的想像叙述出来。

（2）改变人称的改写。不仅仅是把人称的代词"我""他"改变一下，要引导学生理解人称一改变，文章中有的情节与句段，要在结构或详略上作相应变动。如把《避雨》中的第三人称改为第一人称后，文中的"姑娘"改为"我"，那么文章中的赞扬姑娘的地方应改为"我"体会式的表达，还要注意谦虚、得体；文中描写姑娘的"一双很俊的眼睛……"就不可再写，不能自己写自己"俊"啊！

（3）改变文章结构，主要指顺序上的改变。这种改写要指导学生注意上下节段衔接的贴切自然，要运用适当的过渡语言，以适应改变后的叙述顺序。

（4）改写文章的语言主要指古代汉语改为现代汉语。这种改变，首先要引导学生认真深入理解古代语言的确切意义，用现代语言确切地表达出来。

5. 仿写

仿写就是模仿所提供的例子进行写作。仿写的形式也是多种多样的，有仿句式的，有仿段落的，有仿整篇的；仿写的侧重点也各有不同，有的仿结构，有的仿写作顺序，有的仿写作方法。

指导学生仿写要注意如下几点：

（1）要引导学生细读要仿照的范文（句、段、篇），深刻理解范文在写作方面的特点，理解文章的脉络。

（2）要指导学生明确仿写的要求，是仿写作结构，还是仿写作顺序或者仿某种写作方法。

（3）要引导学生明确，仿写主要是仿文章的格局，而不是照抄内容。题材要自己另行选择，语言要重新组织。一般说来，仿写文章以范文为结构，却要独立选材、构思和表达。如要求仿《海滨小城》，写一座县城或集镇。一种仿法是仿《海滨小城》那样围绕小城景色之美，从几方面描写，仿写的城镇也以写景色美为主线展开情节；另一种是仿其写作结构和方法，但内容以"繁荣"为主线，或以"科技城""汽车城""古文化"为主线，从几方面描写。又如仿《第一次跳伞》的过程按到机场、飞机起飞、跳伞和着陆的顺序，写《第一次坐飞机》《第一次照相》都可仿其结构顺序依次写出到机场、起飞、飞机所见所感、着陆下飞机顺序和到照相馆、摆姿势、照相、出照相馆顺序。

6. 缩写

缩写与扩写正相反，是把一篇篇幅较长、情节描写具体细致的文章，在不改变原文的中心、体裁、顺序的前提下用简炼的语言，压缩成一篇简短的文章。

指导缩写应注意如下几点：

（1）学生仔细阅读原文，充分理解原文的中心、主要内容、段落结构、写作顺序，理清楚文章脉络。

（2）指导学生理解和学会——缩写重于概括和记述，要把具体描写的内容，如环境的渲染、人物的对话、神态和心理活动的描写，尽量概括成叙述性的几句话。要保留原文的主要情节和关键词语，对次要内容要删减或作概括性的叙述。

（3）指导学生缩写时，要分清层次、节段，并尽可能引用原文的语句，适当穿插自己的语言，要注意节段的过渡和连贯。

三、应用性作文的指导

（一）应用性作文的认识

应用性作文又称实用文、应用文。这里指的应用作文与当前作文教学改革中提出的"作文教学实用化"的性质有关系，但并非同一个概念。作文教学实用化，用叶圣陶的话来说就是："我谓实际作文，皆有所为而发，如作书信，草报告，写总结，到因事陈其所见，对敌斥其谬论，言各有的，辞不徒作，而作文为社会生活中不可缺少之技能，非语文教师强加于学生之作业。"叶圣陶的这番话，说明实用并非仅仅是一种文体的概念，它的实质在于"有所为而发""言各有的，辞不徒作"，作文教学着意提高学生未来社会交往、职业生活中书面表达的能力。这是一种宏观的、广义的理解。

这里谈的应用性作文，作为对实用作文的狭义理解，则指处理社会生活中一些实际问题时所用到的书面表达形式，如条据、书信、启事、通知、请柬、广告、报告、总结、自传、说明书、合同、公约、规章制度、日记和读书笔记，等等。这些形式，有的可归在命题作文中。如日记是自由命题作文形式，读书笔记也是可命定题目的，如《读××后感》。其体裁也视其内容和写法而定，可归入记事、写景状物或写人记叙文和简单议论文，但大多数形式难以归为前两大类，故单独成一类型，以便引起重视。

应用性作文在社会生活中应用较为广泛，在日常生活中，不管哪行哪业，都离不开应用性作文。在当前改革开放、城乡经济蓬勃发展的形势下，小学生学习和掌握一些应用性作文，不仅对其现在的学习、生活和必要的社会交际有一定意义，而且对其升学后，以及将来走上社会都有重要的意义。前一时期，中、小学校不重视应用性作文的教学，导致不少学生初中毕业后，走上社会后不会写一张启事，不会开条据，写不了申请，不懂广告与通告、通知与请柬的区别。这很难适应社会实践的需要。因此，加强应用性作文的学习，是十分重要的。

应用性作文是整个作文训练的重要组成部分，有一些形式如日记、读书笔记、书信，本身就是平时练习中经常接触到的。提高应用性作文的能力与提高命题作文、材料作文能力一样，都能提高学生分析问题和解决问题的能力。因为，应用性作文同样需要对占有的材料进行归纳、分析、综合，是一个发展智力的过程。多数应用性作文的语言应该是简明、准确、朴实的，对锤炼学生运用语言能力也有意义。

（二）应用文的指导

1. 严格格式要求

要重视语文教材上出现的应用性作文的指导，不要以为这种文体简单，又不在考试命题之列（其实，很多应用性作文已进入升学考试的命题中），因而走过场应付一下，而教师应该严格地按照应用文体格式进行指导。如写信的款式、信封款式，小学曾训练多次，可仍然有不少人走上工作岗位后写的信还是不符合款式要求。所以，在教学时，要严格要求，强化练习，并提供机会，让学生在学习和生活中运用，达到即学活用的教学目的。

2. 学习必要知识

由于平时教学中长时期忽视应用性作文，因而教师本身对某些应用性作文知识，也不如对命题作文和材料作文那么熟悉。加上应用性作文名目繁多，因此必须学习一些必要的应用性作文知识，才能正确指导学生学习。从小学生的教学需要出发，应学习下列一些应用性作文知识：

（1）条据。包括请假条、留言条等便条，和借条、收条、领条等单据，合称条据，这是最简洁的书信。它的特点是语言简短、明白。便条类格式，分收条人姓名、事由、礼貌语、写条人姓名、日期等部分。单据类一般用"今借到""今收到"为启语，再换行写借收物数量，最后落款上写上借、收人姓名，日期；条据上的数字应大写，不得涂改，如需涂改，要盖上公章或私章，以明责任。

（2）书信：一般书信和专用书信。一般书信多用于交际，其格式教师都熟悉。专用书信多用于单位或集体之间的交际。所谓"专用"，是指每种形式都有专用名词。如证明书、介绍信、申请书、应战书、慰问信、感谢信、表扬信、喜报（捷报），以及揭发犯罪、错误的检举揭发信。其款式与一般书信相同，唯称呼祝愿话要视性质和收信对象分别对待。

（3）分清通知与请柬的区别。通知是上级对下级、组织对个人（如少先队大队对中、小队，少先队对队员），传达事情，布置工作，或召开会议，或请有关人员从事某项工作活动的一种交际形式。而请柬却不同，它是在举行隆重的会议、活动与仪式时，邀请单位或个人参加，及通知上级、师长或兄弟单位参加某项活动时所用的交际形式。其作用与通知相同，要写明时间、地点和内容。请柬语气要注意礼貌，常用"欢迎指导""敬请光临"等字样。

（4）电报的写法。电报稿纸上是三个部分，第一部分是收报人住址、姓名和上报县市地名，填于上部分方格内；中间方格填写发报内容；方格下部，写清发报人地址姓名。电报语言要简明扼要，但一定要对方看了明白而不致误解。电报内容中的日期、时间、钱款等宜用阿拉伯数字，电报内容不用标点符号。电报字迹要工整，以便发报员译码准确无误。

（5）广告与海报。广告与海报是宣传鼓动性质的应用性作文。广告一般是用来推广和宣传产品的，具有商业性质。广告形式要新颖活泼、引人注目，但必须实事求是、恰如其分，应对服务对象负责。

海报是向人们报道或介绍戏剧、影视、体育表演或报告会消息所用的一种形式。海报可适当运用鼓动性词语，以吸引观众，但不可夸张失实。海报的形式也要新颖活泼，可画些象征性图画。

3. 设计实践训练

应用性作文的训练，侧重于知识的传授，学生往往会感到枯燥乏味。为了使学生学有兴趣，练习有成效，可以据此提出几个应用性作文训练要求，有机地结合知识传授加以实践写作训练。

如实例训练（1）材料：五（2）班张平的妈妈在菜场买菜时，遗失尼龙折叠伞一把。二（1）班王静拾到后，交给学校大队部，归还了失主。

训练要求：

① 以张平妈妈的身份写份"寻物启事"。（提示：要写具体丢物时间、地点、失物特征、遗失者单位和住址、姓名、日期和电话号码，并注意礼貌。）

② 以学校大队部名义，写张"招领词启事"。

（提示：与寻物启事不同，不能写出物品详情，以备核实。）

③ 以张平妈妈身份写封"感谢信"。

（提示：简要叙述事情经过，重在写出感激心意。）

④ 以张平身份给大队部写封"建议信"，建议表扬王静。

⑤ 以大队部名义写张"表扬通告"。

⑥ 以大队报小记者身份写则"广播稿"。

实体训练（2）材料：四（1）中队举行"颂园丁"创作诗歌朗诵比赛。

训练要求：① 以中队委员会名义写张"海报"，张贴在校园。

（提示：文字简要，富有鼓动性，可画上象征图案。）

② 以中队委员会名义，向学校总务处申请颁发竞赛优胜者奖品，写张"申请书"。

（提示：写明申请事由，要求申请物品数量。）

③ 以中队干部身份，在领物时给保管室写张"领条"

（提示：数字要大写，不能涂改。）

④ 以中队委员会名义向兄弟中队委发请柬，拟一份"请柬"。

（提示：语气要客气，要写明时间、地点。）

⑤ 以"红领巾广播站"记者身份，写一则"简明新闻"稿。

（提示：掌握特色，简明轻快。）

实体训练（3）材料：

新学期开学后，少先队大队部举行第一次大队委员、中队长联席会议，对本学期将开展的几项主要工作进行了讨论，并分别贯彻落实。

训练要求：

① 以大队长身份写一份会议决议。

（提示：分条文逐项写明要点，有指示性。）

② 以大队报记者身份，整理会议记录，登在大队报上。

（提示：语言要简明准确，把会议概况和要点反映出来。）

③ 以大队委员身份，根据会议精神拟一份开展"少年创新家"活动竞赛的决定。

（提示：要写明决定的目的，提出主张和措施，竞赛的评比、奖励方法。）

④ 以五（1）中队名义，根据会议精神，写一份"尊师公约"。

（提示：写出的共同遵守的准则，必须是能做到的。）

⑤ 以个人身份，写一张积极投入"少年创新家"活动的决心书。

（提示：写出具体的保证和实施措施。）

⑥ 以个人身份，向全校提出"尊师礼貌语周"倡议。

（提示：要富有号召力和鼓动性，提出个人意见。）

⑦ 以本中队名义，写份开展文明礼貌活动的挑战书。

（提示：要提出挑战对象、目的和内容。）

⑧ 以另一中队名义，写份应战书。

（提示：表明应战态度，在同意对方的挑战条件基础上，还可补充一些意见。

第五节 小学生作文的批改、讲评和自改能力的培养

一、小学生作文的批改

（一）批改的意义

1. 作文的一个重要环节

《小学语文教学大纲》明确指出："要重视作文的指导、批改和讲评。"把作文的批改、指导与讲评作为整个作文教学的三个重要环节，可见作文批改的重要地位了。作文的批改，是作文指导的继续，又是作文讲评的基础；没有批改，作文的讲评就会无的放矢、泛泛而谈。

2. 提高小学生作文能力的重要手段

学生通过教师的批改，可以认识到自己作文的优缺点，得到启发和鼓励。有人谈到小学时代写过一篇《游泳》，以写游泳健儿的击水声音开头，老师加了一个眉批："开头不一般！"增加了他写好作文的信心。他对小学时代老师的这一个作文眉批，20年后依然记忆犹新。充分说明了贴切和正确的修改，学生获得鼓励，产生兴趣和信心，才有可能提高作文水平。如一位学生写一篇《暑假生活一则》，文中写自己当了一天"托儿所长"，因为他领了一天小弟弟……老师批改时，把"托儿所长"改为"小保姆"，眉批："想一想，为什么这样改？"作文本发下去，学生经过反复思考后，还和同学讨论一番，然后告诉老师，他理解了老师之所以要改，因为"托儿所"是指有许多孩子由阿姨照料，是指一个单位集体，而他只领了小弟弟一个人，不能称"托儿

所"，称"小保姆"才贴切。这个例子说明批改不仅可激学生作文的积极性，还可有效地提高学生的作文能力。

3. 可以发挥教师的主导作用

作文教学中，教师的作前指导，固然发挥了老师的主导作用，但通过批改，老师不仅可以发现学生作文能力上的问题，包括共性和个性的问题，也可发现自身指导方面的薄弱环节。要了解，是选材方面的问题，还是构思方面的问题；是谋篇布局的问题，还是语言应用的问题，便于改进教学方法，以进一步发挥教师在作文教学中的主导作用。

教师在批改中，可以发挥学生在思想认识和语言表达方面的能力，加强思想教育的针对性，提高思想教育的效果。在批改中发现学生在表达上不足的地方，如对社会现象认识的片面，对自然现象认识上的谬误，可以及时纠正。

4. 可以发挥个性教学的功能

教师应该充分运用批改的教学手段，了解学生的个性优势，发挥个别教学的功能，让基础较好学生有充分发展的机会，帮助他们发挥自己的生活优势写出优秀作文，使他们看到自己的成果，快速提高自己作文能力。同样，有些基础较差的学生在某些作文训练题面前，也有自己的生活优势。教师通过批改，对他们表达上的不足予以切实的帮助，使他们写出好作文,从而提高他们学作文的信心与兴趣。笔者从教时，由于班上学生作文经常在报刊上发表，基础较差的学生转变较快，从而迅速提高了全班学生的作文兴趣和作文水平。其中一个重要经验就是，运用作文的批改手段，发挥个别教学功能。事实证明，学生的优秀作文不可能完全自发形成，基础较差学生的转化，也不可能自发地在课堂指导的同步教学中完成，多数得依赖于教师在批改过程中个别教学的作用，而这"两头"的提高，恰恰对整个班级学生作文兴趣和作文水平的提高形成影响。

（二）批改的原则

作文批改是一项很细致的工作。小学生从学习握笔写字到造句联句，缀段成篇，正像孩子学走路一样，有一个相当长的过程。我们应当积极热情地帮助学生克服作文的困难，提高他们作文的兴趣和积极性。《小学语文大纲》指出："教师批改作文，要讲求实效，要看到学生的进步，加以鼓励，适当指点，并逐步使学生学习修改自己的作文。"具体地说，必须遵循以下原则：

1. 思想性原则

（1）改文育人

批改作文，主要包括思想内容与语言形式两个方面。教师不要眼睛只盯着语言形式，同时要高度重视思想内容。要十分注意学生作文的思想内容是否健康，主题是否积极，选材是否实事求是，认识是否正确，然后准确地写好评语。在指出学生暴露出来的思想问题时，教师的批语应该恳切，不要随便挖苦训斥学生。如有个别同学在作文里，说自己为妈妈买东西时，拿了两毛钱，用来买了冰棍，她认识到这样做是不对的。按理，对这样大胆暴露自己缺点、勇于承认错误的精神，应予以鼓励肯定，但老师却写了这样的批语："一个少先队员这样嘴馋，怎不感到脸红？"显然，这样的批语，是不利于教育的。

（2）多就少改

批改作文时，对那些可改可不改的地方则不改；即使需要改的，也要尽量少改，力求保持学生的原意。不能用教师的思路代替学生的思路，把一篇作文改得面目全非。要尊重学生的劳动，不要大删大改。要允许学生保持自己带着稚气的童音，哪怕是幼稚可笑的。叶圣陶曾指出："其意义不谬尚有不完全之处，不必为之增；字句已通顺尚欠凝炼高明者，不必为之改。"

（3）积极引导

修改文章不是雕虫小技，是调整思想，使它更正确、更完美。我们要求学生的作文，既要有通顺的文字，又要有健康的思想感情。如有一个学习成绩优良的学生说："同桌——一个差生……"显然，暴露了这位同学对伙伴的不尊重。教师在批改时，在"差生"那里加上批注："这样称呼同桌好不好？"这就是积极引导、循循善诱。

2. 针对性原则

（1）因人而异

在批改学生作文时，必须从实际出发，对症下药，因人而异。有经验的老师，在批改时分别掌握"求通"的原则，便是对不同基础学生采取不同要求。教师在批改水平较高、基础较好的学生作文时，可删可不删的，一般要删，"改""换""补"也是这样。批语也应从更高的水平上提出要求，以做到精益求精。

（2）"诊断"正确

学生在作文中，不可避免地会出现各种各样的毛病。教师在批改时，不满足于看出问题，还要弄清楚毛病究竟出在哪里，为什么会出毛病。只有把问题产生的原因弄明白，批改才能对症下药。如果我们不作细致的分析研究，"病情"尚未搞清楚，便大笔一挥，只求改通顺，不考虑学生的原意是什么。这样批改的结果，往往是文章改好了，但学生"病根"还在，下次学生作文还会"旧病复发"。如发现学生描写人物外貌用不恰当的语句，教师不仅要删去，而且要指出"描写人物外貌，要有利于人物特点"，让学生理解"病因"，下次描写人物外貌时，就会注意了。

（3）随手记录

有经验的教师，都会为学生建立作文档案。批改时，随手作好记录，重视积累材料。记录一般有两种：一种是综合性的，记载全班学生的主要优缺点，带有倾向性或典型性的问题；一种是个别的，记录每个学生每次的情况，类似"病历卡"。这样为日后的评讲或个别辅导准备了充分的材料，做到胸中有全局，手中有典型。

3. 启发性原则

（1）耐心搀扶

小学生作文是起步习作阶段，需要教师十分的耐心。学生作文中出现各种毛病，是不足为奇的。教师应既采用集体讲评，又个别批改辅导的方式，来逐步提高学生的能力。

（2）肯定进步

作文批改应该肯定学生的进步，坚持以正面鼓励为主，要让学生看到自己的进步。对于基础较好的学生，当然要予以表扬，并指出不足之处；对于基础较差的，也要善于发现其优点，肯定其进步，多给予鼓励；不要一味地批评，更不能粗暴斥责。

（3）具体指点

批改学生作文，教师指点必须具体、切实。如学生写《欢乐的一天》，写自己过生日时同学们如何送礼祝贺，家里如何摆酒招待等。教师在批改时写道："一个小学生过生日，这样摆阔气、讲排场好不好？"然后，还找到这位学生，指出不宜提倡小学生过生日讲摆场的道理。学生在教师的具体帮助、指点下，明白了自己作文中存在的毛病。又如一个学生在作文中写有"皓月当空，繁星闪烁"，教师批语上写了："请你在皓月当空的夜间，再看看天空，有繁星吗？"经过这样具体的指点，学生有了切实的进步。

（三）批改的方法

1. 批改的范围

作文批改的范围是按照小学生作文的总要求来确定的。《小学语文教学大纲》指出："小学生要学会写简短的记叙文和常用的应用文，做到思想健康，中心明确，内容具体，条理清楚，详略得当，语句通顺，书写工整，注意不写错别字，会用学过的十种标点符号。"这些，既是教师进行作文教学的总要求，又是批改学生作文的范围。具体地，分为四个方面：

（1）思想内容

所谓思想内容，是指学生作文表达的认识是否正确，表露的思想情感是否健康，内容是否充实具体。认识正确，思想健康，对小学生来说，就是要在作文中反映出爱祖国，爱人民，爱劳动，爱科学，爱社会主义的思想，有良好的思想品格。内容具体是指：①学生所选的材料是否能充分切合文章中心；②作文是否用事实说话；③作文是否实事求是反映了社会真实情况。

（2）篇章结构

包括中心是否明确，结构是否完整，条理是否清晰，分段（节）是否合理，详略是否得当，前后是否连贯。

（3）语言文字

包括语言是否通顺，用词是否确切或搭配是否恰当，文字是否规范，有否错别字，常用的标点符号是否正确。

（4）书写格式

包括字迹是否清楚，书写是否工整，卷面是否整洁，格式是否合乎规范。

上述四方面是作文批改的范围，当然，每次作文批改的内容，要根据本年级本学期的作文要求，从每次训练和学生实践出发，做到有所侧重，不要面面俱到、求全责备。

2. 批改的方式方法

（1）书面批改

这是作文批改的基本方式。通过逐本批改，教师对每个学生的作文情况都可以有所了解。批改的步骤大致是：阅读全文，了解文章全貌，划出错别字和病句；逐句逐段地边看边改，边加眉批，全文检查，从实际出发给予恰当的评分和评语。

书面批改时要注意如下几点：

① 要认真细致。批语，修改的文句，书写都要合乎规范，为学生作表率；

② 批和改要很好地配合。有些地方，教师作了修改，但为什么这样改呢？应在旁边加上批语，使学生不仅知其然，而且知其所以然，留下深刻印象；

③ 作文的批改、评语和评分，都要跟作前指导和本年级的要求联系起来。

作文的书面批改虽然十分重要，但每篇作文都要精批细改，的确也不切实际。因此，除了要进行引导学生自改作文外，教师批改的方法也值得研究。

目前比较可行的办法有：① 轮流批改；② 重点批改（精批两头，略批中间和好中差三等选择部分精批，其余略批）；③ 全面粗批，重点面批；④ 教师批，学生改；⑤ 一文两次作，两步分开批。

（2）口头批改

口头批改也叫"面批"，是指对个别学生当面批改，边批边讲。这是一种个别教学形式，是作文批改与指导的好方法。在面批中，教师可因材施教，针对不同程度的学生的问题，掌握学生的思路，进行个别指导。可以帮助学生总结写作上成功的经验和存在的问题，还可以启发学生积极思维，共同修改。

口头批改花时很多，但学生收获大，提高快。一般说，如下几种情况，应力求口头批改：

① 学生作文中反映出来的思想认识有错误，不健康，或有知识性错误，需给予帮助；

② 学生的基础太差，无法接受教师对他的精批细改；

③ 作文基础较好，作文成绩一贯优良，偶有失误；

④ 教师的书面批改或符号批改，学生有意见或不理解；

⑤ 作文内容上虽有个性优势，但表达上还不理想的，不管学生基础如何，通过面批的个别教学手段，有望改成一篇好文章。

口头批改即面批中，要注意两点：一是整个面批过程，应采取师生合作的形式，师生共同商量，共同研究。切忌教师"一言堂"，要鼓励学生提出不同意见，和对批改不明白的地方提出疑问；二是要正确对待基础较差学生所写的作文，要亲切和蔼、循循善诱，消除他们的紧张情绪和自卑心理。

（3）符号批改

先由教师用符号在学生作文本上初批，要求学生自己修正，再由教师检查或复批。开始时，要结合实例，介绍符号的用法，然后再示范批改。这种批改方式，能引导学生积极思维，提高思维能力，调动学生写作和修改作文的积极性。运用符号批改，首先要同学生一起规定符号，并让学生熟悉符号，明确符号意图。符号要简明易懂，不宜过多过繁。运用符号批改，各年级应有不同的要求，即使同一年级的学生，由于水平不同，在使用符号时，也要区别对待。

3. 批改的方法

批和改是一个环节中的两个方面，是既有区别，又要统一的。批就是对学生作文中的某些方面或通篇中的优缺点，给予恰如其分的评价；批是改的方向，是改的基础。改就是修改。改正学生作文中用词、造句、语法、逻辑、结构等方面的错误。一般地说，学生作文中思想不健康，中心不突出，选材不妥，详略不当等问题，宜批不宜改。因为这类问题，如果详细批改，会改变学生作文的主题，违背学生的原意，而对语言文字上的问题，如段落不明，过渡不自然，语句不通顺、不明确、不连贯，用词不当，写错别字或有赘余字、漏字以及标点使用不当等，则宜改不宜批。当然，为引起对某个问题的重视，可以既批又改。

（1）眉批、段批和总批

批语有眉批、段批和总批三种。叶圣陶曾说："有可批才批，不一定眉批、段批、总批一应俱全。"这段话启示我们在写批语时，一要实事求是，不是空发无助于学生的议论。诸如思想健康、内容充实、重点突出，或内容空洞、语句不通、前后矛盾等空话、套话，这种批语仅仅流于形式，起不到应有的指导作用。二要明确、中肯，要热情，不要含含糊糊，使学生不得要领，如尚佳、欠妥之类；也不能一味指责，弄得学生灰心丧气、手足无措，如空话连篇、一窍不通之类。三是批语要有启发性和针对性，要引导学生发现自己作文中的问题，启发学生自己寻找分析错误的原因。

① 眉批。眉批原指在书眉或文稿上空白处所写的批语和注解的文字。作文批改中，眉批指写在作文眉端（横写时批于行侧）的批语。眉批是对学生作文中某一部分的优缺点的指点、分析、说明、评定，主要指出字、词、句或段落方面的优缺点。有的缺点错误，教师只要在旁加上眉批，启发学生自己改正。

② 段批。这实际上是扩大了的眉批。它批在一段文章之后，对这段文章作出分析、评价，或适当鼓励，或指出问题。

③ 总批。总批写在文章篇末，是教师对学生作文的总的看法，对全文的思想内容、篇章结构、语言文字或写作态度等，作出总结性的评价。也就是说，总批着重于解决文章的全局和整体问题。总批要有针对性，重点突出，不要空泛笼统，面面俱到。评批语言须明确、具体、热情、婉转。

（2）删换调补

① 删。"删"即删除，把文中多余的、不恰当的地方删除；

② 换。"换"即更换，把作文中的病句，不恰当的词语、错别字，不正确的标点换去，代之以正确的字、词、句、语和标点；

③ 调。"调"即调整，对作文中某些词句和段落的位置作适当的调整，使作文通顺、连贯，有条理；

④ 补。"补"即补充，作文中遗漏或不足的地方，补入必要的字、词、句，从而把缺少句子成分的句子补充完整，把表达不明确的句子改得更加明确。

附：文章评改符号示例

符　号	意 义 及 作 用	用 法 示 例
	删字、词及短句	多像生我养我们的妈妈
	删长句或段落	看一看，香看圆哪是否有什么变化，如果没有……
	改正、增添	教悔和知识增长 不断 躯干甲直 手帕表层的 烧掉只是酒精
	移字	一身黄黑间绿的羽毛 相
	对调次序	我累得直想哭
	好词、妙句	掀起一排排雪白的浪花
	有问题，需斟酌	都在想对方是否跑得快
	另起一段	劳动果实，从现在开始
	并段，接上文	左边是个纸篓 我们的教室还装有……
	起段，文字前移	钟淑兰穿好鞋，袜，挑上……
	文字前移或顶格	您好 您 的来信
〔 〕（ ）	夹批评文标志	可有趣〔改为"舒适"〕啦！

二、小学生作文的讲评

（一）作文讲评的认识

作文讲评是对经过批改的作文，用上课的形式进行分析、评价和讲解。《小学语文教学大纲》指出："要重视作文的指导、批改和讲评。"可见，讲评是作文教学三个环节中的最后一个环节。讲评的意义在于：

1. 它是作前指导的继续和深化，又是作文批改的提高；既是这次作文情况的总结，又是对下次作文的指导。因此作文的讲评具有承前启后的作用，是提高学生作文能力的一个重要方法。

2. 作文讲评是教师与学生交流思想，及时反馈作文的指导与批改效果的一个重要环节。教师可以通过这一环节，了解这次作文训练指导、批改过程中产生的问题和积累的经验，从而搜集、积累，以及时调整作文教学的方法。

（二）作文讲评的原则

1. 要结合实际

作文的讲评，要联系学生学过的有关知识和技能。小学生的作文中，要解决的问题很多。诸如写作态度、思想内容、谋篇构思、语言运用、表现方法，以及书写格式等等。不可能在每次讲评时都涉及，也不可能通过一两次讲评就得到解决。因此，每次讲评应结合学生实际，针对存在的共性问题，确定讲评的重点。如在写人的记叙文训练中，很多学生喜欢描写人物的外貌。但有的外貌描写并没有起到突出人物特点的作用。教师应根据批改中发现的这个普遍问题，进行讲评。让学生获得"写人物外貌要有助于表现人物特点"的写作知识和实践操作能力。这样，保证每次讲评能比较切实地解决实际问题。

2. 与指导要一致

作文讲评是更加深入、具体、切实的作文指导，它体现作文指导课的效果，是作前指导的继续。因而，讲评的目的，应与作前指导一致，将两者有机结合起来。根据作文指导的要求进行讲评时，应注意如下四点。

（1）抓主要问题。针对作前指导提出的要求、学生作文中出现的问题，抓住其中主要点进行讲评。例如若这次作文指导要求是写具体，那么就可针对学生作文中写得不具体的实例，通过讲评，让学生学会怎样写具体，以完成这次作文训练要求的主要任务。

（2）抓正面引导。作文讲评要以肯定成绩为主，坚持正面引导。讲评课要尽可能选择学生中写得较成功的作文，进行整篇或片段分析。通过分析，让学生打开思路，找到学习的榜样。

对学生作文中个别写的距离要求较远者，不宜公开提出，以免挫伤这些同学的自尊心。对这样的学生，要运用个别指导方法，来逐步提高他们的作文能力。

（3）抓能力培养。在讲评中，要重视培养学生的表达能力。教师要在讲评中向学生传授写作知识，但更重要的是让学生掌握能力。可以设计一些与讲评相关的练习。如讲评"写具体"，可设计几个情节梗概或几个总起句，让学生学习如何写具体。

抓能力培养最好的办法，是引导学生自改作文，即根据讲评要求，自己修改自己的作文。这会在下一节专门阐述。

（4）抓写作习惯。讲评不仅是对学生进行写作知识、写作技巧的指点和补课，也是端正学生写作态度、养成良好写作习惯的指点和督促。如少数学生不下功夫，草率成文；有的学生字迹潦草，错字连篇；有的学生书写不规范，标点不运用等，都属于态度和习惯问题，也应作为讲评内容。

（三）讲评的形式

1. 一般讲评

所谓一般讲评，是相对于重点讲评、对比讲评、欣赏讲评而言的。它对学生介绍本次作文的综合评估，有哪些主要优点，存在哪些主要问题，该如何改进。也可以把一篇问题较多的作文，作为例子进行讲评，让学生理解共同存在的问题。

2. 重点讲评

这是指选择一个学生作文中的普遍问题，集中进行讲评的形式。如作文训练重点是写得有条理。讲评时，就把学生作文中写得条理清楚、层次分明的作为实例进行讲评，使学生从这实例中理解和把握什么叫言之有序，怎样才能言之有序。接着，还可安排一些相应的练习，如将学生作文中句子紊乱，段落中层次不清的提出来，让学生重新排列。一个学生作文中的普遍问题，也可作为几次重点讲评的内容。

3. 对比讲评

所谓对比讲评有几种。一种是同一学生的前后两次作文的对比。同一个题目，学生第一次写成草稿后，在教师指导下先行修改。讲评时，教师以此前后不同情况，抓住一两个要点进行深入的讲评。有的教师，把前后两个学期同一个学生同一题目的两篇作文进行对比，也可起到同样的作用。

另一种对比讲评是在同一次训练中，对两名学生作文的优劣作对比，以肯定优点，指出不足。这种对比讲评要慎重，也不宜多用，因为这样比较会产生不良影响，挫伤学生的自尊心。用这种对比讲评方式时，要注意不能嘲笑有问题作文的作者，也不要说出作者姓名，防止其他同学讥讽，挫伤其写作积极性。

4. 欣赏性讲评

这是指选择学生中写得好的作文，或全篇，或片段，通过朗读和分析，让全班学生欣赏。这种讲评，除了在课堂上进行外，还可采用课外传阅好作文、小组讨论赏析好作文、优秀作文展览、让学生揣摩等形式。同时，还可请写得好的学生谈谈自己的写作经验。

（四）讲评的方法

1. 上好讲评课

作文讲评主要是通过作文的讲评课进行。讲评课有：

（1）教师讲评。即讲评课上由教师按不同的形式，进行讲评；

（2）师生互评。即课堂上教师提出要点或出示实例，引导学生讨论，共同进行讲评；

（3）学生自评互评。即在课堂上，学生对教师的批改，自己或同学之间相互进行评析。如果实行培养学生自改能力的教学方法，那么，基本上是采用学生自评或互评的方法。

2. 个别讲评

对少数基础较好的学生作文，或虽内容不错，但写作技巧不够完善的学生作文，要实施个别讲评的办法，完善其作文。对个别基础较差的学生作文，甚至有严重内容或形式上错误的作文，或写作态度很差的学生，也要实行个别讲评，来保护他们的自尊心，比较有针对性地、有实效地解决问题。

3. 讲评后的延续工作

在讲评以后，还要注意让学生消化、巩固讲评课的所得。例如，讲评后，要组织学生领会作文上的教师评语，要留时间让学生阅读、领会，理解教师的批改和评语。另外，讲评后要督促学生订正作文上的错别字，改正教师批而未改的病句、标点等。

三、小学生作文自改能力的培养

小学生作文的自改能力是相对于教师的批改而言的。自改能力指学生自己修改所写的作文，和在教师指导下自己修改所写作文。提倡培养学生自改作文能力，并不是为了减轻教师批改作文的负担，而是为了提高学生作文能力。

（一）培养小·学生自改能力的意义

1. 从教学论观点来看

从教学论观点来看，学改作文的过程，是一个认识事物和表达对事物认识的过程。这两个过程中，既能"作"又能"改"，才算得上是具备了完整的作文能力。人们一般的认识过程是"实践——认识——再实践——再认识"，学生的作文过程也是"认识——思维——表达——再认识——再思维——修改原来的表达"。学生作文写得不正确，是由于认识不足，包括对事物外在现象和内在本质认识不足而造成的。根本办法是补充认识，而后修正原表达的不足。如果教师仅仅是精批细改，没有辅以教学手段，让学生在修改后加以辨析认识，实质上是教师代替学生跳越了一个认识过程。另外，修改之"改"，改什么？叶圣陶《谈文章的修改》一文中指出："修改文章不是什么雕虫小技，其实就是修改思想，要它想得更正确，更完美。"在另一篇《和教师谈写作》中，他又对文章的修改作了精辟的论述：

> 修改究竟是怎么一回事呢？
>
> 从表面看，自然是检查写下来的文字，看有没有不妥地方，如果有，就把它改妥当。但是文字是语言的记录，语言妥当，文字不会不妥当，因此，需要检查的，其实是语言。
>
> 怎样的语言才妥当，怎样的语言就不妥当呢？这要看有没有充分地确切地表达出所要表达的意思（也可以叫思想），表达得又充分又确切了。就是妥当，否则就是不妥当，需要改。这样寻根究底地一想，就可见需要检查的，其实是意思，检查过后，认为不妥当需要修改的，其实是意思。
>
> ……常听见有人说："这篇东西基本上不错，文字上还得好好修改。"好像文字与意思是两回事，竟可以修改文字而不变更意思似的。实际上哪有这样的事？凡是修改，都由于意思需要修改，一经修改就变更了原来的意思。
>
> 譬如原稿上有这一层意思，没有那一层意思，检查过后，发觉这一层意思非有不可，必须补上，这不是增改了原来的意思的内容吗？增改内容就是变更。
>
> 譬如原稿上几层意思是这样排列的，检查过后，发现这样排列不妥当，须得调动一下，作那样排列，这不是变更了原来意思的安排吗？
>
> 譬如原稿上用的这个词，这样的句式，这样的接榫，检查过后，发觉这个词不贴切，应该用那个词，这样的句式和这样的接榫不顺当，

应该改成那样的接榫，这不是变更了原来的词句吗？词句需要变更，不为别的，只为意思需要变更，前面说的不贴切和不顺当，都是按意思说的。你觉得用"发动"这个词不好，要改"推动"，你觉得某地方要加个"的"字，某个地方要去个"了"字，那是根据意思决定的。

说到这儿，似乎可以得到这样的理解：修改必然会变更原来的意思，不过变更有大小的不同，大的变更关涉到全局，小的变更仅限于枝节，也就是一词一句。修改是就原稿再仔细考虑，全局和枝节全部考虑到，目的在尽可能做到充分地确切地表达出所需要表达的意思，实际情况不是这样吗？

从以上论述，可以理解：修改作文，是修改文章的内容，选择是否正确，表达是否完善。由此推理，教师批改，是代学生修改他选择的材料和表达内容，以及认识上的不足之处，是"越俎代疱"。学生自己修改，当然没有教师修改那么精确，但训练多了，学生写写改改，改改写写，反复思考原来的认识，这样迂回曲折的过程，就可以提高，可以进步。从一点一滴修正各个方面的谬误和不足，到逐步完善自己的作文，才是真正获得了作文能力。实质上，这和语文的抄错生字，数学的做错习题，必须学生自己订正是同一个道理。

叶圣陶说过："自能读书，不待老师讲；自能作文，不待老师改。"我们不但教给学生写作文的方法技能，还要教会学生改作文的方法技能，这才是完整的作文能力。好作文很难一次成功，学生将来走上社会，写出来的文章总要靠自己改，学校学习时不掌握改的本领，将来就无法适应社会需要。

2. 从教育心理角度看

从教育心理的角度看，提倡学生自改作文是为了调动学生的积极性，使学生从教学的被动者转变为主动者。在学生作文、教师批改的情况下，学生始终处于被动地位，没有兴趣和积极性，因为他们只知"作"，不知"改"，没有养成作文后再修改的习惯。"文成于改"是个传统的重要经验，要学生在实践中多加练习与体会，懂得文章写好后要多推敲、琢磨的道理。学生在自改的过程中，看到自己修改过的作文通顺多了，流畅生动了，会油然而生一种成功的喜悦，其作文兴趣也会增强。

3. 从教学实践看

从教学实践看，当前的作文教学中，教师批改的作用不大。教师辛辛苦苦地精批细改，学生"领情"吗？一般学生对教师批改后发下的作文本仅是看分数和评语，要是教师不采用一定的教学手段，引导学生琢磨教师的批改，学生就不会理解老师为什么替我这么改的。另外，前面曾述及，繁重的教学工作或学生多练多写，就会缺乏足够的时间去批改作文，往往会导致批改上的偏差，贻误学生。学生的自改，一方面可以摆脱效率低下的现状，把精力放到指导学生自改，培养学生自改能力的教学设计上，以提高作文教学质量；另一方面，可以有较多时间让学生讨论自己和别人的作文，有利于学生能力的提高。

（二）小·学生作文自改能力的培养

1. 要认识自改能力培养的艰巨性

（1）自改能力要逐步培养

学生自改能力是不容易培养的。开始时，应与教师的批改相结合，逐步过渡。在形式上，可以把教师改和学生自改在各次训练中间隔开来；在方法上，可以采用教师先批，学生后改；教师揭示批改重点，学生按揭示改，逐步过渡到学生自改上去。

（2）学生自改作文在各个年级应有不同要求

这要求的依据是《小学语文教学大纲》对各年级作文的要求，一般的分年级修改要求是：

三年级：① 语句完整通顺；② 字、词用得妥当；③ 自然段分得恰当；④ 标点用得正确；⑤ 抄写格式正确；⑥ 表达内容健康。

四年级：除上述六条外，还要求① 文章结构明晰；② 表现中心的重点段写得具体；③ 全文各节段的内容有意义。

五年级：除三、四年级要求外，还要求① 围绕中心选材；② 全文条理清楚，主次分明，详略得当。

六年级：除三、四、五年级要求外，还要求① 文章结构完整、紧凑；② 语言精炼生动；③ 选材力求典型、新颖。

（3）每次自改训练要有侧重

学生作文自改能力的最终目标，是要求把自己作文中所有的毛病修改好。但在培养过程中，应分项进行。即有年级要求，同时在每次自改训练时，也不是所有项目都要求学生自改。可根据各次作文的训练要求，提出侧重点不同的要求。教师在学生自改后批阅评分时，主要依据是修改要求。其他的毛病和问题可以指出，但不作自改评分要求。这样，才能提高学生自改作文的积极性。事实上，学生不可能在几次训练后，就能把作文修改得完全到位。

2. 自改能力的培养方法

（1）改变传统的训练程序

传统的作文训练程序是学生作文教师改，要将其改变为学生作文学生自改，或在教师指导下自改的程序。

在这种训练程序的指导下，可采用如下几种培养自改能力的方法。

① 示例修改法

示例修改法是选择作文训练中存在共性问题的一两篇作文,作为"病文例子"。在自改训练时，教师当着全班学生，对"病例"进行修改，让学生获得有关知识技能。然后，让学生照样子修改自己的作文。

这个方法要经过三个步骤。第一步是浏览学生作文，从全部和部分学生作文中，发现并归纳出几个共同性问题，然后选择一两篇较典型、较集中的作文为"病例"。如果直接从学生作文中找不到较典型的作文，也可有意地对学生作文作些改动，或教师编写一篇合乎目的的"病例"。第二步是示范修改。教师要在总结本次存在的共同性问题的基础上，出示"病例"。教师在修改"病例"时，要对学生讲清每一问题的修改方法：或增补，或删节，或调换，或修改，并讲清原因。接着，教师要出示修改好的范文，让学生将病文、范文对照，使他们加深认识、获取能力。第三步就是学生照样子修改。

② 示范修改法

示范修改法是学生在教师引导下，讨论作文中存在的问题和如何修改。

讨论修改法的步骤与示例修改法基本相同。先是教师从学生作文中发现共性问题，从中选择或编成"病例"；接着是变教师修改为师生合作修改，在教师指导、启示下，学生展开讨论，各抒己见。学生提出的需修改处和修改方法，一般会比教师发现的多，对同一处毛病修改起来方法也会不一样，教师要善于引导，提高学生的修改能力。最后，运用讨论修改的方法，修改自己的作文。

③ 点拨修改法

教师在通读全班学生作文时，把需要修改的地方用符号划出来，并把本次作文中存在的问题，归纳成几点，写在小黑板上。修改指导时，引导学生参照教师的修改意见，逐条逐项地检查自己的作文，查出毛病加以修改。

教师不在学生作文本上划出需修改的内容，只是出示几点修改要点，让学生逐点检查修改，也属这个方法。

④ 独立修改法

这个方法就是让学生独立按作文训练要求和基本要求，检查毛病进行修改。这种修改方法不宜多用，一学期搞上一两次就可以了。而且，不能放任自流。学生修改后，教师要检查学生的修改，了解情况，进行总结。好的要表扬；表扬时，把修改好的作文当作修改范例，以利于培养学生作文修改的兴趣。

⑤ 回复修改法

回复修改法是对学生以前的作文，或已经修改作文进行修改的一种方法。

随着知识的积累、能力的提高，回过头来看前一时期做的作文或修改作文，一定会发现当初写作或修改时没有发现的问题，会想出新的修改意见。通过回复修改，学生发现问题和解决问题的能力会大大提高，也会进一步提高自改作文的兴趣。

（2）加强教师主导作用

培养学生作文自改能力，某种意义上是更加凸显教师的主导作用。不管哪种方法，教师首先得对学生作文的全部或部分浏览一遍，才能发现问题，确定范例，定出讨论点，拟就点拨手段。在学生自改过程中，又要加强指导、积极鼓励；自改后，还得批阅评分，再次发现问题，以便改进与提高。

自改能力培养要防止放任自流，不要认为自改，就是让学生自己改，教师完全放手。这是一种不负责任的态度。学生年龄小，自控力也差，必须有教师的指导，尤其要加强对基础较差的学生的帮助。

总之，语文教师和教学管理人员都要充分认识到，有的放矢地培养学生自改能力，教师所花的精力不比批改作文少，问题是所花的精力要有效果。提高了学生能力，产生了价值，变无效劳动为有效劳动。

（3）开展互改互批活动

进行互改能力培养的同时，可结合学生合作式的互改互批活动。可编一些互改小组，基础好、差的学生搭配编组，要鼓励基础较好的学生帮助基础较差的学生；也要鼓励基础较差的学生敢于挑出别人作文中的毛病；还要鼓励学生对看法不统一的问题进行讨论。可教给学生"读改法"，即学生自读、互读，从听读中发现问题，然后修改。

第四章

小学作文教学过程

第一节　小学作文教学过程最优化研究

　　控制论、信息论和系统论等科学理论，为研究最优化教学方式提供了理论依据。小学作文教学过程优化的探究，应运用系统科学中作为研究方法所遵循的几个原理，如系统性原则、整体性原理及反馈性原理的角度，按照小学生作文结构及儿童认识规律，来探究小学作文最优化教学过程。

一、运用系统性原理，形成最优化教学过程的框架结构

　　系统科学的系统性原理，要求对任何一个对象的研究都必须从它的成分、结构、功能、相互联系的方式，进行综合系统的考察。美国教育专家布鲁纳曾说：任何事物（知识及转化成的能力）都有自身的本质结构，其结构有其构成要素，这个结构要素"不作为数量化模型，而是作为数学化模型来构筑的。"这一观点，指出了结构对优化教学过程的意义。同时，布鲁纳在"结构教育价值"中说："结构容易使知识得到利用，容易使人巧妙驾驭知识；结构有助于更好地掌握经验；结构有助于个人的理解；结构能够使在新的刺激情况下的知识活用；结构是发现新知识的基础；作为结构构成的知识，是应付新产生的事态的新知的贮藏库。"（转引自钟启泉《现代课程论》）

　　作文教学既要培养学生用词造句、布局谋篇的能力，又要培养学生观察事物、分析事物的能力。把作文教学作为一个系统来看，那么，观察事物、分析事物的认识能力是一个支系统；用词造句、布局谋篇的表达能力也是一个支系统。根据整体性原理，作文教学的整体由认识事物能力和表达事物能力两个部分组成。小学生作文教学过程优化的框架结构，应从这个基础考虑。

　　传统作文教学的框架结构，只有表达能力一个支系统的框架结构。即作

文课堂教学过程，包括审题立意、选取材料、谋篇构思，运用语言文字下笔成篇和修改辨析等项。这个过程虽也包含启发学生认识事物选取材料的指导，但时间太少，教师指导又局限于抽象性指导，较难开拓学生思路，激起学生表达情感，这不符合系统性原理。

谁都承认，生活是作文材料的源泉，学生作文首先是内容，内容从何而来？从生活中获取。但在教学实践中，却没遵循这一规律。有人提出，10岁儿童所经历的生活足够可以应付小学的作文题目，不必再去专门观察、认识事物。小学生要写自己认识的事物，既然经历过，因而在作文课堂指导时，只要教师善于启发就可以了。如果作前再去认识事物，就不符合作文教学"写自己认识的事物"的要求。持这观点的人认为，不应把认识（观察）事物列入作文教学范畴。对这些观点，我们不能苟同，有如下理由：

（一）小学生作文时，有些作文题的选材的确没问题，是他们已认识的事物，是他们主动的表达。不过，多数作文题目学生未必熟悉；即使经历过，当时也注意，印象淡漠，感受不深，加上时间一久，情节很难记起。实质是，经历的事没有认识。经历过的事物不等于认识的事物，只有认识了的事物才能表达。经历过的事要通过一定的教学手段，引导学生深化认识。这是儿童作文过程中的认识规律。

（二）小学生作文中也有不少题目学生没接触过，需要通过有意体察来创造和积累材料。

从这两点认识出发，根据系统性原理形成的作文教学过程框架结构，应把引导学生认识事物的过程，纳入作文教学过程的框架结构。这个框架结构由三个部分组成：作前准备指导、作文指导、作后评改指导。第一个过程是在进行训练前，从作文需要出发，结合课外的集体、个体活动，引导学生获取作文材料，做好前期的内容准备。后两个过程组成作文训练过程的框架结构，是在认识事物、获取了材料的基础上指导学生选定材料，确立中心，谋篇布局等技巧、方法的学习过程，即作文课堂教学过程。它们分别由六个教学步骤（环节）组成作文指导和作后评改指导课的常式训练（结构）模式（还应根据训练要求，学生基础不同编拟变式）。

教学过程的关系如图示：

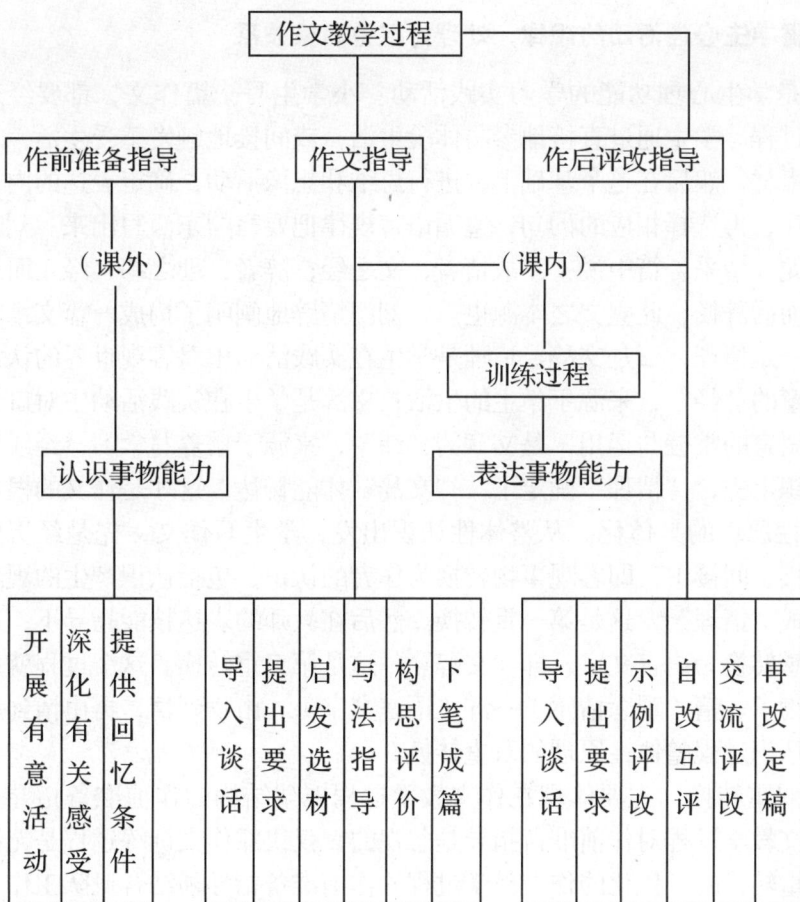

```
                        ┌─────────────┐
                        │  作文教学过程  │
                        └─────────────┘
        ┌───────────────────┼───────────────────┐
  ┌──────────┐        ┌──────────┐        ┌──────────┐
  │ 作前准备指导 │        │  作文指导  │        │ 作后评改指导 │
  └──────────┘        └──────────┘        └──────────┘

    （课外）                 （课内）

                        ┌──────────┐
                        │  训练过程  │
                        └──────────┘

  ┌──────────┐        ┌──────────┐
  │ 认识事物能力 │        │ 表达事物能力 │
  └──────────┘        └──────────┘
```

开展有意活动	深化有关感受	提供回忆条件		导入谈话	提出要求	启发选材	写法指导	构思评价	下笔成篇		导入谈话	提出要求	示例评改	自改互评	交流评改	再改定稿

二、运用整体性原理，实现作文教学过程中教学手段的最优化

系统科学的整体性原理，与巴班斯基的教学过程最优化原理是相通的。巴班斯基的教学过程最优化理论指出：教学从单纯传授知识技能为主转变为着重培养能力，从研究教材转为研究学生，把学生视为教学对象转为教学中心，突出学生在教学过程中的主体地位。教学过程最优化应以系统的方法论为基础，用整体、相互联系、动态的观点来研究教学过程，把教学过程中师生活动的内部因素、外因条件都看成是相互联系的整体，把教学过程中各个成分融成一个相互作用、相互依赖的整体。

　　以此理论来实现作文教学手段的最优化，体现于下列三个方面：

（一）遵循学生心理活动的规律，处理好双重转换关系

　　作文是学生心理功能的学习实践活动。小学生写一篇作文，都要经过双重转换的过程。学生通过直接地参与体验生活，或间接地触发感受生活，从而积累作文素材，然后在这个基础上，进行思维和想像活动，确定表达的内容和叙述的顺序，再选择相应的词句，遵循语言规律把要写的东西写出来。刘勰在《文心雕龙·情采》篇中说："故情者，文之经；辞者，理之纬；经正而后纬成，理定而后辞畅，此立文之本源也。"刘勰精辟地阐明了构成一篇文章的主要成分：一是情理，二是文辞。情理是学生在实践活动中对客观世界的认识反映，是文章的"经"，来源于学生的生活；文辞是学生在实践活动中对口头语言和书面语言的掌握与运用，是文章的"纬"，来源于培养与学习。经线正了纬线才能织上去，"情理"确定了，"文辞"才能畅达。这才是作文的根本，这是整体性原理的具体化。从整体性认识出发，学生写作文，先是经历生活（包括直接、间接），即客观事物转换为作者的认识，包括认识产生的观念和情感，形成"情理"，这是第一重转换。然后在教师的表达技能指导下，这些观念、情感转换为语言文字，即"文辞"，这是第二重转换。这个过程就是物（客观事物）→情（观念情感）→辞（语言文字），由物到情，再由情到辞，就是作文认识过程整体性原理的双重转换。

　　这个双重转换，主要体现在作文教学过程框架结构的作前准备指导上。传统的作文教学过程对作前准备指导是忽视的，仅仅靠作文训练过程是无法完成这个双重转换的。优化的作文教学过程的作前准备指导须结合班队工作（活动），引导学生集体或个体在课前来完善、深化对所写事物的认识，达到由物到情的第一重转换。这个指导因题而异，根据写作主体——学生对作文要求的素材掌握程度而定。有的作文题目，学生没有经历或体验不深刻，就要引导学生在写作前去经历。例如习作《夸夸我们班》，要不是有意指导每个学生去经历实践，写出来就会人云亦云。有的作文题目，如《记一次比赛活动》。应该说每个学生都经历过比赛活动，但他们如果缺乏有意感受和积累，就不易写好。作前搞一两个或更多的有趣、新奇、富有情节的比赛活动，既活跃了学生生活，又有意识地积累了该次作文训练的素材。另有不少作文题目，学生有大量的生活积累，如写老师、伙伴、亲人，但在课堂教学时间里，提供学生回忆和选定贴切材料的时间不足。要是在作前举行相关的诸如"赞园丁""夸爸妈""介绍小伙伴"等中小队主题会、故事会，就弥补了课堂教学的不足。

这几类结合班队工作（活动）的作前准备活动，为完成双重转换过程创造了条件。

（二）把握教与学的关系，调节指导效果

优化的教学过程，要把师生活动的内部因素和外部条件都作为相互联系的整体。因而，在作文教学过程中，必须把学生学习活动心理这个主体的内部因素，与教师教学指导这个对内部因素起作用的外部条件统一起来，才能取得显著的效果。

传统的作文教学，由于作前准备指导不足，甚至无所作为，因而教与学的心理是不统一的。当教师在黑板上写下作文题后，就喋喋不休地进行写作技能的指导：怎样审题，选取什么的材料，怎样确定和表达中心，怎样写具体、写连贯、写得有条理，以及怎样开头结尾，乃至选用些什么词语也提供给学生。这些指导，是按照教师的教学心理——"怎样写"来进行的，且又是抽象的概念性指导。而学生呢，一看到教师的命题，其心理活动是：用什么材料写这题目，往往处于"选定—否定—再选定—再否定……"的急躁心理情绪中，是"写什么"的思维。两者的心理就不能统一。要是作前的学生已掌握了训练题要求的素材，并有表达激情，接触题目后，就会有跃跃欲试的情绪，教师的"怎样写"的心理与学生"写什么"心理达到了统一。从而调动了学生和教师的积极因素，从另一侧面体现了整体性原理，优化了教学过程。

同样，在作文指导过程中，根据训练要求，运用范文进行文章结构和写法技能的过渡，也要按照师生双方整体性的和谐统一，才能取得指导效果。

（三）加强自改能力的培养，完善整体能力

作文教学过程是一个认识事物和表达事物的过程，这也应反映在作和改中，才算是完整的教学过程。

在上一章的第四节"小学生作文自改能力的意义和培养"中曾谈及，学生的写作要经历"认识——思维——表达——再认识——再思维——修改原来的表达"的过程。学生作文写得不具体、不正确，是因为认识不足造成的。根本办法是加强认识来修改原表达的不足。教师精批细改，实质上是教师包办代替学生跳越了一个认识过程。而学生自改作文往往反复两三次，这个过程就是提高深化的过程。培养学生自改能力，是改变学生只知"作"不知"改"的问题，使学生不但会写，而且会改，这才是完整的作文能力的培养。

（四）发挥个别教学优势，调动学生内在积极因素，实施因材施教

个别教学最大的优点是可以根据学生知识、能力基础与实际优势，弥补集体教学的缺点。提出个别教学，并不意味着忽视班级教学，两者应该相辅相成，产生最优化效应。教学中发挥个别教学优势，是优化教学过程的一个步骤。学生的生活面越宽广，实践活动越多，积累越丰富，表达能力就越强。鉴于数十名学生的生活经历、兴趣爱好、个性专长、认识能力不尽相同，因而对同一作文题，各个学生是各有优势的。往往有这种情况：基础较好的学生在写某一类作文时，因受到生活经历和认识水平限制，反而写不好；基础较差的学生，往往却能写出令人拍案叫绝的内容来。这在第二章第一节"小学生作文能力的概述"中已有详细论述。

基于这个认识，在作文教学过程中，教师要善于发现和充分运用学生生活优势，抓住一切可诱发他们表达欲望的时机，及时对他们实施个别指导，充分调动其内在的积极因素，使他们写出好作文。这样的指导，可以克服课堂集体指导的缺点，改变"要我写的写不出，我能写的却不叫写"的现象。按整体性原理实施作文教学过程中的个别指导，能更加优化作文的教学过程。

三、运用反馈性原理，进行系统控制，保证最优化教学过程的实现

从作文教学过程和训练过程两个框架结构看，在三个环节上通过反馈来实现控制，以保证优化教学过程的实施。

所谓控制，是把它"作为一种特定的作用"，通过这种作用中的行为信息反馈诸要素，实现目标控制，让每次作文训练都能发挥学生学习的主动性，一步步地达到理想的教学效果。

（一）作前准备指导过程中的选材控制

教师通过每次作文训练作前准备指导过程，解决学生的内容问题，就是选材控制。教师通过指导中的信息反馈，不断调整教学手段，按目标引导学生掌握训练要求的作文材料。并根据掌握材料的广度深度，确定课堂作文指导时应采取的相应教学措施（如提供情境、开拓思路、个别指导），尽可能达到情理转换的要求，为过渡到文辞畅通打下基础。选材控制，目标是解决作文的内容问题，即学生无材料可写的问题。

（二）作文指导过程中的构思控制

教学过程框架结构的作文指导过程中，启发选材环节是在第一个反馈——选材控制的基础上，深化启发和开拓思路，进行选取材料如何贴切与典型的指导。而作文指导课主要是在选材控制成功的基础上，进行文章构思的指导。教师在"写法指导"和"构思交流"两个环节中，实施第二轮的构思指导和针对全体学生的思维条理化的教学环节。教师根据这些环节指导中的信息反馈，调整教学手段，优化学生构思，从而做到有结构可写。

（三）作后评改指导过程中的语言运用控制

选材、构思两个控制的成功，已解决了作文的内容问题和构架问题，剩下的是语言运用问题。

教师通过学生在构思基础上写的作文，浏览初稿或批改，通过所获得的反馈信息，编拟评改教学设计，在语文运用准确的基础上，教给学生修改方法。

同时，也通过此反馈与控制，引导学生展开发散思维、变换角度、多种表达等训练，从整体上提高学生作文的综合能力。

上面关于优化作文教学过程的论述，是改革小学作文教学思路的体现，其核心是：从单纯重视作文表达能力的提高，转变为同时重视学生认识事物能力的提高；从单纯重视作文课堂教学研究，转变为同时重视课前准备指导研究；从单纯集体教学的指导，转变为同时重视对学生的个别指导。这些转变，都要在作文教学过程中充分体现。

第二节 作前准备指导过程

优化的小学作文教学过程分为作前准备指导、作文指导、作后评改指导三个阶段，这三个阶段组成的优化框架结构，体现了改革作文教学的思路和程序。

一、作前准备指导的内容及我们对它的认识

作前准备的指导，是指教师对学生的作前准备内容进行指导。这与作文课上学生动笔作文前的审题立意、选材构思的指导是不同的概念。作前准备是作文内容的准备，作前准备指导就是指导学生在作文前掌握作文材料。

作文主要是内容与形式两个方面。传统作文教学理论认为，小学生作文的材料，是他们童年经历过而贮存在大脑仓库中的生活信息，作文教学就是从引导学生"提取信息"开始，认为不存在"为内容作准备"的问题。为此，应着重在指导学生审题立意、选材组材、运用语言文字等方面用力，而作文教学研究也应围绕上述种种进行。这个说法是片面的，这是当前作文教学存在诸多问题的主要症结所在。

小学生作文内容绝大部分确是已经历过的生活，但为什么仍觉得无内容写呢？是"视而不见""听而不闻"吗？正是！这两个"不"，说明学生经历的事不等于认识的事，写作文对事物要有所认识才能正确表达。有些学生虽有丰富的生活，却没有认识生活，因而作文时照样苦于找不到材料。可见，即使有生活经历的学生，如果没有一定的教学手段让其有所认识，是难以获得作文材料的。这是其一。其二，学生经历的事，往往因时间较长而回忆不起具体情节；或因为不是有意体察，往往体会不深。而写作文，一是需要情感，二是需要情节，缺了这两点即使已经历过的事也写不好。可见，只有对生活既产生激情，又掌握细节，写起来才自然生动活泼。其三，有些作文内容需要着意加工，不能光靠已经经历过的生活，要是在作文前有意引导学生"创造"生活。这样，写起作文来，必然富有生活气息了。

综上所述，作文教学从提取信息阶段开始的认识，是脱离小学生作文实际的，重视作前准备指导才是小学生写作的关键，也是作文教学成功的突破点。

二、作前准备指导的理论依据

作前准备指导，对作文教学的重要意义有以下三点：

（一）从小学生作文的制约因素探究

小学生作文比学习其他学科知识有更多的制约因素，即除基础知识与智力因素外，还有生活经历、认识水平和情感因素。写作文，首先要从客观世界获得生活素材——生活经历（直接的和间接），并有所认识，才能产生表达的激情。因而，生活面越广，实践活动越多，积累也就越丰富，表达欲望越强。作文前，或引导学生认识已有的生活，或有意开掘生活经历中的内涵，才能保证作文教学的成功。

（二）从掌握学习理论来探究

布卢姆的掌握学习理论提出"学习达成度"（即学习效果，学习目标的实现）需要三个变量：认知者前提能力——对所学内容的基础知识，学习者的掌握程度；情感的前提特征——学习者参与学习过程的情意态度及学习者的自身态度；教学的质——教学过程中的手段、方法、方式等。布卢姆认为，这三个变量对学习达成度的影响作用分别占50％、25％、25％。就是说，学习者在学习某特定课题之前的准备体制，远比教师教授重要。"这三个量都是可以操作的。就是说，在实际的教学过程中考虑到，作好课前指导和学习动机的系列化，提高认知的前提能力；施以增强学习动机作用的种种影响，以改变情意的种种特性；制订教学计划以提高教学的质，是可以全面地提高学习水准的。"（钟启泉《现代教学论发展》）将此理论引入作文教学，在作文教学过程中：（1）要作好课前的与有关作文题目内容的准备，即学科基础知识的准备（包括作文内容和形式两方面）；（2）要施以增强学习动机的种种影响，即激起其学习兴趣，有了作文材料，在认识过程中激起表达情感，就是这个学科的兴趣前提；（3）要优化教学过程中有关教学手段，保证教学质量的优化。

（三）从教与学的关系来探究

学科教学只有达到教学心理与学习心理的和谐统一，才能取得良好的教学效果。由于作文前准备指导不足，因而作文教学的教与学心理并不统一。当教师写出作文题目时，学生不可能都有材料完成这篇作文。结果出现如下情况：教师喋喋不休地讲怎样写，而学生却不知写什么，两个心理活动不统一，作文教学效果岂能达成？作文前准备指导一反积弊，以保证教与学的心理和谐统一为前提，使学生上作文课时已准备好作文训练的材料，一接触作文题目，就能情绪热烈地接受教师的指导，教学效果自然可以提高。

三、作前准备指导的教学手段

作前准备指导的主要手段是与班队活动紧密结合，强化班队活动的作文教学意识性。

（一）为积累作文材料开展的活动。大凡活动搞得活跃的班级，学生的作文材料相对丰富多彩，富有儿童情趣。制订学期作文教学计划时，可根据作文训练内容安排与之相配合的准备活动。如写《夸夸我们班》，可提前组织每周一次的"学雷锋学赖宁"小组活动，有意积累"夸"的材料；写《比赛》，可开展有趣的自娱性、对抗性活动，来强化生活积累，激起表达欲望。

（二）为唤起记忆举行的活动。可在作文前一两天举行主题活动，唤起学生的记忆。如写《我的妈妈》《我的老师》之前举行"赞妈妈""颂园丁"主题队会；写《一件有趣的事》前举行"趣味小故事会"等等，通过活动全过程，相互启发，展开材料，激发情感，丰富情节。

（三）指导定向观察。有些作文题材，写动物、植物、人物，均可以指导学生选定一个对象，进行较长时间的观察，记下每次观察时新的发现（情景、动态、变化）。有就记，没有就不记，以积累包含该事物特性的材料，引导学生开拓认识的广度和深度，获取富有事物特点的典型材料。持续定向实践与定向观察有同样的作用。要多鼓励学生坚持，并指导学生体察实践中的感受，并把真情实感记下来。

作文前准备指导，应写入学期教学计划中，每次作文前一周把题目和要求告诉学生。最好在学期初把一学期的作文训练内容和要求公布，让学生早知道，以作好收集材料的准备。

四、对作前准备指导的看法

（一）学生作前准备指导，连同班队活动、作文前观察等，如果也属作文教学范畴，不是使已经复杂的作文教学更加复杂了吗？这种说法不是辩证的观点。事物本身的复杂与否是客观存在的，学生写作文必须先解决内容，"巧妇难为无米之炊"是公认的道理。必须让学生在作文前掌握作文材料，这是作文教学的首要问题，教学实践研究中必然要探索这一问题。更重要的是，我们与其在课堂教学技能的狭窄"胡同"里走不下去，还不如走出"胡同"，去开拓新的思路，何必拘泥于范围大小、过程繁简呢？

（二）与其在作文指导上效果不理想，还不如将精力投入到作文前准备指导上，取得作文指导的实效。其次，小学语文教师一般兼班主任和中队辅导员工作，可以充分利用这个优势，把作文教学与班队活动有机结合，只是把活动中的一部分纳入作文教学的准备范围，既搞好班队活动，又提高作文教学效果，何乐而不为呢？

（三）有的教师也组织活动，但学生仍然写不好作文。这是什么缘故？这就要在组织活动时遵循三个原则：

1. 让每个学生都参与活动全过程。写作文有两个基本条件，一是情感，二是情节，这两者的获得，最好的方法是让学生参与生活，即活动的整个过程；

2. 活动内容或形式要有新意，以吸引学生，激发兴趣。只有学生乐于参加，才能在活动中获取感受，激起情感；

3. 要为学生创造写作文的情节，在活动中增强个性内容，这样活动之后写出的作文，情趣必然浓厚。

（四）每次作文训练前都让学生有意准备作文材料，那么考试怎么办？其实，作文考查包括内容与形式两个方面，是根据题目，对平时的表达技能和积累的生活材料进行提取和选择，平时作文训练中帮助学生积累了材料，学会了技巧，考查时必然能运用自如。

第三节　作文指导过程

作文准备指导过程的成功，解决了作文内容的问题，就可以保证在作文课堂教学上重点解决作文形式问题。作文形式，包括文章构架和构架的具体化——语言的有序组合。在作文指导课上，重点是按训练要求，进行谋篇布局的构思指导。只有具备坚实、完善的结构，学生对事物的认识所形成的内部言语和文字形式的外部语言才能融合在一起，形成理想的表达整体。

一、构思指导的基本思路

作文课上的构思指导应根据作文训练题的结构要求，进行一系列连续性的、有目的、有方向的指导手段，把学生引向构思的目标。

小学生作文训练题的构思目标——包括低年级的起步作文，主要是理清所要写的作文的思路。其基本构思要求是：向心性——包括确定中心的主次与重点；条理性——先后顺序，有条不紊；严密性——清楚完整，前后连贯。

作文指导的课型，是由作文训练结构中的常规模式导入谈话、提出要求、启发选材、写法指导、构思评价、下笔成篇六个教学环节组成。同时，根据布鲁纳的"结构变体"理论："一种结构S，随着构成自身单位要素配置发生变化而形成$S^1S^2S^3$……"的观点（钟启泉《现代课程论》），可根据作文训练内容的不同，编拟变式课型。

按小学阶段层次发展的结构思路，根据训练序列知识网络，通过各个年级几个轮次的构思指导，让学生掌握小学阶段各类记叙文的基本结构。如状物性记叙文须先写外形，再写生活习性和功能，最后抒发对此物的喜爱情感；写事记叙文须写明时间、地点、人物，和事情的起因、经过、发展、结果等要素，按事情发展的不同顺序写出事情意义；写人记叙文须写一件事或几件事，表现人物的一个或几个特点。

二、两轮指导的基本模式

作文指导课的构思指导，要提供学习构思的借鉴模式。被借鉴的范例文可取自教材的习作例文或优秀作文选。我们提倡运用来自本班学生的先行指导文（见下述），结合板书范例文的结构思路，给学生展示清晰具体的结构模式，供学生模仿借鉴。

小学生学习作文处于打基础阶段，只要学会基本的构思方法，写成一篇作文问题不大。为此，指导作文时，必须强化构思指导。

强化构思指导、层次训练，至少要提供两轮结构模式。一般地说，第一轮是以形象思维为主，第二轮是转入抽象思维为主。

第一轮的构思指导可运用直观教学手段，如果是写花草的作文，可端盆菊花进行指导；如果是写动物，可放映半分钟有关某动物外貌、生活习性的录像；如果是写事、记人的记叙文，可表演一则哑剧小品等，还可以给学生展示投影片、图片等。接着，讨论展示的情节，按训练的构思要求，拉出思路，列出结构提纲。然后，由一位学生朗读课前在老师"先行指导"下按训练要求写好的作文，并介绍构思的方法。

第二轮的构思指导，是紧接第一轮的形象思维构思，集体讨论第二篇先行指导文。第二篇先行指导文，是课前教师指导一名具有该次训练题目材料优势的学生，按训练要求写成的。再次拉出的一个文章思路，与第一篇"先行指导文"一致，或者略有不同，是可以供学生选样的另一个结构思路。如训练写人的作文，要求以一件事写出人物一个特点，就可在前后两轮构思指导的先行范例文的结构思路，分别用一件事写出人物特点，和先概述人物特点，再用一件具体事实写出人物特点两个结构思路，让学生选择借鉴。

第二轮的先行指导文，由作者介绍构思过程，实质上是替代一般教学中的教师写作知识教授。小作者介绍构思过程，是在教师课前先行指导下，按该次训练要求作好准备的。一般是介绍写什么内容？说明什么中心？用什么结构写？哪一部分是重点？如何把重点部分写具体？通过学生先行指导文的构思的介绍，来代替教师的抽象的知识性指导，这样学生易于接受。这种改变传统教学中机械地灌输写作知识的做法，加上有例文、有结构的板书，效果特别好。

三、设计思维条理化的过程

构思指导的目标，要求全班学生都能构思。按控制理论说，是"受控客体（学生）根据施控主体（教师）的预定目标而动作，最后达到这一目标。"前面所述的两轮构思指导，全是教师为达到这一目标而设计的计划性教学手段。通过范例和剖析范例的方法，提示构思形式和方法的模式以供借鉴。在这基础上，应设计学生"动作"的过程。所谓"动作"，是学生为实现目标而进行的积极思维活动。

在两轮构思指导后，设计一个计划性的思维条理化过程，让全班学生参于构思动作。具体做法是：全班学生，以前后桌四人为一个小组，进行学生合作活动。要求学习用"写什么内容？说明什么？用什么结构写？哪一部分是重点？如何把重点部分写具体？"的方法，来构思自己准备的材料。学生参与作文课的学习活动，心理上已经有了一定的准备。在作前准备指导过程中确定的作文材料，经过构思指导后，已进行入"跃跃欲试"的心理状态。小组的"学生合作"形式，给每个学生把作文材料的梗概条理化的机会，并通过外部语言，在小组内轮流传阅。每个学生帮助他补充、完善，达到构思的要求。

思维条理化的时间花得并不多，但作用很大，是整堂作文指导课能力迁移的一个教学环节。每个学生参与思维和语言活动，体现了作文教学中"先谈后写"的原则。思维条理化以后，学生再动笔写文。

四、关于"先行指导"教法

这里提及的先行指导、范例文和"先行指导"教学方法，是我们在实验班工作中创造的。其理论依据是奥苏伯尔的设计计划性先行组织者理论（邵瑞珍《学与教的心理学》）。奥苏伯尔关于设计计划性先行组织者，促进保持与迁移的论述的内容是："组织者是先于学习材料呈现之前呈现的一个引导性材料。它在概括与包容的水平上高于要学习的新材料，但以学习者易懂的通俗语言呈现。它是新知识与旧知识的桥梁。"以此引入作文教学中的"先行指导"教学法，教师在课前按训练要求，先行指导一两名学生写好该次训练题的作文，作为作文指导课构思指导的范例文，用以代替习惯上作为范例文的教师

"下水文"或优秀作文选上的作文。如前部分所述，第一轮构思指导是形象思维性质的，是出示情景并按情景讨论构思的一篇范例文；第二轮构思指导是具有抽象思维性质的范例文。

视训练要求的需要，两轮构思指导所需要的先行指导文的结构思路提纲，即"当学生面对学习任务时，倘若其认知结构中缺乏适当的上位观念可以用来同化新知识，则可以设计计划性概括与包容水平高于要学习的新材料的组织者，让学生先学习这一组织者，以便获得一个可以同化新知识的认知框架。"这里的组织者，即是先行指导文。如写《我的小伙伴》作文，两轮构思指导的结构思路均用"先概述人物特点，再用一个具体事例说明人物特点"的结构，列出结构思路提纲。这个结构思路提纲与先行指导文均是高于要学习的新材料的组织者，其作用是让学生"获得一个可以同化新知识的认知框架"。

当学生前对新的学习任务时，倘若其认知结构中已经具有了同化新知识的适当观念，但原有观念不清晰或不稳固，学生难以应用，或者他们对新旧知识的关系辨别不清，则可以计划设计出新旧知识共同的"组织者"。如写《我的小伙伴》作文时，学生因为已经学习过语文教材上"先概括叙述人物特点，再用一两个事例，说明人物特点"的写法。构思指导时，就可在两轮构思中，分别用两篇先行指导文，展示两个构思思路提纲，一个是"先总述人物特点，再用一件事例具体说明人物特点"的结构，一个是"先总述人物特点，再用几件事具体说明特点"的结构，加以比较，供学生选择运用。

先行指导本班学生的作文并作为范例文，有助于促进学生作文能力的提高。

（一）技能过渡，接近实际

运用作文训练的范例文或优秀作文选的作文，容易产生两种情况：一是范例文水平太高，与学生实际差距太大；二是范例文写作的结构和技巧不符合训练要求。先行指导文明显可以避免这两种缺陷，因为先行指导文是按训练要求，在教师"随心所欲"的指导下写成的，可以起到真正的"范"与"例"的作用。例如学习了课文《我爱集邮》后要写一篇《我爱×××》的作文。按理，课文《我爱集邮》应是当然的范例作文。但是，课文"爱集邮"的作者从琳琅满目的邮票图案特点入手，细致描绘了观赏《西游记》邮票的"别具一格""栩栩如生"，"大熊猫"邮票的"稚态可掬"和引起的各种联想。而一般学生的爱好，如爱打乒乓，爱跳橡皮筋，爱唱歌，爱跳舞，爱画画，爱看书，爱下棋，爱编织品，都没有"爱集邮"那样多姿多态的画面描绘与引出的联想。这给借鉴范例作文进行技能过渡带来了难度。另外，《我爱集邮》的全文结构是分：怎样爱上集邮的、怎样爱好集邮、为什么爱好集邮（集邮的意义）三部分写的。如果仿这结构，难度又是很大的。一般小学生只能从我爱好什么、我怎样爱好、为什么爱好（爱好的意义）的思路写。少数基础差的学生，还只能分两部分写：我爱好什么、为什么爱好（爱好的意义）。

从上述两方面分析，《我爱集邮》就不是能用作技能过渡的理想范例文。于是，不妨选择本班两名学生，指导他们按爱好什么、怎样爱好、爱好的意义三部分结构，和爱好什么与为什么爱好两部分结构，分别写《我爱看书》和《我爱打乒乓》为题的作文。教学时，在分析《我爱集邮》的基础上，再分析两篇"先行指导"的学生作文。三种写法并列板书在黑板上，加以比较分析。指导学生按自己爱好的内容和写作基础，分别选择一种写法。因为《我爱看书》和《我爱打乒乓》是本班学生写的，其技能水平接近学生水平，学生容易学会，训练效果明显好。

（二）取材周围，倍感亲切

教学时选取教材或作文选中的范文，与选取本班学生作文为范例作文，相比之下，学生显然对后者兴趣更浓，容易产生共鸣。因为后者作文的作者是本班学生，学生们比较熟悉，在感情上格外觉得亲切。例如"六一"节前，我们设计题为《礼物》的作文训练，要求学生画一幅图，送给一位小伙伴作为"六一"礼物。画的内容要针对对象的某个特点，进行先说后写的训练。我们也选择两名学生"先行指导"。如一名学生送给另一位同学一幅画，因为她俩都胆小，她画了幅阳光照耀下一枝幼苗茁壮成长的画。在"赠礼"时，面对接受礼物的同学，有条理地说了一件事：这位同学一次上课时，明明知道答案，却不敢举手回答。当老师指名时，竟紧张得不知所措，答不到点子上。她在画中鼓励她要多加锻炼，并说自己也有这个毛病，要共勉之。由于范例作文选材来自本班学生，内容又有趣，全班学生倍感亲切，兴趣盎然，思路很快打开。

（三）指导深化，效果显著

谁都知道，个别指导的效果比全班性的指导要好得多，而课堂集体指导无论在内容和技能上，都很难照顾到全体学生。先行指导的特点是个别教学，教师在作文全过程的指导中，有可发挥学生的个性优势，包括学生的生活优势和表达技能优势。不言而喻，指导必然会深化、具体化。这两个接受先行指导的学生，在这次训练中，取得的进步比任何一次都显著。

先行指导的对象，决不能一直盯着几位基础较好的学生，而是在全班学生中轮流地根据训练要求和学生实际进行选定。这样，一个学期多次作文训练，就有多个学生受到先行指导，一学年中全班学生几乎都轮到，这对提高学生尤其是基础较差的学生的作文兴趣和作文能力，有很大的作用。

（四）锻炼自身，促进教学

每一次先行指导，教师的确多花一些精力，但对自身的作文水平和教学能力显然是一种锻炼和提高。先行指导比教师"下水文"的作用更显著。在先行指导过程中，教师可发现作文全过程中的难点，以确定教学过程的重点，优化教学设计，从而胸有成竹地进行作文指导，既锻炼了教师自身的作文能力，又促进了教学，提高了作文教学效果。

由此可见，先行指导教学方法是理论依据和实践效果的。实践证明，在作文指导课的构思指导中运用先行指导文作为范例文，效果十分良好。运用此方法，还可以提高作文基础较差学生的能力。

五、"大同小异"与"大异小同"论

设计作文指导课的构思指导，是技能指导结构化的一个重要部分。结构化设计的构思指导是一种作文训练的常态（基本）课型。这种结构化设计，应立足于中下等学生的作文水平，即以多数学生为指导基点，其目标是通过指导后人人能下笔成文。

经过这种指导，全班学生的作文在结构上是大同小异的。绝大部分中、下等学生，按范例文的结构模式，模仿借鉴，写成符合要求的作文，这是大同；小异，指对少数基础较好的学生，再配以写作兴趣小组形式，施以个别教学，允许其突破结构，写出构思巧妙的作文。

由于在作前准备指导完成了选材指导，学生又获得在该次训练作文内容基础上进行的构思指导，因而，"大同小异"构思下的内容是"大异小同"的。这大异，指全班各个学生所写作文内容都是不同的，不会存在千篇一律的现象；这小同，则指个别作文基础较差的学生，允许他们模仿其他学生的内容写。但是，这也只是在个别训练时允许，就多数训练来说，各个学生都是以大异为追求目标的。

有人认为，这种结构化的指导，是否会影响学生创造性思维的发展？其实，这个问题应该这样看：首先，学生创造思维能力的发展，也必须有个基本能力作为保证，就作文的构思来说，掌握各种文体训练的基本结构，就是必备的基本能力，这与小学阶段作文习作的性质、打基础的要求是吻合的。一味强调发展学生创造思维指导时，只给于抽象性的写作知识，不给以借鉴模式。结果，学生连基本构思能力也未具备，如何发展创造能力？这是不符合小学生作文能力发展规律的，是一种失控的作文指导。想"不拘一格"，先得要有"格"。小学生作文的构思指导是有"格"的基础指导。其次，内容的"大异"要求与生活实践结合，使学生在内容上有大显身手、施展才华的机会（包括语言运用上）；再说，构思上也有小异存在，当你已有基础了，还是可以破"格"构思，以发展你的创造思维能力。

附：《我的一位长辈》（用两三件事写一位长辈的一个特点）指导课教学实录。

一、训练目的

1. 掌握集中写一个人物一个特点的写法；
2. 运用描写人物言行举止的方法写具体情节，体现人物特点。

二、作前准备活动

作前一周左右，利用少先队活动，开展"夸夸我的长辈"主题活动，引导学生夸夸自己一、二位长辈身上的优良品质。

三、训练过程

第一步，掌握写作技巧

长辈，指家属里比自己长一辈的亲人，如爸爸、妈妈、爷爷、奶奶、外公、外婆、叔叔、婶婶、姨夫、阿姨等。

按文章要求，这次训练只写一位长辈，不能写两位甚至三位长辈。要写2—3件事，不能只写一件事，这是训练要求。上次训练用一件事写一位小伙伴，就不能写成两件事，这次是要求写两三件事就不能写一件事。这是写人物特点的基本方法，我们一一学会，将来才能综合运用，对各种要求的写法应用自如。可以熟练运用各种方法写不同人物特点。

这篇文章要学会运用两个方法：

方法一 **运用"总—分—总"结构围绕一个特点写具体**

文章有一些规律性的结构供我们参考，写景物一般用"总—分—总"的结构；写事一般用"起因—经过—结果"的事情发展结构；上次写小伙伴，用的是"总述—具体叙述（一件事）—总结"的结构，今天应该用"总述—分述—总结"来保证文章集中写具体一个特点。总述，明确提出哪位长辈有什么特点，然后分述两三件事来写具体这个特点，最后总结抒发情感。

方法二 运用描写方法写具体长辈的特点

描写方法是指综合运用语言描写（交流对话）、动作描写、神态描写以及心理活动描写。要表现这位长辈的特点，我们要运用这些描写方法写具体这位长辈和相关人物的交往细节。

这篇文章要求以两三件事表现一位长辈的一个特点，具体描写的两件或三件事都要围绕总述的特点写。不能"总述"乐于助人，第一件事写了乐于助人的情节，而第二或第三件事写了尊敬长辈或诚实守信的情节。

第二步，讨论作文思路

写自己长辈的材料很多，可以集中写他们的优良品德，以及值得学习和效仿的精神，可从如下这些方面去思考选择：

可写长辈的乐于助人。如邻居家人病了，家中子女不在身边，你奶奶陪送邻居去医院；又如爸爸正在看电视足球赛，爸爸可是个"足球迷"，这时邻居家电器坏了，爸爸毫不犹豫放弃"爱好"，帮邻家修电器；再比如爸爸积攒了钱准备再买一台电脑，供全家人使用，这时单位一位同事母亲住院治疗需要借款，爸爸毫不犹豫地将买电脑的钱借给了同事。

可写长辈诚实守信。长辈拾金（物）不昧，不贪小利：如奶奶拾到了一包营养品，奶奶坐在路旁等失主；爸爸是出租车司机，发现后排座位上有乘客遗忘的包，就送到公司寻找失主。长辈知错就改：如妈妈批评错了我，后来事实澄清了，妈妈放下架子向我道歉；爸爸工作上失误，没隐瞒主动向领导承认。长辈信守诺言：如长辈把答应别人的事放在心上，排除干扰或克服困难，努力做事，讲求信用。

可写长辈尊敬长辈，爸爸、妈妈有他们的长辈爷爷、奶奶、外公、外婆。如老人生病了，你爸爸或妈妈怎样精心照顾；秋天到了，妈妈已经为老人编织了厚厚的毛衣；爸爸出差回来，总把买的特产给老人送去先尝味道；节假日，爸爸为老人准备一份礼物；老人瘫痪了，叔叔节假日总推轮椅陪老人散心。

可写长辈勤奋学习。爸爸妈妈在工作岗位上边工作边自学，来提高自身水平，有进修学历的（如本科大学、研究生），有单科进修的（如英语四级、六级，计算机编程设计）。他们早读书，晚作业，双休日听辅导老师上课，从不缺课；他们走亲访友时也怀揣一本书，抽空读书。

可写长辈工作敬业。如：爸爸早上班，晚下班，双休日常常加班；妈妈下班回家常把工作带回家，利用休息时间完成；（医生、警察）经常半夜有需要赶去工作；（老师）经常为了工作耽误家里的事情。

可写长辈发扬文明风尚。他们说话文明，为我们树立榜样；他们爱护小区绿化，保护环境卫生；他们公交车上让座给需要的人；他们遵守交通规则，再性急也不闯红灯；他们与邻居相处和睦，大度谅解。

可写长辈关心"我"的成长。选择长辈对自己品德上、学习上、生活上的关心。品德上教育"我"做人要有爱心、诚实、有礼节；教育"我"要坚强，遇挫折不退缩；教育"我"要讲文明，懂礼貌，善交友。学习上耐心教"我"不懂的知识；考试取得好成绩教育"我"不骄傲，受挫后不气馁；提供"我"有用的课外书和学习工具。生活上满足我吃、穿的需要；精心照顾生病的"我"；为了"我"健康成长，爸爸（爷爷）主动戒烟；下雨天不顾自己体弱，坚持为我送伞。除此以外，还可写长辈的勤俭节约、辛勤劳累、大度礼让等优点。

要注意的是确定特点后，选择两三件事来表现主题，不能只写一件事。

A. 妈妈勤奋学习

师：谁来说说想写哪位长辈的什么品质？

生：我要写妈妈勤奋学习的精神。

师：你妈妈干什么工作，学习什么？

生：妈妈是个医生，报名自学医学研究生课程。

师：哪几件事可以表现妈妈勤奋的精神？

生：她天天早上总在阳台上跟录音带轻轻读英语，从不间断。有天她要参加单位旅游，早上六点去单位集中出发，我想"今天妈妈不能读英语了"，因为以往妈妈是六点起来读书的。谁知这天早晨五点多，我隐隐约约听到轻读英语的声音，啊，妈妈在读呢！

师：这实例不错，写出了妈妈勤奋学习的精神，还可以写些什么？

生：有一天，我跟妈妈到她朋友家喝喜酒，临走前妈妈竟带了本英语书。我奇怪地问："去喝酒还带书？"妈妈回答："今天吃了中饭，按农村习惯还要招待吃晚饭，一个下午没事，我看书不是挺好

的！"我想妈妈真勤奋。果然，下午，大人们都在玩，只有妈妈在
读书。

师：选的材料真好。

生：还有，有一个周六妈妈感冒发烧去医院挂针，回家后她又坚持去听
她老师上辅导课。

师：妈妈勤奋学习的三件事导图如下：

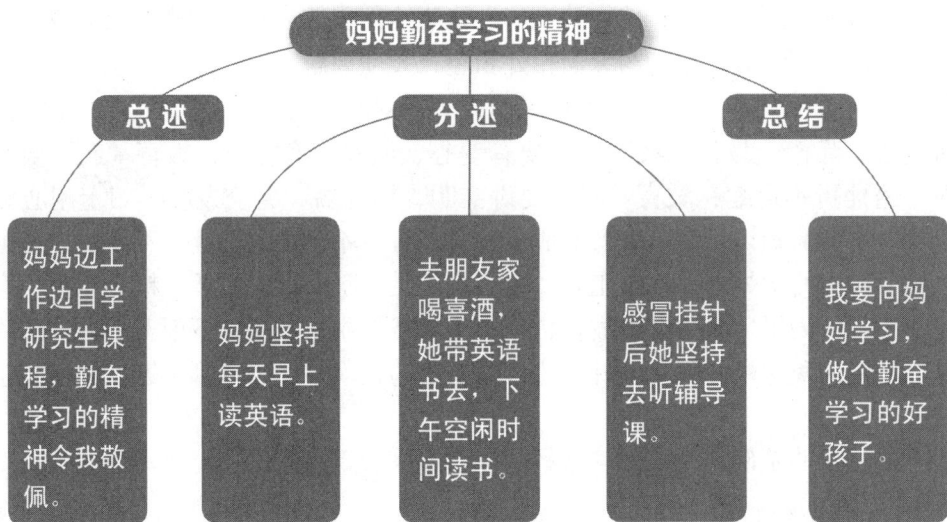

```
                    妈妈勤奋学习的精神

        总 述            分 述              总 结

  ┌────────┐  ┌────────┐  ┌────────┐  ┌────────┐  ┌────────┐
  │妈妈边工│  │        │  │去朋友家│  │        │  │我要向妈│
  │作边自学│  │        │  │喝喜酒，│  │        │  │妈学习，│
  │研究生课│  │妈妈坚持│  │她带英语│  │感冒挂针│  │做个勤奋│
  │程，勤奋│  │每天早上│  │书去，下│  │后她坚持│  │学习的好│
  │学习的精│  │读英语。│  │午空闲时│  │去听辅导│  │孩子。  │
  │神令我敬│  │        │  │间读书。│  │课。    │  │        │
  │佩。    │  │        │  │        │  │        │  │        │
  └────────┘  └────────┘  └────────┘  └────────┘  └────────┘
```

B. 爸爸工作敬业

师：谁再介绍一下自己选好的材料？

生：我写爸爸的工作敬业。

师：你爸爸做什么工作，怎样敬业？

生：我爸爸是个建筑工程师，常常忘我
工作，很少顾家。

师：想好了哪二三个事例？

生：爸爸经常把工作带回家，利用休息
时间做。

师：说具体点？

生：有天，他一回家就坐到工作桌上打
开电脑整理建筑工程设计方案，

妈妈叫我去请他吃晚饭，叫了十多次都无动于衷，我硬把他拉出来。他坐在餐桌上机械地拨饭吃菜，我有意问他："爸爸，妈妈烧的菜好吃吗？"爸爸说："好吃，好吃！"我又问："烧的什么菜？""啊，什么菜？"爸爸语塞，全家大笑。

师：这事例挺有趣，能写具体专心致志工作，还有哪件事？

生：我生日那天，妈妈叮嘱爸爸早点回家，可晚上亲友们都来了，只有爸爸没回来，妈妈打去电话，爸爸说工地上有事离不开，晚点回来，这天晚上我睡着了爸爸还没回来。

师：这事也说明爸爸工作敬业。

生：我还要写有一天爸爸决定周六带我去"欢乐谷"玩，可正要出发时，爸爸接到电话，工地上有个质量问题要爸爸去参与检查，他为了工作，只能让我空欢喜一场。

师：你这篇爸爸工作敬业的材料十分丰富，导图如下：

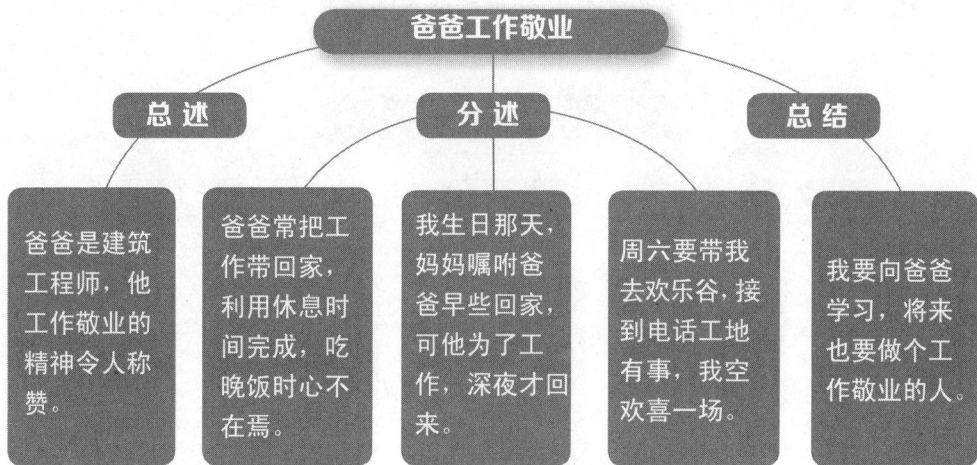

爸爸工作敬业

总述 ｜ **分述** ｜ **总结**

| 爸爸是建筑工程师，他工作敬业的精神令人称赞。 | 爸爸常把工作带回家，利用休息时间完成，吃晚饭时心不在焉。 | 我生日那天，妈妈嘱咐爸爸早些回家，可他为了工作，深夜才回来。 | 周六要带我去欢乐谷，接到电话工地有事，我空欢喜一场。 | 我要向爸爸学习，将来也要做个工作敬业的人。 |

C. 奶奶乐于助人

师：还有谁再说说写哪位长辈什么特点？

生：我写奶奶乐于助人。

师：想好具体事例了吗？

生：嗯。有一天，奶奶去医院看病，她感冒咳嗽很严重，走在路上，捡到一个小塑料袋，里边是一本医疗卡和一些药，看样子是在自行车或摩托车上掉下来的，她看了医疗卡上的地址，姓名，不顾自己的病体，送到失主家中，再去看病。

师：这材料真好，还有其他事例吗？

生：邻家一对夫妇都上班，常把钥匙给奶奶，一旦天气突变下雨，请奶奶帮助收衣服。这天雨来得快，奶奶收了邻家衣服，自己家衣服却被淋湿了。

师：这充分表现了你奶奶的乐于助人。

生：另外，奶奶还帮另一家邻居带孩子，因为那位邻居奶奶一个人带着孙子，这天要去医院看专家门诊，她左右为难：带孩子去医院不方便，留孩子一个人在家不放心。奶奶知悉了，就主动去把孩子带回家看管，邻居奶奶放心地去医院看病了。

师：这三件事充分写出了你奶奶乐于助人的精神，导图如下：

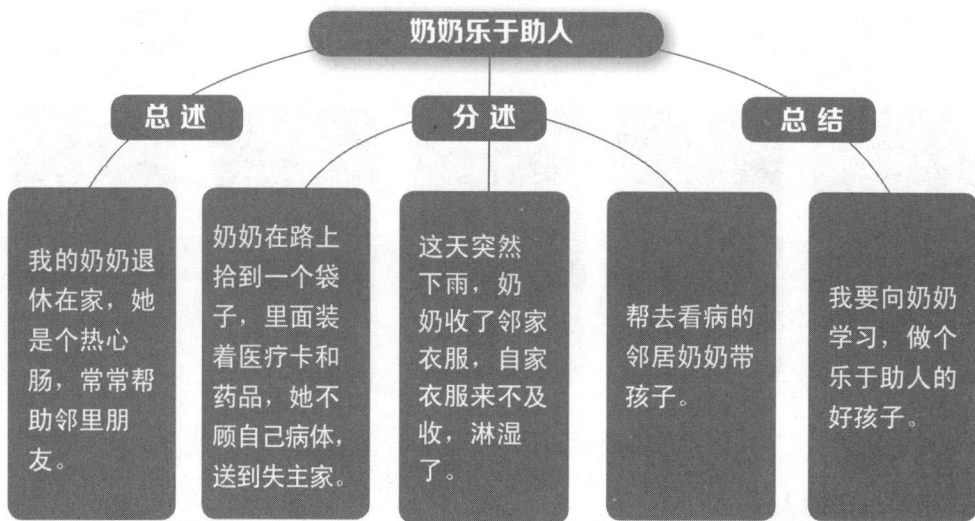

奶奶乐于助人

总述　　**分述**　　**总结**

| 我的奶奶退休在家，她是个热心肠，常常帮助邻里朋友。 | 奶奶在路上拾到一个袋子，里面装着医疗卡和药品，她不顾自己病体，送到失主家。 | 这天突然下雨，奶奶收了邻家衣服，自家衣服来不及收，淋湿了。 | 帮去看病的邻居奶奶带孩子。 | 我要向奶奶学习，做个乐于助人的好孩子。 |

D. 爷爷关心我成长

师：还请一位同学来交流交流。

生：我住在爷爷家，由爷爷奶奶照顾我，我写爷爷关心我成长。

师：你写什么事例呢？

生：爷爷教育我要真诚对待朋友。

师：说具体点?

生：我同好朋友李林牧闹矛盾，相互不理睬了，爷爷给我分析情况，教育我朋友间要真诚，不能为点小事伤感情，劝我主动去道歉。

师：这事例是在教你做人。

生：有一次我考试考砸了，怕爷爷骂我。回家后，爷爷虽有点不高兴，但却耐心地为我分析错题原因，指出我主要是粗心，要我以后细心一点。做完题后要认真地复查一两遍，防止粗心造成的错误。

师：这是学习上对你的关心。

生：还有，爷爷吸烟几十年了，但当我咳嗽时，爷爷为了不影响我身体，戒掉了烟。

师：你爷爷真关心你！最好还要写出爷爷与奶奶的对话，更具体一些。

归纳一下导图如下：

大家可参考上述四个实例，选择自己熟悉的材料，用两三件事，写好一位长辈的一个品质特点。

第三步，构思提纲

	我的一位长辈 ——用两三件事写一位长辈的一个特点
总　述	哪位长辈哪个特点令我敬佩（感动）……
分　述	●1 ●2 ●3　围绕特点，用2—3件事，每件事写一小节。写具体这位长辈和相关人物的动作、语言、脸上神态和"我"的心理活动，来集中表现长辈的这个特点。
总　结	我的××的××××精神是我学习的榜样（令我感动）！

（注）"总结"中"××××"指"乐于助人""诚实守信""尊敬长辈""工作敬业"。

第四步，范文参考

我的爸爸

向阳小学　周　斓

　　我的爸爸是一家外贸公司的总经理。他的英语说得非常流利，可他还总是每天看学习提纲，读英文版的报纸。我非常纳闷，爸爸英语水平这么高，为什么还在不停地学习呢？爸爸说："英语就要反复练习，古语说得好，'温故而知新'嘛！"这种勤奋学习的精神真值得我学习。

　　爸爸每天都坚持读英语，很晚睡觉。在我期末考试前一天，爸爸帮我复习到了很晚。这时，他催促我快点睡觉，自己却抱着一大堆英文报纸，又在书房里读了起来。晚上，已是夜深人静了，我起来上厕所，看到书房的灯还亮着。我轻轻推开门一看，啊！原来是爸爸。只见他还在轻声地读着英语。我望了望手表，已经12点了。我连忙推开门劝爸爸睡觉。可他说："这些报纸是我前几天工作忙拉下没看的，我一定要补看完。"我无可奈何。看到爸爸认真读报来提高英语水平的情景，我十分敬佩！

　　外出旅游时，爸爸也不忘记勤奋学习。有一次我们全家到浙江旅游。白天，爸爸和我们游览一个个景点，欣赏美丽山河。晚上，我和妈妈看电视休息，爸爸却又静静地读起英语读本来。妈妈埋怨他说："出来旅游，还看什么书？"爸爸笑着说："现在看书也是休息啊！"

　　爸爸勤奋学习的精神，是我学习的榜样。

作前准备指导是解决写什么，作后评改指导是解决怎样写好。

作后评改指导过程主要指导学生如何准确运用语言。小学生作文中语言运用的不足之处很多：记事记叙文，表现中心部分写不具体；写人记叙文，人物特点写不分明；写景状物作文，景物层次不清。指导学生如何准确地运用语言，可以通过教师批改学生作文后，根据发现的问题，进行讲评予以指导。

附：作文《我的小伙伴》"作后评改指导"教学设计

（课前准备：浏览学生作文初稿，印发示例修改文，写好示例文修改后的投影片。）

（一）导入谈话：看了大家的作文初稿，基本上能把小伙伴的一个特点写具体了，但还有些问题。其中有一个毛病，较为普遍，今天我们来讨论一下，并且学会修改。

（二）提出要求：认真思考，联系已经学到的写作知识，考虑如何修改？为什么这样修改？

（三）示例评改：

1. 发下并阅读示例修改文；

2. 思考：

（1）朱文星这篇作文写小伙伴周礼松的什么特点？是用哪件事来具体说明人物特点的？

（2）回忆老师教过的写作知识，思考：可以用哪些方法来写具体人物特点？

（3）朱文星这篇作文通过哪些方法写人物特点？（划出有关语句。）

3. 讨论思考题：

（1）写了周礼松做事顶真的特点；

（2）可用写具体人物外貌、语言、神态、动作等方法来写人物特点；

（3）朱文星这篇作文写了人物的外貌：头发、脸颊、眼睛、嘴唇、牙齿；语言：指责"我"乱抛纸屑的对话；神态："一本正经……；动作：把纸屑丢入垃圾箱……

4. 再思考：这些写具体人物特点的描述，是否都有助于表现人物的"做事顶真"特点。

5. 引导认识：

（1）作文中的人物外貌描写，与人物特点"做事顶真"毫无关系。这种描写是多余的；

（2）写人的记叙文中人物外貌描写，如果对表现人物特点有作用，就应该描述，以有利于人物特点的表现。如《金色的鱼钩》中老班长的两鬓斑白、满脸皱纹，表现人物的饱经风霜、劳累辛苦；《少年闰土》中对少年闰土的"小毡帽""银项圈"等服饰描写，表现了一个农村少年形象。但有些人物特点，是无法从外貌上表现出来的。如爱护公物、关心集体等思想品质特点，朱文星作文中周礼松"做事顶真"的特点，也是无法从人物外貌描述上表现出来的。

再读作文：看看作文中还有哪些地方描写得不妥当。

引导学生认识：（1）原文第三节一段天气热的环境描写，也是多余的，因为这段环境描写同全文中心——人物"做事顶真"特点没有关系，因而也要删去；（2）任何环境描写，都要有助于文章的中心表达。

6. 整理全文。删去这两节后，全文调整节段，做到有条理、能连贯，并修改各处语言准确性不够的地方。

7. 投影器出示修改范例文，学生对照认识，加以修改。

（四）自改互评

1. 按示例的修改方法，先检查各自作文中有否类似外貌描写和环境描写不恰当的地方。发现后，前后桌四人为一小组进行讨论，是保留？修改？还是删去？

2. 自己修改作文中语言运用的不当之处，包括错别字、病句。

（五）交流评改

三到五人进行交流：发现、修改自己作文中的语言运用不当的地方。

（六）再改定稿。

用读改法，最后轻读自己作文，有时间可同桌互读作文，发现语言不当处，最后修改。

〔评注：1.评改课重点是通过示例修改文的分析讨论，来实施语言运用控制。第一轮通过师生合作形式，找出"病"处，理解"病"因，从而获得人物描写、环境描写的知识。再以此，让学生自行发现环境描写不当的地方，从而提高能力。2.第二轮语言运用指导，是在第一轮指导的基础上，学生自改作文中语言运用不当之处，重点修改人物和环境描写不妥之处。其他，可作为一般修改处理。〕

附：示例修改文

（说明：投影出示的示例修改文是用彩笔按修改符号规范修改，并加眉批。由于印刷困难，这里用〔 〕作为增添词句，（ ）作为删去词句。）

我的小伙伴

六（1）朱文星

我的小伙伴名叫周礼松（他个子适中，体态匀称，一头柔软的黑发，白皙的脸颊，鼻梁骨笔直，鼻尖稍圆点，一对机警的眼睛灵活转动着，永远像在搜寻什么，一双薄嘴唇。他笑起来非常有趣，露出一副整齐的牙齿。）他有个人人皆知的特点，就是做事挺顶真，真有点"多管闲事"了。这类事例举不胜举。（就是说说他今年暑假发生的一件事吧！）

那〔是暑假的一〕天，吃过午饭后，周礼松叫我到街上去玩。（这天天空一片乌云，树上知了不停地叫，别说走在路上，就是坐在家里也会觉得闷热。我俩一边走一边说着昨晚的电视。说着说着，热得连说话声也变轻了。好不容易到了街上，）〔这天天特别热，〕我们买了两支雪糕，（我们）各人吃一支。我拿到手后，马上剥开〔包装〕纸，把纸往地上一扔，便吃起雪糕来了。忽然，后面有人说："快把地上的纸捡起来，不许乱扔纸屑！"

我一听，心头猛一跳：碰上卫生管理员来了（，）〔？〕可回过头来一看，原来说这话的（不是别人）是周礼松。我松了一口气，说："一张纸有什么大不了的！"

"不，一张纸也会使地上变脏的。"周礼松脸上显得一本正经地说。

"又不是我一个人扔。你看，地上不是有很多纸屑呢！"我理直气壮地说。

"这是不讲文明的行为，老师不是叫我们从自己做起，别人管不着，我们自己要养成讲卫生的好习惯。"他（竟然）就是这么顶真地坚持。

"好，算你正确！"我在他面前只得服从。

"那，把那张包装纸捡起来。"他（学着大人的话）〔一步不让〕。

我没办法，只好从地上捡起那张纸。他〔接过我的那张纸，把它〕丢入了垃圾箱。

你们看，他就是这么顶真地"多管闲事"，我经常和他在一起，倒也养成了很多好习惯。

第五章

作文教学学期安排与课堂教学设计

第一节　作文教学学期安排

　　一般的学科，就当前小学作文教学的实际情况（参看本书第一章第一节三），每个学期总有一个教学计划。有的语文教师对每个学期作文训练没有一个十分明确安排，忽视了作文教学的有序性。笔者认为，为了加强语文工具性能，必须重视作文训练的有序性。每个学期的训练安排也是保证有序训练的一个方面。

　　笔者认为，三年级以上的学期作文训练安排可分两条主线：一是依附教材的随机训练，二是按小学生作文能力形成规律的有序训练安排。后者是训练主线，按作文教学优化过程要求进行指导、批改、讲评；前者是辅助性的，可与主线的系列训练结合，相辅相成。

一、依附教材随机训练

　　依附教材，指语文教材上有作文训练内容，教师以教材为范例，让学生模仿其写作方法，进行练笔训练（参看本书第一章第二节二）。以上教社"九年义务教育课本"四年级第一学期为例，可以随机训练。列下表供参看：

原课文课题	随机训练要点
第一课：《老师领进门》	仿课文写自己老师上课时，令自己印象深刻的片断。
第三课：《父亲的叮嘱》	仿课文写自己一位长辈"叮嘱"过你的话，在什么情况下用上了它。
第六课：《留住今天的太阳》	文意是要我们珍惜时间，写自己珍惜时间的小故事或不珍惜时间的教训。
第七课：《特别的作业》	学习文中小莉的真诚善良和马克的活泼调皮的特点，写表现自己或伙伴特点的一件事。
第八课：《守信》	学文中范式的守信，写自己或伙伴守信的一件事。

第九课：《"病人"》	仿课文写自己一件似"装病"之类哭笑不得的傻事。
第十五课：《带刺的朋友》	仿写课文《刺猬》生活习性中有趣故事，写自己熟悉了解的小动物有趣的一二个小故事。
第十六课：《赵州桥》	仿文章写法运用一句过渡句，写一个熟悉的建筑物（如家里的小房间、书房、客厅，学校或家乡一个小建筑）。
第十七课十八课：《五彩池》《美丽的小兴安岭》	仿课文按地点变换或时间（季节）变化写一处景物的美丽。

二、按规律有序训练

本书第一章第三节"变无序训练为有序训练"中提及："任何知识都有其自身的知识与能力体系，这是规律。小学生作文是一种小学生的表达技能；是'技能'就必须有序地训练，才能逐步形成。"笔者从数十年的研究与实践中，对有序训练作了长期的研究，编制的"徐老师教作文"，分基础班和提高班两个阶段，共60次训练，形成一个单项性的基础训练和综合性的技巧训练，有层次地训练作文能力，训练效果较明显。其训练安排提供如下，供参考：

（一）基础班（单项训练：写成作文）自二年级（下）到四年级（上）

序列	文题	训练要点
1. 写景记叙文	（1）春景一角（看图）	学习按方位顺序有条理描写景物的方法；学习静态描写、动态描写与想像方法，写具体景物的美丽之处。
	（2）澄塘湖（看图）	学习定位法，有顺序写一组景物；继续学习静态、动态描写和想像描写，写具体景物的美丽之处。
	（3）校园春景	学习移位法，有条理地写自己熟悉的校园春景；学会自行选择喜爱熟悉的景物，运用静态、动态和想像的描写方法，写具体景物的美丽之处。
	（4）山前公园（看图）	复习、掌握运用静态、动态和想像方法描写景物的美丽之处；明确大自然景物有一般景物与季节特色景物之分。
	（5）××秋色（"××"指地点）	学会自选地点、自选方法，运用静、动态和想象方法描写景物的美丽之处；掌握一般景物与季节特色景物相结合的方法，写具体一处景物的美丽之处。
	（6）我家周围的景物	综合运用前五次训练学到的方法，写自己家周围景物的美丽之处；按总分结构前后左右四个方面，选择不同季节、不同景物复习掌握写景方法。
2. 写事记叙文	（1）小灰兔请客（小童话）	初步学习写一个小故事（一件事）的基本方法：一是把事情的时间、地点、人物、起因、经过和结果写完整；二是运用人物言行举止的描写，分几步写具体"经过"部分。

		（2）我受到××表扬	学会根据文题，把生活中的一件事写完整，写具体；学会分几步，描写人物的言行举止，把"经过"部分和情节写出意思。
		（3）我看望××	学会根据文题，选择自己经历的事，把过程写完整；运用人物言行举止描写，把"看望"经过部分分几步写具体。
		（4）我当××	学会根据文题，联系生活，选择恰切材料和根据事情"结果"来选材和构思；继续提高写具体"经过"部分的能力。
		（5）第一次××	学会根据文题，写出童年生活中"第一次"的经历或实践一件事的特点；继续运用人物言行举止的描写方法，写具体"经过"的3—4步情节。
		（6）这一天真高兴	学会运用时间词语写"一天"的方法；学会串写法写几个情节，表达"真高兴"。
	3. 写人记叙文	（1）我的小伙伴（用一件事写一位伙伴一个特点）	了解写人记叙文与写事记叙文的区别与联系；认识人物特点，哪些是小伙伴的品质特点；学会围绕人物特点组织材料进行表达的写人记叙文的基本方法。
		（2）我的一位长辈（用两三件事写一位长辈一个方面特点）	继续学习围绕人物特点组织材料表达的写人记叙文的基本方法；认识"长辈"的特点，学会选择相关材料表现一位长辈的特点。
		（3）我（用几件事写自己几个方面的特点）	继续学习围绕人物特点组织材料写人的基本记叙方法；了解"我"既可写优点，又可写缺点的选材要求；学会用两三件事集中写一个人物（"我"）的两三个特点的方法。
		（4）我的老师	复习写一个人物特点的几个基本方法，选择其中一个方法写本题；了解"老师"的特点，联系生活经历，选择某个角度进行表达。
		（5）我和××	认识一篇文章中表现两个人物特点的基本要求，学会文章表现中心的几个基本记叙方法。
		（6）我的一家	学会通过几个人物特点的描写，表现小群体——家庭特点的方法。
	4. 写活动记叙文	（1）一次文娱活动	认识活动记叙文的基本结构：活动前，活动经过，活动后；学会写具体文娱活动中每个节目的方法，写出活动的热烈欢乐的气氛。
		（2）一次游戏活动	继续学习活动记叙文的基本方法；学会通过具体游戏和活动情节来表现活动的欢乐有趣的气氛。
		（3）一次体育比赛活动	继续学会运用活动记叙文的基本写法把文章写得有条理；学会把体育比赛的活动情节写具体，来表现活动紧张激烈的气氛。
		（4）写一次游览活动	继续学习活动性记叙文写法；学会运用空间转换的手法，写游览活动中的所见景物的美丽之处和游艺活动的有趣。
		（5）写一次参观活动	熟练运用写活动记叙文的方法和空间转换法，把参观活动写得有条理；学会根据参观内容性质，来集中写具体参观活动中的所见所闻所感。

序列	文题	训练要点
	（6）一次××营活动（夏令营、冬令营、三日营、二日营……）	学会写综合性活动的基本方法；学会通过选择材料和表达角度来表现文章中心。
5. 写状物记叙文	（1）写一件小物品（以物品名称为题）	认识与学会状物记叙文的基本结构：总述、分述、总结；学会用空间顺序写具体小物品的外形特点，并能通过"我与其关系"写出喜爱的感情。
	（2）写一种小动物（以动物名称为题）	学会用"总分总"结构有条理地写小动物的特点；学会用空间顺序写出小动物的外形特点，并了解小动物有趣的生活习性，写出喜爱的感情。
	（3）写一类植物（以植物名称为题）	学会用"总分总"结构，把喜爱的一类植物写得有条理；学会用空间顺序写具体植物外形的特点，按发展顺序写其生长规律，表达喜爱的感情。
	（4）我的"小天地"	运用"总分总"结构写"小天地"（小房间）幸福欢乐的特点；学会写"小天地设施"的基本特点和对自己的用处来表达喜爱的感情。
	（5）我的教室	运用"总分总"结构写教室的特点；学会分述几个方面设施和布置的基本内容，以及它们对自己的用处来表达喜爱情感。
	（6）我的学校	运用"总分总"结构写学校的特点；学会从校园环境的优美和教育设施齐全的特点来表达喜爱情感。

（二）提高班（综合训练：写好作文）自四年级（上）——六年级（上）

序列	文题	训练要点
1. 综合性写事记叙文	（1）我爱好××	认识文题，写自己的一项兴趣爱好活动，写出过程中自己刻苦学习、坚持不懈、克服困难的精神；学会写人物爱好特点的纵向写法——按"爱好"的发展顺序写。
	（2）××乐（"××"指兴趣爱好活动）	认识文题与前题同是写一项兴趣活动，但前题是纵向式的表达，本题是横向式的表达。同一题材表达思路不同，选取的相关材料、表达角度也不同；学会围绕"乐趣"，用总分结构写××爱好带来的三四个乐趣。
	（3）这张照片上的我	认识要写有"我"形象的照片；理解"照片"的性质，应选择具有纪念意义的照片。写出纪念意义来，表达真情实感；学会概括照片上"我"的情景，并以此为文章的重点情节，把前因后果写具体。
	（4）"闯关"	认识文题的意喻性，借用"闯关"的比喻，写成长道路上克服困难的一件事；学会用文题贯穿全文的写作技巧，紧扣文题这条主线展开情节表现文题。

	（5）××的烦恼（"××"指自身某个特点）	认识文题要求，选择自身一个"有形"或"无形"的特点带来的有趣的烦恼；学会"贬义褒写"的表现手法，写的是"烦恼"，但实际上是有趣的童年生活。
	（6）做客	学会在日常事件全过程中，选择能反映一定意义的情节来表达文章中心；学会通过事件中的细节描写来表现文章中心的方法。
	（7）喜临门	认识文题"喜事"的性质，选择有意义的"喜事"来表现文章的中心；通过从"喜事临身"到"喜事临门"来表现文题要求；学会运用插叙的方法来丰富文章内容，深化文章主题。
2. 综合性写人记叙文	（1）我要学习他（她）	学会运用第一类概括叙述句与具体描写相结合的方法，写一个人物的特点；认识伙伴的特点，熟练运用一件典型事例来表现人物特点。
	（2）××的××（前个"××"指人物特点，后个"××"指长辈称呼）	学会运用第二类概括叙述句与具体描写相结合的方法，写一个人物的特点；认识长辈的品质，继续熟练运用几个典型事例来表现人物特点。
	（3）可敬可亲的×老师	复习运用已学的两类概括叙述句与具体描写相结合的方法，写一位老师的可敬可亲的特点；熟练运用典型事例来表现人物特点。
	（4）自我画像	理解文题借用"画"来表达自己的外表与内在的特点；认识人物内在特点，包括品质、个性与爱好；学会围绕中心全面表现人物特点的写法。
	（5）难忘的伙伴们	认识文题，写几位伙伴令自己难忘的特点；理解"难忘"的几个方面的内容；学会运用两类概括叙述与具体描写相结合的方法来表达"难忘"。
	（6）夸夸我们中（小）队	学会从品德好、才能突出两个方面表现一个中（小）队集体的特点；学会用概括叙述句和具体描写代表人物事例，来表现中（小）队集体特点的方法。
3. 综合性写事、写人记叙文	（1）我爱我家	学会从家庭人员的品德、才能，和睦温馨的氛围，关心自己几个方面去认识自己的家；学会集中一个方面或几个方面的表达方法，写出"爱家"的思想感情。
	（2）我爱我的学校	学会从学校的环境优美、设施齐全、活动丰富、老师关心学生和同学间团结友爱等几个方面，去抒发自己爱学校的思想感情；学会集中一个方面或综合几个方面写"爱学校"的基本方法。

	（3）我喜爱的相册	认识到写相册上的照片，实际上是写自己丰富多彩的童年生活；学会用过渡句（小节）来连接前后内容；学会通过描写照片来表达感情的写法。
	（4）我的私房钱	认识到文题是指自己保管、可以支配使用的钱，梳理一下私房钱几个方面的来源，并学会用概括叙述句与具体描写方法写自己私房钱的来源；明确文题重点，写私房钱的使用，打开思路选择典型材料，写出自己使用私房钱令自己自豪或引以为教训的文章中心。
	（5）那天我流下了泪水	认识到"泪水"是感情的表达，不同的感情流出不同性质的泪水，学会用最能表达自己感情的材料写本题；学会通过典型的具体事例来表现文题。
	（6）"考试"	复习意喻题知识，认识文题的比喻，写为人应有道德的"考试"；学会用心理活动描写，写出有层次的"反复思考"，呼应文题喻义。
	（7）晨曲	继续学习意喻题写法：知晓有的要用引号，有的不用引号的区别；学会运用环境和事件衬托来丰富文章内容和事情意义；学会点题方法。
	（8）友情	理解文题是写与好朋友之间的深情厚谊；学会从"友情"的"性质"与"作用"上，去丰富文章内容和提高文章立意。
	（9）亲情（师情）	认识到文题是表达长辈（老师）对自己关怀之情；学会用比喻方法，从亲（师）情价值上，来表达对长辈（老师）的感激的思想感情。
	（10）我为自己而喝彩	认识到文章是自我夸赞，要选择童年生活中最值得自豪的事写入本文，激起学生进取之心；学会集中一个或几个方面，和先概括叙述再具体描写的方法展示自己。
	（11）我家的故事	认识到文题是写自己家发生的故事，即要全家人参与的故事，而不是"爸爸""妈妈"……等一个人的故事；认识写"一个故事"与"一件事"区别在于：故事要重于细节描写，并有情节上的曲折。
4. 综合性记叙文	（1）我爱家乡（难忘家乡的××）	认识到两个文题都是夸赞家乡，但前题偏于赞美家乡的发展变化和美好，后题是描写家乡给自己童年带来的快乐；运用从各个侧面描写与赞美家乡的美好，抒发热爱家乡的思想感情。
	（2）在××影响下	认识到文题中"××"指人物或媒体或状物对自己成长带来的正面的影响，或间接影响，或想像影响；理解全文由"受影响"和"影响下"两部分内容组成，后者是重点；明确这两部分内容性质上应是一致的。

	（3）读《游子吟》后感	认识与学会读后感的"有读有感，以感为主"的基本写法；学会概括古诗《游子吟》的含义，并以此写出延伸原文中心和联系实际写感受的方法。
	（4）想像作文（自行命题）	认识"想像作文"与"作文中的想像"的不同概念，认识想像作文是全文情节的想像——未来经历的情节想像；认识想像作文的类型：童话式、科幻性和对未来现实生活的想像；初步学会想像作文的基本写法，要做到大胆想像、合乎情理、实实在在。
5. 简单议论文	（1）论"责任"	认识议论文的基本结构和写法；学会用并列式的论证方法，运用理论论据与事实论据，来论证论点的写法。
	（2）我也谈"电脑迷"	进一步掌握简单议论文方法；学会运用递进式论证方法，运用理论论据和事实论据，议论"电脑迷"正负两方面的影响；学习正确运用电脑这个科技工具。

第二节　作文课堂教学设计

一、课堂教学设计概述

　　课堂教学设计有三要素，即在教学设计中必须回答的三个主要的问题：教学目标——必须学习什么；教学资源——为达到预期的学习目标（水平），要采取什么教学过程，使用什么教学资源（教学媒介等），以达到最佳的教学效果；教学评价——以学的起点行为（指个人在开始学习一项新事物之前已有的行为）和终点行为（指将来要达到的行为）的比较，来评价教学的效果。

　　这里指的作文课堂教学设计，是指在作文教学过程中，一个题目指导的策划性设计。它包括题目的题析和设计两大部分。设计中，包括作前准备、指导要点、讲评重点等内容。它是教师对如何指导学生写好这个作文题目，从获取材料到谋篇构思，再到修改辨析的整个布局的策划。

　　因而，编拟作文教学设计，是对一个作文题目的训练过程，要有一个通盘的考虑和设想。确定好教学目标，要考虑采用什么教学手段来达到这个目标，以及如何进行教学评价，以保证每次作文训练的成功。

二、作文教学设计示例

示例一：写一件小物品（以物品名称为题）。

一、训练目的

1. 学会描写小物品的基本结构：总述—分述—总结；

2. 学会按空间顺序有条理地写具体外形特点；写出物品功能及与自己的关系，表达喜爱的思想感情。

二、训练前准备

习作前一周，要求学生观察一种喜爱的小物品（文具、玩具、饰品），了解其形状、色彩、结构等方面的特点。

三、训练过程

1. 理解文题

在我们生活中，除了写大自然景物，生活中所经历的事、所接触的人物的特点和参与的各类活动外，还有各类物品，各种动物、植物和建筑物等可写。写这类事物的文章统称为状物性记叙文。

写状物性记叙文，主要表现我们对这种物品喜爱的情感。表达情感有间接表达和直接表达两类。间接表达就是把每种状物的各个方面令人喜爱的特点写具体，直接表达是直接用喜爱的语句表达出来。两者结合就是写状物性记叙文的基本方法。

文题多直接以物品名称为题。如写文具盒、小闹钟或风铃，其题目就是《文具盒》《小闹钟》《风铃》。

2. 选择材料

写小物品的对象十分广泛，有我们日常使用的文具，如铅笔盒、圆珠笔、直尺、书包，还有小提琴、画架，也有我们喜爱的陪伴我们课余生活的各类玩具，包括女孩子喜欢的各类布娃娃、绒布的动物玩具；男孩子喜欢的电动玩具、航模、车模、赛车，也有我们家里的各种摆设和装饰品，如小闹钟、储蓄罐、小台灯、风铃，以及其他我们喜爱的小物品。

3. 写法指导

写小物品主要把物品的特点写具体，可运用"总述—分述—总结"的结构。

（1）先总述物品的来历和对它喜爱。来历一般是指自己喜爱而买，或亲友相送，或某一项竞赛获奖的奖品。如："我的小台灯是我和妈妈逛商场时，我看了喜欢才请妈妈买下的，我十分喜爱它。""我的这只熊猫绒布玩具是我八岁生日时阿姨送我的，我很喜爱它。"接着分述物品特点。

（2）物品的特点可从几个方面去描述：形状、颜色、质地、结构和用途。一般来说，对这几项总是结合起来，按一定的顺序有条理地描述，由上而下或自下而上，由外到里或由里到外，由中间到四周或由四周到中间。

如铅笔盒，可写，形状：长方形；质地：铁皮或塑料；颜色：盒子外表的底色，盒盖上的画面，画面上可能是景色或卡通人物或小动物。既有画面的形状、色彩，还可以想像画面上人、事、物的活动情态。如："盒盖上的风景画真迷人；蓝蓝的天空，一尘不染；草地上开着一簇簇五颜六色的鲜花，远处是一片树林，阵阵微风吹过，绿意浓浓；树林边草地上坐着一个牧羊娃，他正用短笛吹着动听的乐曲，一阵阵悠扬的笛声在原野上空回荡。离他不远的地方有雪白的羊群，正在津津有味地吃着嫩绿的青草。"这一段铅笔盒的画面描写，有形状，有颜色，还有相应的联想。接着可写打开盒盖，里边有几层（有的两层，还有的折叠式三层的），每层放些什么文具。

如果写小闹钟，可先写整体，写闹钟的造型。一般的闹钟是圆形的，但也有各种动物造型的。再分别写钟面上的响铃，钟面下的钟座，钟面背后的几个按钮，它们各有什么作用。再集中写钟面：外壳玻璃罩着，钟面上12个阿拉伯数字；有时针、分针、秒针，每个针的大小、形状、色彩和功能以及数字和针上的荧光点。

如果写玩具，有不发声的，如布娃娃、绒布动物等；有发声的，如芭比娃娃，现代化玩具多数有电动装置。所以不仅要写出色彩、形状、质地和结构，更要写出其动态的装置。

这一部分还应写出小物品的功能。这部分可略写，因为在后面可通过作用的描写写得具体点。如写我在学习上需要文具，学习知识少不了它"；写玩具"供我课余观赏，丰富我的课余生活"；写摆设，"闹钟"让自己时刻注意时间，上学不再迟到；写台灯"为我晚上写作业照明"；写风铃"让我欣赏美妙的声响"；写储蓄罐"储存我的零花钱，使我养成节约习惯"。

（3）分述部分还要把我与物品的关系写具体，包括这物品对我的作用和我对其的喜爱。

物品对我的功用与其外形的功能是相统一的，功能可简写；作用部分要把情节写具体，从而来表达喜爱情感。如写小闹钟，在写外形特点和功能时，可写"可以让我掌握时间"；有了它，上课不再迟到了。在这部分可把小闹钟催我起床的细节写具体。如"每天早晨一到八时半，小闹钟就'滴铃铃'地响起来"。有一天，我晚上睡得迟，早上没听到它叫。它响了五声就提高音量，并叫着"小懒虫快起床！"我还没起来，这只小猪造型的小闹钟就从嘴里伸出一根塑料管，顶端一个小锤子正好敲在我头上，我一下子被敲醒，赶紧起来"。

写物品对我的作用，除了实写还可虚写，运用想像方法来表达喜爱的感情。如"小闹钟每天陪伴我做作业，'滴答'声。像美妙的音乐声。"有一天，我还没做好作业就想看电视。刚打开电视机，我忽然听到小闹钟的'滴答'声，好像在警告我："没做好作业就看电视，当心妈妈回来批评你！"这样既能把情节写具体，写活了静物，更表达了喜爱的情感。写"我"对物品喜爱的内容也不少，如"每天擦拭一遍，让它天天亮闪闪""小弟弟不小心把它摔在地上，我心痛得流出了泪水"。总结部分主要是直接抒发喜爱的情感，如"小闹钟成了我的小伙伴，我爱我的小闹钟！"

三、思路提纲

总述：什么物品、它的来历以及对它喜爱的情感。

分述：

1. 外形特点。如形状、颜色、质地、结构、功能；

2. 我与它的关系：它对我的作用，可写实在的或想像的。我对它的关爱。

总结：××成了我童年生活的小伙伴，我爱××。

按上述课堂教学设计，下面提供一段"讨论话题，理清思路"的师生对话。

（参看：外教社已出版的《特级教师的30堂作文训练课（基础篇）》中状物性记叙文《一件小物品》。）

大家按上述指导，思考自己喜爱的小物品的特点，议论一下：

生：　我要写我的《小提琴音乐盒》。

师：　为什么叫"小提琴音乐盒"呢？

生：　它外形"头"小，"身体"大，像个大葫芦，也像小提琴，另外，有几根"琴弦"银光闪闪，在棕色盒体的衬托下分外耀眼，小提琴特点十分逼真了。

师：还有哪些部件可以描写？

生："琴"的零部件全是金黄色的，显得很高贵。

师：音乐盒内部有什么特点？

生：打开盒盖，一块塑料玻璃内有许多小部件。有发条、齿轮、转轴……塑料玻璃上方，有一块小凹槽里面可以放一些小东西，如笔套、铅芯、卷笔刀等物品。它背后有条黑色的支撑柱，支撑着整只音乐盒。

师：照你介绍，外形像小提琴，内部却放些文具，那"音乐盒"称呼从何而来呢？

生：拧紧发条后，它会响起优美的音乐声，可以定时间"唱"，也可以随拧发条随时"唱"。

师：所以叫"小提琴音乐盒"。小提琴是外形，"唱"出音乐声是实质用途。

生：是的，当我做作业疲倦时，听一下它奏的音乐声，就会消除我的疲劳；当我晚上睡觉前，听一下它"唱"的歌，我会沉浸在梦乡中，在梦里我会看到小鸟飞翔，小动物围着我跳舞……

师：你十分喜爱它吗？

生：当然，我每天做完回家作业，用餐巾纸擦去它身上的灰尘，把它擦得一直像新的一样。

师：你刚才介绍的，音乐盒"外形特点"和"我与其关系"都写得成功了。导图如下：

```
                    "小提琴"音乐盒

      外形特点                        我与其关系

  整体："头"大，身子
  "小"像小提琴。棕
  色。
  部分：                    • 做作业疲劳
  • 琴弦：银光闪闪           时，听音乐盒
  • 小零件：金色             "唱"歌，精         每天用湿巾纸把
  • 打开盒盖：              神振作。           音乐盒擦拭得干
  有小部件：发条、齿       • 晚上睡前，听       干净净
  轮、转轴                 一下音乐，甜
  小凹陷内：               甜进入梦乡
  笔套、铅芯、卷笔刀
  • 背后：支撑柱
```

B. 小闹钟

师：　谁写小闹钟？

生：　我写小狗造型的小闹钟。

师：　介绍一下你小狗造型的小闹钟的外形。

生：　它是一只小狗造型的小闹钟，像一只蹲坐着的棕色小狗。两只耳朵是闹钟响铃，两只眼睛随着闹钟滴答声一张一闭。小狗的圆肚子是钟面，外面是塑料玻璃外罩，里边是钟面，钟面底色乳白，1—2的阿拉伯数字黑色的十分显眼。三支针，时针、分针是紫色的，秒针又细又长是红色的，小狗后背有两个按钮，一是调整闹钟快慢的，另一个是定时响铃的，底座就是狗蹲着的双腿。

师：　你外形说得很有条理，也很具体，再说说"它与你的关系"。

生：　它每天叫我起床，到六时四十五分，它会"汪汪汪"地叫起来，开始10声声响较低，如果我不起来按住耳边一个小按钮，它会提高音量"汪汪汪"又是10声，再不按住它按钮，它就大声叫唤"汪汪

汪", 肯定会惊动妈妈, 开门进来掀起被子……

师: 还有什么其他作用吗?

生: 我做作业习惯听它的"滴答"声, 似乎在催促我抓紧时间做好作业。如果我停下玩玩具, 它的"滴答"声又像在说: "怎么玩玩具啦, 小心妈妈批评你", 我似乎听懂了, 就放下玩具, 又专注于作业了。

师: 你平时怎么爱护它?

生: 每天做完作业, 我用纸巾把它擦擦干净。我把它当朋友, 每天放学回家, 总对它说说学校里的高兴事和烦心事, 它的"滴答"声又像在"鼓励我""安慰我"。

师: 很好, 你的介绍导图如下:

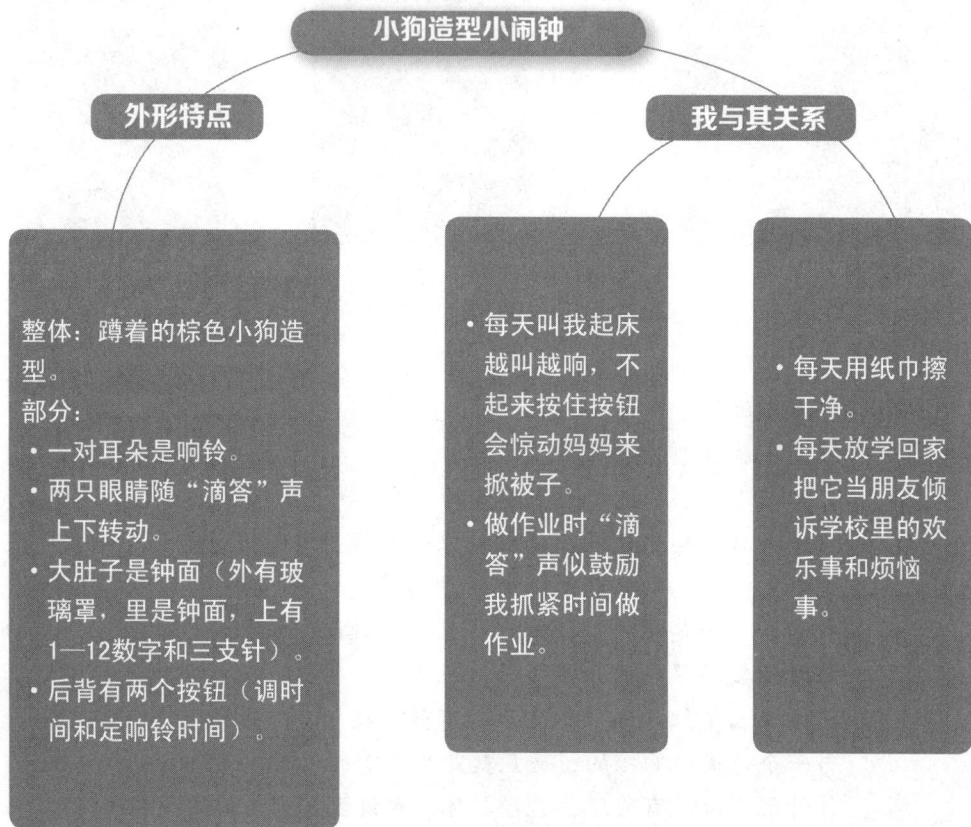

小狗造型小闹钟

外形特点

整体: 蹲着的棕色小狗造型。
部分:
• 一对耳朵是响铃。
• 两只眼睛随"滴答"声上下转动。
• 大肚子是钟面 (外有玻璃罩, 里是钟面, 上有1—12数字和三支针)。
• 后背有两个按钮 (调时间和定响铃时间)。

我与其关系

• 每天叫我起床越叫越响, 不起来按住按钮会惊动妈妈来掀被子。
• 做作业时"滴答"声似鼓励我抓紧时间做作业。

• 每天用纸巾擦干净。
• 每天放学回家把它当朋友倾诉学校里的欢乐事和烦恼事。

C. 文具盒

师：文具盒人人都有，谁准备以"文具盒"为题写这篇作文。

生：我写，因为我十分喜爱我的文具盒。

师：是一只怎样的文具盒，令你这么喜爱？

生：是一只普通的塑料文具盒，它盒盖上一幅风景画面十分惹我喜爱。

师：你介绍一下。

生：有一片草地，草地上有一簇簇五颜六色的鲜花，远处有一片树林。草地上有一个牧羊娃，正在用短笛吹奏，旁边有一群雪白的羊群。

师：这画面真美，你写时还可以开展点想像，如衬托一下，蓝蓝的天一尘不染，写树林，可以想像"微风阵阵吹过，绿叶飒飒"；写牧羊娃吹笛时，可想像"一串串悠扬的笛声在原野上空回荡"；写羊群时，可以想像"正在津津有味地吃着嫩绿的青草"。

生：真好，老师的辅导我记住了。这样一来，盒盖更加美丽了。

师：你再说说盒子里的内容。

生：打开盒盖，有几个按钮。第一个按钮按一下，就会弹出一块小橡皮；第二个按钮按一下，就会弹出一个搁层，上面放着许多支铅笔。第三个按钮按下去，铅笔盒的右侧就会自动弹出一块玻璃，这是一块放大镜，可以随时取下来给爷爷、奶奶看报纸用。

师：你这盒内的结构倒很有特点，你怎么写对它的喜爱？

生：我写我的学习离不开我的文具盒。每天上学前，我把所有文具集中起来归放盒内，一样不会拉下。上课和做作业时，文具盒总陪伴我身边，随时为我所用。

师：你怎么写你喜爱它的情节？

生：每天晚上做好回家作业理书包时，我总把文具全拿出来，先用湿巾纸擦一遍，再用干巾纸擦一遍，保持它的光泽明亮。我还不让别人碰它，有次表弟来玩，要动我文具盒，我没让他动，妈妈还骂我是小气鬼哩！

师：你的文具盒特点和喜爱的感情内容很丰富，导图如下：

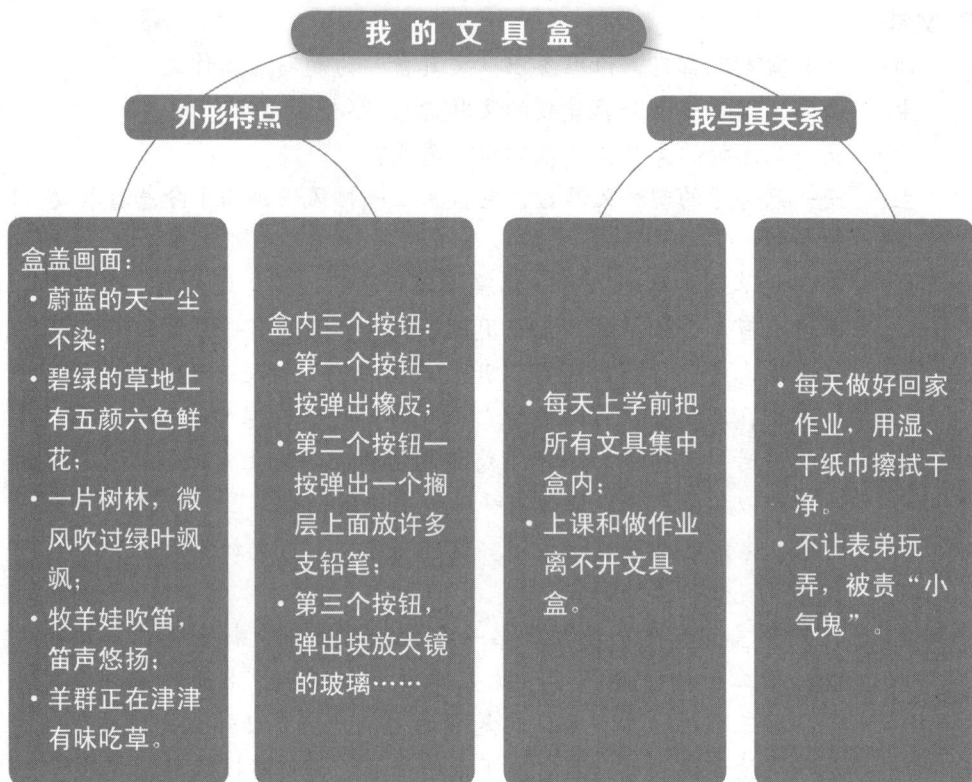

我 的 文 具 盒

外形特点

我与其关系

盒盖画面：
- 蔚蓝的天一尘不染；
- 碧绿的草地上有五颜六色鲜花；
- 一片树林，微风吹过绿叶飒飒；
- 牧羊娃吹笛，笛声悠扬；
- 羊群正在津津有味吃草。

盒内三个按钮：
- 第一个按钮一按弹出橡皮；
- 第二个按钮一按弹出一个搁层上面放许多支铅笔；
- 第三个按钮，弹出块放大镜的玻璃……

- 每天上学前把所有文具集中盒内；
- 上课和做作业离不开文具盒。

- 每天做好回家作业，用湿、干纸巾擦拭干净。
- 不让表弟玩弄，被责"小气鬼"。

附：例文

"娃娃"圆珠笔

上海师范大学附属第一小学 四（1）班 胡知彦

　　我有一支圆珠笔，是一支"娃娃"圆珠笔。

　　这支"娃娃"圆珠笔，长长的，细细的。在又细又长的笔杆上顶着一个大脑袋，大脑袋上戴着一只粉红色的小布帽，布帽下的额头上留着齐刷刷的一排刘海，两边两根小辫子。她还有一张可爱的脸蛋，圆圆的笑脸上镶嵌着一双宝石般的黑眼睛。小巧玲珑的鼻子微微有点翘，她那红彤彤的小嘴好像一直在对着人笑。细长的身体当然就是笔杆喽，"娃娃"有一双时髦的小鞋子，那是这支圆珠笔的底座。小鞋子也是粉红色的，上面还有一个大大的蝴蝶结，这双鞋子底下有一个塑料吸盘，所以这支笔可以固定在台面上。

　　这是一支精致的卡通圆珠笔，更是一支不同寻常的笔。这支笔是我在一次全校的英语竞赛中获得的奖品。得到这个奖品惹得全班同学眼红，他们羡慕我在全校比赛中得了第一名，而班里的女同学更是眼红我这支笔，有好几个人从家里拿来了自己心爱的玩意儿要跟我换这支圆珠笔，但是都被我拒绝了，我舍不得跟她们换。

我把这支"娃娃"圆珠笔立在我的写字台上，回家做作业的时候，她静静地看着我，陪伴着我。每当我学习上取得进步，我便会兴奋地对她说："小妹妹，我又得了100分！"这时，我觉得她也会满脸喜滋滋的，好像在对我说；"小姐姐祝贺你又取得好成绩，要再接再厉更上一层楼啊！"每当我在学习上遇到困难，伏在桌上对解不开的难题苦思冥想时，仿佛看到这个可爱的娃娃露出了坚毅、期待的眼神，好像在对我说："别怕！学习上要刻苦钻研，只要开动脑筋，数学难题就会迎刃而解。"就这样，这支圆珠笔成了不断鼓励我、激励我的好朋友！

"娃娃"圆珠笔成了我的好伙伴，我爱我的"娃娃"圆珠笔！

示例二　写事记叙文
文题：我第一次××
一、训练目的
1. 继续学习将一件事写完整，并把事情过程写具体的基本技能；
2. 根据文题，写出"第一次"经历或实践一件事的特点。
二、训练前准备
有条件，开展一次小队"第一次经历"的交流活动，为选材作准备。
三、训练过程
1. 揭题导入：
板书文题：第一次××
按文题要求写我们童年生活中第一次做的一件事，或第一次经历的一件事。我们第一次做的事有：买菜，游泳，溜冰，骑自行车，溜滑板车，当值勤员；做主持人，当领操员，当升旗手；演出，整理房间，拖地板，招待客人，烧饭，烧菜，种菜，钓鱼，喂鸡，当小老师，写毛笔字，包饺子，煮汤圆，下馄饨，泡方便面，买东西，当接待员。第一次经历的事有：乘飞机，乘大海轮，乘火车，吃两餐，独自放学回家，一个人晚上在家，独自睡觉，走夜路，撒谎……每个同学回忆自己的生活，选择一件事写好这篇作文。

文题要求写"第一次××"的全过程，也是一篇写事记叙文。因此文题基本要求仍然是把一件事写完整，写得有条理，把事情经过分几步写具体。另外，文题是"第一次××"；所以必须在把第一次××这件事"经过"部分写具体时，要写出"第一次"的特点。

学生们是少年儿童，年纪小，经历少。这个文题"第一次"，可以写现在，也可以写以前，甚至刚懂事的幼儿时期。所以，一样写一件事，写《我当小厨师》，可以写"当好"，菜炒得十分鲜美；也可以写"没当好"，菜炒得不好吃：夹生、太淡或太咸。但写《第一次当小厨师》，因为"第一次"，作为少年儿童不大可能炒得十分鲜美。如果写炒得"十分鲜美"，倒有点言过其实了。

"第一次××"，可以写出如下几个"第一次"的特点：

"新奇"，不少事情没经历过，初次经历不免十分新奇。"害怕紧张"，不少事没经历过，担心有什么危险，胆小害怕。

"莽撞"，有些胆大的同学，第一次做些较难或有点危险的事，不知天高地厚，行为莽撞，闹笑话。

"手忙脚乱"，第一次做某件事，不熟悉过程，不知道诀窍，做了上一步不知道下一步，弄得手忙脚乱。

写这篇作文的经历或做事过程中，要写出其中一两个特点。

2. 写法指导，表现文题：

这篇作文要通过把"第一次××"的过程写具体，写出文题上"第一次"的特点。所以在选定材料时，必须明确哪些情节表现"第一次"的哪一个特点。下面就如何表现"第一次"的几个特点分别举几个例子，供大家学习。

表现"新奇"特点。如《第一次乘飞机》，可写当你听到爸爸妈妈要带你去某地方旅游，而且是乘飞机去的，心中十分高兴。因为自己是第一次乘飞机。你会想，飞机场多大，比学校操场大多少？飞机多大，比公交汽车大多少？怎么会飞上天的？这就是"新奇"的想法。到了飞机场，你见到了飞机降下飞机场要滑行好长一段路，感到飞机场大的真有点无边无际。当你走近飞机，会感到飞机真高大，要走上舷梯才登上飞机。当你走进机舱，看到数百个软绵绵的沙发座位，你会感到乘飞机真舒服啊！当航空小姐送来饮料和点心时，你会情不自禁地要问"多少钱一杯"；当航空小姐说是免费供应时，你会感到乘飞机真合算，有饮料喝，有点心吃。这些都是"新奇"的感受。如果你再写写从窗口观赏飞机起飞时，城市、公路、河川、山峰、行人变小，外面的白云层层叠叠，不由感叹："真是无边无际的云海啊！"这也是新奇的感受。

当飞机起飞时，你会感到害怕："会掉下去吗？"飞行途中，有时候碰上气流，飞机有些颠簸，广播要大家系好安全带时，你又害怕了。后来飞机平稳了，你觉得虚惊一场。当飞机到终点地下降时，你耳朵听不清爸爸妈妈的话了，耳膜有些震痛，你又会害怕耳朵出问题了，上课听不见老师说话了。直到降落，下了飞机，耳朵又恢复了听觉，又是虚惊一场。这些情节写具体了，就写出了"害怕"的感受。

看，《第一次乘飞机》有这么多的情节可写，用来表现"新奇"和"害怕"的"第一次"的特点。

同样的，第一次乘大轮船出海，乘磁浮列车，以及乘火车坐卧铺……都会有不少类似的"新奇"感受。只要好好思考，就不难写好作文。

表现"胆小紧张"的特点，如《第一次放学回家》。因为平时一直是爸爸（妈妈）送你上学的，这天爸爸有事不能来接你，叫你自己回家，给了你两元钱乘公交车。你也十分高兴，因为自己能独自回家了。可当放学了，你又开始紧张起来，想到了电视里讲到的坏人拐骗孩子的事，觉得后面总像有人在跟踪着自己。因为一紧张，你到公交车站一见公交车驶来，就跳上了车，结果乘错了车，到了第一个站换了车，又到第二辆公交车换车时，两元钱已用完了。无钱乘车，只好硬着头皮走回家；既紧张又害怕，结果又走错了路，急得哭了。马路边商店里的叔叔看到了，帮你联系到你爸爸。爸爸赶来接你，你才放下了心。这样写，就把"紧张胆小"的感受写出来了。又如《第一次一个人晚上在家》《第一次独自睡觉》，嘴巴上说"不怕"，可爸爸妈妈一走，你一下子就害怕起来，会想到电视里看到的妖魔鬼怪，你把灯全部打开，电视机声音调到最响，还会赶紧打电话给爸爸叫他们回家。这也写出了"紧张害怕"的感受。

另外，《第一次演出》《第一次当主持人》《第一次当领操员》等都可写出"紧张害怕"的"第一次"的心理感受。

表现"莽撞"的特点。如《第一次游泳》，你可能觉得游泳挺好玩，到了游泳池，当爸爸在更衣室更衣时，你胆大地先到游泳池；看到人们游泳的欢乐情景，你跃跃欲试。你又看到一位叔叔在一个跳台上往下跳，像鱼儿一样在池里往前游去，你也马上去那平台上往下一跳，这下惨了，嘴里、鼻子里都呛水了。这时你爸爸赶来一把拉了你起来……又如《第一次溜冰》《第一次穿暴走鞋》，都要写出莽撞的情节。

表现"手忙脚乱"特点。凡你第一次做的事，往往都会因不熟练而手忙脚乱。如《第一次烧菜》因不熟练而把菜烧焦了，或者淡而无味了，或者过咸过辣无法下咽。《第一次拖地板》拖地反而把自己关在房间中。《第一次当升旗手》因打结不熟练，旗升到半空脱结掉下来。另外，到农村亲戚家干农活，喂家禽家畜，都会有手忙脚乱的情节。你只要仔细回忆一下，这些情节就会在大脑里浮现出来了。

当然，也有少数同学第一次做事就十分麻利顺手。但要写出因为事前曾观察过，或作了些准备才能做得好，这也是符合文题要求的。

四、思路提纲

起因："第一次××"的时间、地点、人物和原因。

经过：分三四步写"第一次××"的过程，把自己和相关人物在这几步中做的动作、说的话、脸上神态和心里想的内容写具体。写出"第一次"经历和做一件事的特点："新奇"或"胆小紧张"，或"莽撞"或"手忙脚乱"的情景。

结果：第一次××的××××情景，令我难忘！

按上述课堂教学设计，下面提供一段讨论话题，理清思路的师生对话。

（参看：外教社已出版的《特级教师的30堂作文训练课（基础篇）》中的写事记叙文《我第一次××》。）

大家按上述指导，思考自己"第一次"的经历，讨论一下自己选的材料：

A. 第一次买菜

师：谁先来交流一下，想写第一次做什么？

生：我先说，我写《第一次买菜》。那是我一年级时的一个星期六，爸爸妈妈工作很劳累，要多睡一会儿，叫我到隔壁菜场去买菜，家里有鱼肉，叫我买两样蔬菜，给了我20元钱。这是我第一次买菜，又高兴又紧张。

师：那怎么写出"第一次"的特点？

生：那时，我什么都不懂，傻乎乎，莽莽撞撞，闹了笑话。

师：说说看闹了什么笑话？

生：我喜欢吃胡萝卜，在胡萝卜摊上，老板见我是个小孩，竟说胡萝卜16元一斤，我买了一斤三根胡萝卜，老老实实付了16元。

师：胡萝卜实际几元一斤？

生：　后来妈妈说不过三四元一斤。

师：　还买了什么？

生：　去买青菜，青菜要6元一斤，而我只剩4元，
　　　只好不买。

师：　那你剩下4元买了什么吗？

生：　我突然看到一个卖葱的摊位，我想到妈妈每
　　　次买菜总买点葱，大概葱是很好的蔬菜。我
　　　问怎么卖，摊主说，每一堆二角，我想真便
　　　宜，我付给他4元钱，他给了我20堆葱。

师：　这可真有趣，回家你妈怎么说？

生：　回到家，妈妈看了哭笑不得，说："胡萝卜是天价，你也付钱？"
　　　又说："这么多葱怎么用得完？"爸爸说："几只空花盆里装些
　　　泥，把葱种起来，我们可以一年不买葱了。"全家人都笑了。

师：　你的第一次买菜果然挺有趣。思路导图如下：

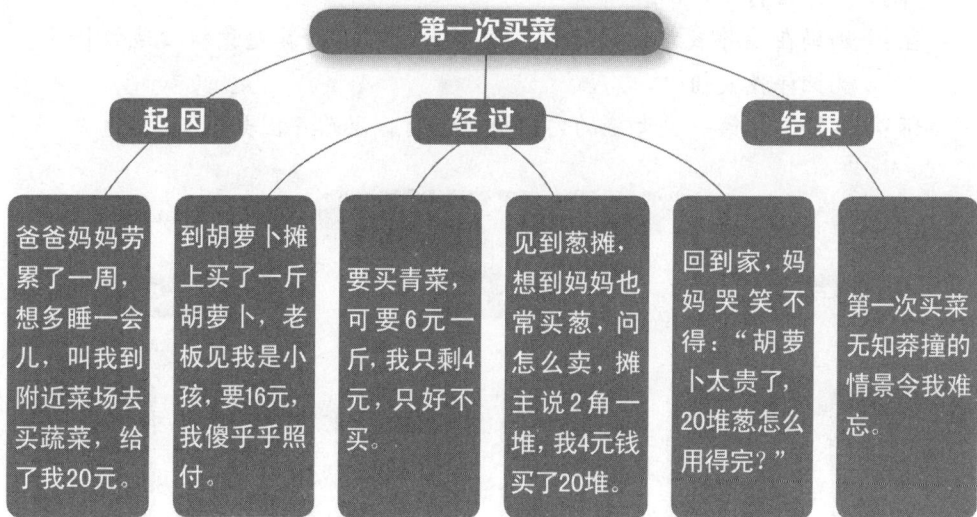

```
                          第一次买菜

        起因              经过                  结果

爸爸妈妈劳   到胡萝卜摊   要买青菜，   见到葱摊，   回到家，妈   第一次买菜
累了一周，   上买了一斤   可要6元一    想到妈妈也   妈哭笑不     无知莽撞的
想多睡一会   胡萝卜，老   斤，我只剩4   常买葱，问   得："胡萝    情景令我难
儿，叫我到   板见我是小   元，只好不   怎么卖，摊   卜太贵了，   忘。
附近菜场去   孩，要16元，  买。         主说2角一    20堆葱怎么
买蔬菜，给   我傻乎乎照                堆，我4元钱   用得完？"
了我20元。   付。                     买了20堆。
```

B. 第一次考试考砸

师：　谁再交流一下自己的思路？

生：　我准备写《我第一次考试考砸》。

师：　你的题材很有个性。

生：一年级到三年级上学期，我总考全班第一名，可三年级有一次数学考试却只考了91分，退为全班第16名，我好担心害怕，妈妈会批评我，甚至会挨揍。

师：后来，回到家，你挨揍了吗？

生：没有。

师：能说说"考砸"后的情节吗？

生：第一，回家路上我提心吊胆，怕挨骂挨打。回到家发现妈妈还没回家，看着"91分"的红笔字，我突然想到个主意.想用红笔把"91"改"99"，可我没敢改，这样做不诚实。再说，妈妈很细心，一看题目就会发现。

师：结果，你改了吗？

生：没有改。后来，妈妈回来，看了卷子很严肃，可过了一会儿她安慰我说："你最近感冒，影响了学习，可以原谅，以后努力点就好。"

师：你妈挺通情达理的。

生：可我还是挨批评了。

师：为什么啊？

生：妈妈在辅导我订正错题时，发现我有两道计算题竟粗心地做错了，就批评我太粗心。

师：不错，你第一次考砸的内容也挺丰富，思路导图如下：

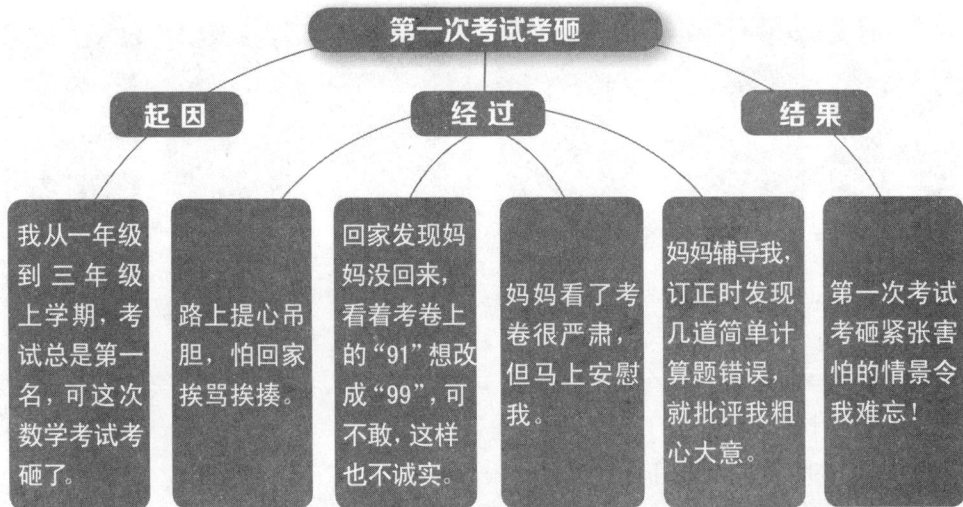

```
                        ┌──────────────────┐
                        │    第一次考试考砸    │
                        └──────────────────┘
           ┌────────────────┬──────────────────┬────────────────┐
       ┌────────┐       ┌────────┐                        ┌────────┐
       │  起 因  │       │  经 过  │                        │  结 果  │
       └────────┘       └────────┘                        └────────┘
```

| 我从一年级到三年级上学期，考试总是第一名，可这次数学考试考砸了。 | 路上提心吊胆，怕回家挨骂挨揍。 | 回家发现妈妈没回来，看着考卷上的"91"想改成"99"，可不敢，这样也不诚实。 | 妈妈看了考卷很严肃，但马上安慰我。 | 妈妈辅导我，订正时发现几道简单计算题错误，就批评我粗心大意。 | 第一次考试考砸紧张害怕的情景令我难忘！ |

C. 第一次寄信

师：前面两位同学的思路都很不错，情节也生动具体，接下来谁再来交流？

生：我准备写《第一次寄信》。

师：你的"第一次"也有意思，你写第一次寄信，信寄给谁？

生：我爸爸妈妈在上海打工，工作很忙，不太回家。奶奶带着我在上海刚买的房子里，照顾我上学和生活，爷爷在老家写了封信来，奶奶叫我写封回信，叫我去寄。我从来没写过信，也没寄过信，有点手忙脚乱。

师：你的题材真不错，说说分几步写。

生：我写好了信，家里却没信封，我想怎么办？奶奶叫我去超市看看有没有信封卖，我去超市买了一叠信封。

师：信封上怎么写，你会吗？

生：我不会写信封，不知怎么写，奶奶提醒我参照爷爷写来的信封。我得到了启发，把收信人邮编、地址、姓名改为写信人的；把写信人地址、邮编写在收信人的位置上。

师：你挺会想办法的。

生：我还问奶奶："为什么还要写寄信人地址呢？"

师：奶奶怎么回答的？

生：奶奶说："那是防止收信人搬家，或收信人地址写错了，信送不到，就会按寄信人地址退回来。"

师：你又多了一个知识，是吗？

生：对，后来我买了邮票，想投在小区门口的邮筒里，可没有胶水和浆糊，怎么粘呢？

师：解决了吗？

生：真简单，售货阿姨说："邮票背面有胶水，你只要沾上点水就能粘住的。"我又增长了知识。

师：凡事要多去经历，你想得不错，还有什么情节写吗？

生：我把信投进邮筒时，再三犹豫，不知道投进去会不会被取走，最

后还是投了。我看了一下，下午开邮筒时间是14：30，我守在旁边等了一个小时，等到14：30邮递员来开筒，看到我寄的信拿走了，才放心回家。奶奶问我："怎么寄封信这么长时间？"我照实一说，奶奶笑弯了腰。

师：你这题材有情节，挺新颖。思路导图如下：

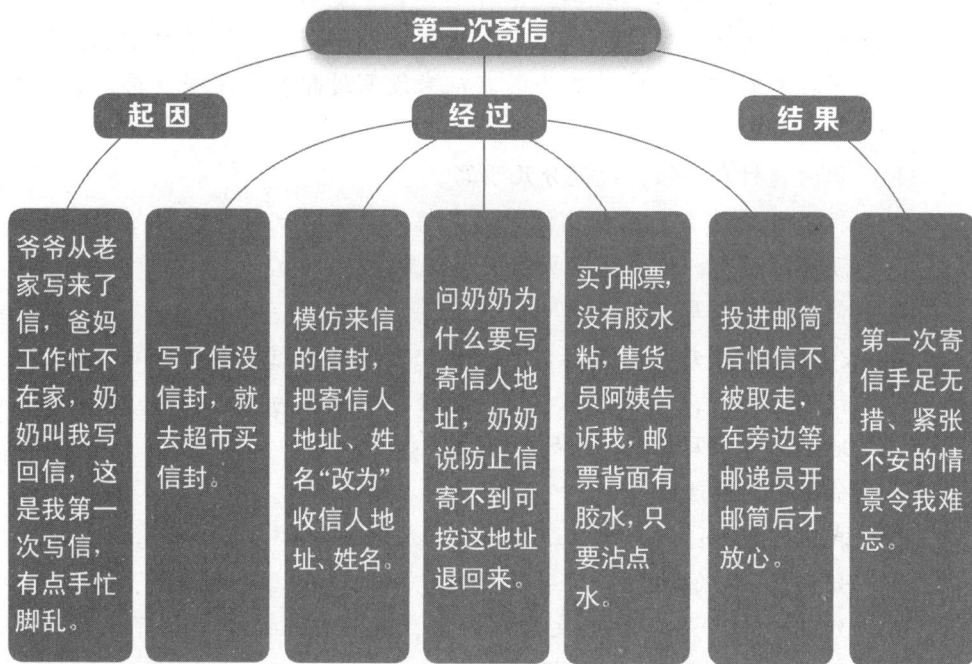

```
                        ┌──────────────┐
                        │   第一次寄信   │
                        └──────────────┘
          ┌──────────────┬──────────────┬──────────────┐
      ┌───────┐       ┌───────┐      ┌───────┐
      │ 起 因  │       │ 经 过  │      │ 结 果  │
      └───────┘       └───────┘      └───────┘
```

爷爷从老家写来了信，爸妈工作忙不在家，奶奶叫我写回信，这是我第一次写信，有点手忙脚乱。	写了信没信封，就去超市买信封。	模仿来信的信封，把寄信人地址、姓名"改为"收信人地址、姓名。	问奶奶为什么要写寄信人地址，奶奶说防止信寄不到可按这地址退回来。	买了邮票，没有胶水粘，售货员阿姨告诉我，邮票背面有胶水，只要沾点水。	投进邮筒后怕信不被取走，在旁边等邮递员开邮筒后才放心。	第一次寄信手足无措、紧张不安的情景令我难忘。

附：例文

我第一次当领操员

向阳育才学校　三年级　吴伟

一个星期三的早上，老师叫我当领操员，当得好继续当，当不好换人。我听了心里暗自好笑："我怎么会当不好呢！"

第二天早上，开始做操了，我站在领操台上，只见台下有几百名学生和老师，我心里慌极了。

音乐开始了，我还愣在那儿。老师说："开始了！"我不知道怎么做操了。老师又说；"开始了！"我还是不知道怎么做。老师着急地说："广播操开始了！"我这才做起来。谁知同学们都哄堂大笑起来，原来我做的不是广播操，而是健美操！老师也说："唉！你真粗心"我没办法，只好跟着音乐做起来！

第二天早上，老师说："肯定要换人了，你太差劲！"

我想："唉，都怪我粗心马虎，否则这领操员非我莫属！"看着新领操员在台上领操，我羞愧极了！

我第一次当领操员的狼狈情景令我难忘！

示例三：写活动记叙文

文题：一次参观活动

一、训练目的

1. 运用空间（地点）转换方法，把一次参观活动写得有条理；

2. 学会集中写一次参观活动的所见、所闻与所感，表现文章的主题。

二、训练前准备

如有条件，利用一次小队活动交流自己一次参观活动的所见、所闻与所感，作好材料上的准备。

三、训练过程

1. 理解题意

写游览与写参观在内容上还是有所区别的。写游览主要写室外的自然景色和人文景观（当然，在游览名胜古迹时，也可适当写些游览地的博物馆、展览会及寺庙等），而写参观活动则主要写具有鲜明主题、人为设计的陈列物，包括实物、照片、模型、图片、表式、文字资料。大多数陈列于室内，少数陈列于公园或名胜古迹外，如自然博物馆、历史博物馆、水族馆、科技馆、昆虫馆，还有反毒、恐龙等展览馆、展览会，以及工厂、新农产品实验基地。

2. 指导写法

（1）参观活动与游览活动一样，可按活动前、活动经过、活动后的结构写。也可用总述、分述、总结的总分总结构写，把所见、所闻与所感写清楚。

第一部分活动前，要交代时间、地点、人物和心情。如"上个星期天，爸爸带我去上海科技馆参观，这是我盼望已久的愿望，心里十分高兴。"注意，开头一定要写"去参观"，不要写"到××去玩"。

另外，写每个参观点，大的房间称"展厅"，小的房间称"展室"。假如不是房间，分不清区域的，就写"展区"，如"来到××展区"或"来到第一展区"。当然，参观点本来有名称的，就写其名称，如"来到蝴蝶馆""登上楼梯进入陶瓷陈厅室"，不要写"来到一个地方""进入一个房间"。

　　（2）要写具体参观经过。像游览活动一样，按空间地点转移的方式来写：如"一进展览馆，我们先参观了蝴蝶馆""从蝴蝶馆出来，登上楼梯又来到瓢虫馆"。要选择自己参观感受最深的三到四个参观点（展室或展厅或展区），来表现自己的所见、所闻、所感。因为参观的内容、性质不同，所以写时要紧紧围绕一个中心来展开。

　　按我们一般接触的参观内容、性质，大致可分为四类：

　　第一类，教育性。如参观上海龙华烈士纪念馆，围绕学习革命烈士的献身精神，受到的革命传统教育来写，写纪念碑、烈士事迹展示厅、囚室、烈士墓等参观点。可以通过写具体几件物品，或几位烈士墓等的所见所闻（事迹），来表达自己的所感（受到的教育）。又如写参观宋庆龄纪念馆、鲁迅纪念馆，也要围绕学习革命前辈的革命精神来写三四个参观点的见闻和感受。又如参观反毒展览会，通过展示几组因吸毒而危害家庭、社会及自己一生的事例，如实物、照片、文字介绍，来写出受到的教育。如参观交通法规展览会，要写具体三四组图片、实物或资料，写出珍惜生命遵守交通法规的教育价值。

　　第二类，知识性。这是青少年参观内容最广泛的一类。通过参观，集中写获得的知识。少年儿童处于知识萌发的阶段，求知欲望强，不少参观场所和新奇的知识吸引了少年儿童。这类参观活动也最容易写具体。如海洋生物博物馆的水族馆等，都要通过写对三四个展区中数件海洋生物的实物观察和生物习性的了解，学习到不少海洋生物知识。如海龟体形庞大，鲨鱼凶残，企鹅活泼，水母透明体的奇妙，海马爸爸带宝宝的奇特；参观昆虫馆，可分别写具体蝴蝶馆、蚂蚁馆、蜜蜂馆，还有瓢虫馆中的所见所闻，写出各类昆虫奇奇怪怪的特点和习性，以此来认识昆虫世界的丰富多彩。参观恐龙馆，可分别写具体几类恐龙的化石、模型、图片等，来展示不同恐龙的生活习性，写出恐龙世界的奇妙有趣。参观科技馆则通过几个科普展室（展物）和设施的演示，了解到不少科普知识。参观农业科技基地可分别写无根栽培、无土蔬菜、绿色植物、新型水果等农业改良方面的知识和成果。

　　第三类，艺术性。如花展、灯展、插花展、剪纸展等都是展示有一定特色的艺术。如各式菊花组成的造型，各式名贵君子兰花的姿态、生活习性、价值。又如灯展，可写各式各样灯的形态：灯造型的精巧、灯的电动演示的千姿百态。如百花灯的争奇斗艳，荷花仙子灯的变幻奇妙；也可写各种组灯的相关情节，如三打白骨精灯、八仙过海灯的背后的神话传说故事。这一类参观较难写，但如果观察细致，感受深切，也能写得栩栩如生。

第四类，技能性。这类展示的物品接近我们少年儿童的生活，如少年宫学校大队部，社区居委举办的书法展览会、画画展览会、手工劳动作品展览、叶贴艺术展览、航模（船模、车模）展览会、剪纸艺术展览、雕刻作品展。这些展览展出的都是同学们自己的作品，容易写具体。喜欢画画的，选写画展；喜欢航模的，选写航模展。把自己最熟悉的几件作品的内容、结构、特点、作者等相关内容写具体。如写画展，可写低年级展室里的一幅大肥猪画，介绍作者如何学习画动物；写中年级学生的作品，介绍这幅画受到的赞誉；也可写高年级学生画的一幅畅想画，把这幅画作的内容、技法、色彩都写具体。

（3）我们选择了一类参观内容后，就按其性质，集中写增长了哪些知识，欣赏到什么艺术，学到了什么技能。这样的参观活动，既有内容，又集中表达了主题。

四、构思提纲

活动前：时间、地点、人物、心情。

活动经过：按空间（地点）转换的方法，写三到四个参观点（展厅、展室、展区）。每个参观点一小节，每个参观点写一样参观物。写出对每样参观物的所见、所闻与所感，写出受到什么教育，增长了什么知识，欣赏到什么艺术，学到什么技能。

活动后：这次参观活动后我的收获很大。

（收获可以写：我受到了一次革命传统教育，我认识了许多海洋生物知识，我欣赏了灯的艺术，我学到了许多手工劳动的技能。）

按上述课堂教学设计，下面提供一段"讨论话题，理清思路"的师生对话。（参看外教社出版的《特级教师的30堂作文训练课（基础篇）》中写活动记叙文的《一次参观活动》。）

大家按上述指导对一次熟悉的参观活动进行交流。

A. 参观昆虫馆。

师：谁先来说说自己的思路？

生：我说，我要写《参观昆虫馆》。

师：你准备写几个参观点？

生：三个，蝴蝶展馆、蜘蛛展馆、两栖类动物展馆。

师：每个展馆各写哪些展品？

生：蝴蝶展馆里的蝴蝶色彩斑斓，千姿百态，仿佛走进了蝴蝶王国。我重点先写蛇头蝶，它们全身淡蓝色，双翅尾部有一个蛇头的花案。它双翅展平，竟有一个脸盆那么大。再写黄裙凤蝶，翅膀金黄，阳光下绚丽夺目，据说它被誉为"蝶中皇后"。

师：蜘蛛展馆写哪些展品？

生：先写红色的一类"红怪夫"，它们是肢体结构的冷血动物。它织出的网又细又密，又有毒性，能粘住一些较大的昆虫，看了觉得好恐怖呢。接着写巨大无比的食鸟蛛。最大的食鸟蛛八脚张开时比一个成人的手还大，专门捕捉小鸟和大昆虫。它的网十分有韧性，不易破坏。

师：蜘蛛展馆内容也有特色，两栖类动物展馆写什么？

生：先写变色龙：在枯叶中变成褐色，在竹林里变成绿色。迷彩服就从变色龙受启发制造的。再写蜥蜴，皮肤粗糙，常半闭眼睛趴在树上一动不动。

师：参观昆虫馆的内容很丰富，思路导图如下：

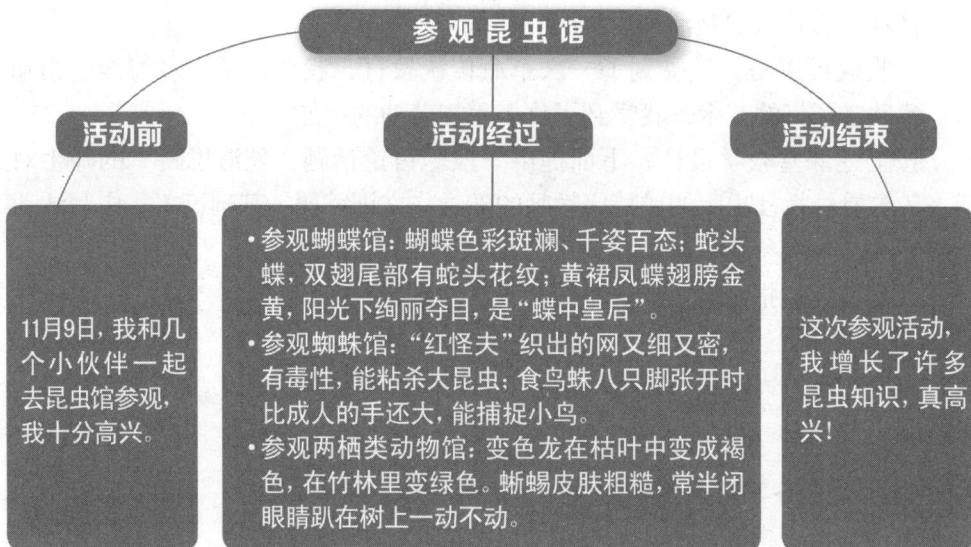

参观昆虫馆

活动前

11月9日，我和几个小伙伴一起去昆虫馆参观，我十分高兴。

活动经过

- 参观蝴蝶馆：蝴蝶色彩斑斓、千姿百态；蛇头蝶，双翅尾部有蛇头花纹；黄裙凤蝶翅膀金黄，阳光下绚丽夺目，是"蝶中皇后"。
- 参观蜘蛛馆："红怪夫"织出的网又细又密，有毒性，能粘住大昆虫；食鸟蛛八只脚张开时比成人的手还大，能捕捉小鸟。
- 参观两栖类动物馆：变色龙在枯叶中变成褐色，在竹林里变绿色。蜥蜴皮肤粗糙，常半闭眼睛趴在树上一动不动。

活动结束

这次参观活动，我增长了许多昆虫知识，真高兴！

B. 参观"展望21世纪"邮票画展

师：还有谁交流一下自己的思路?

生：我写"展望21世纪"邮票画展。这是邮政大厦里举办的，我们学校不少小朋友的画作被选入展出。

师：具体写哪些展品?

生：我先写实验小学二（3）班张影画的《奔向21世纪》。

师：画的什么内容?

生：主题"奔向21世纪"五个醒目大字在上面，两旁的五彩气球飞满天；画正中，两个男孩和两个女孩，手拉着手，迈开双腿向宇宙奔去；右上角写着"中国邮政50分"。我惊叹二年级学生能画出这么好的作品，不容易。

师：再写哪一幅?

生：有一幅名叫《未来的宇宙世界》，是我的好朋友沈蕊画的。整幅画的背景是一片星空，星空上有六座城堡，每座城堡的窗口伸出一座天桥，通向另一个城堡窗口……城堡有红、绿、黑、白、蓝、黄六种颜色，一幢连着另一幢。真富有想像力!

师：这些儿童画真的很有创意，你还写哪一幅?

生：我画的《二十一世纪的我》，也入选展出了。

师：画面上有什么内容?

生：画正中是我的漫画肖像，从中间射向五个方向，是我未来的五个心愿。我想像未来我可能当一名受学生欢迎的教师；可能当一名奔向火星的宇航员；可能当一名农业科学家，创造最有营养的粮食、蔬菜、水果；可能当一名治癌专家，攻克了癌症难题；可能成为世界跳水冠军，我现在就在跳水上取得成绩了。

师：你的想像画内容这么丰富，真不错，思路导图如下:

```
                参观"展望21世纪"
                    邮票画展
        ┌───────────────┼───────────────┐
    ┌──────┐       ┌──────┐         ┌──────┐
    │ 活动前 │       │ 活动经过 │       │ 活动结束 │
    └──────┘       └──────┘         └──────┘
```

活动前	活动经过	活动结束
星期天上午，我和几位同学去邮政大厦参观"展望未来"邮票画展，我很高兴，因为我也有一幅画入选展出。	·二（3）班张影画的《奔向未来》：主题"奔向未来"四个大字两旁五彩气球飞满天，两个小男孩和两个小女孩手拉手，迈开双腿向宇宙奔去，右上角写着"中国邮政50分"。 ·我好朋友沈蕊画的《未来的宇宙世界》：背景一片星空中有六座城堡，每幢城堡窗口伸出一座天桥，通向另一座城堡…… ·《未来的我》，我的自画像周围伸射五个理想：好教师、宇航员、农业科学家、治癌专家、跳水运动员。	这次参观活动，让我看到了同学们的好画作，也鼓励我不断进取，成为未来的主人！

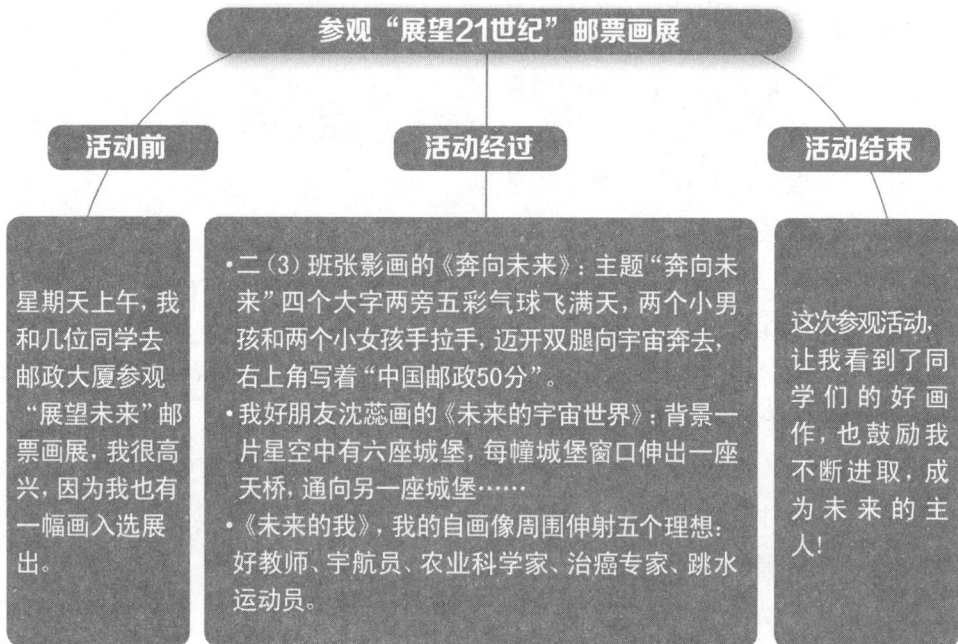

C. 参观恐龙博物馆

师：还有谁再交流一下自己的思路？

生：我准备写刚参观过的恐龙博物馆。

师：你具体写哪几个展室？

生：四个展厅：霸王龙展厅、原角龙展厅、翼龙展厅和偷蛋龙展厅。

师：先写霸王龙什么知识？

生：我走进展厅，一条霸王龙呈现眼前，让我吓了一跳，后来发现它一动不动，才想到这是模型，现在哪有活的恐龙啊！看了介绍，知道霸王龙是食肉恐龙中最凶猛的，它的模型也很恐怖。

师：原角龙展厅里你写什么？

生：原角龙有许多角，但与三角龙、五角龙没有关系。我原以为它是食肉恐龙，没想到介绍上说它是食草恐龙；我想不通，它要这么多角干什

么？妈妈告诉我原角龙的角不是进攻的武器，而是保护自己不受攻击的自卫武器。

师：翼龙展厅写什么？

生：翼龙宝宝在妈妈的保护下，试学飞行，翼龙妈妈不放心宝宝，总陪伴在它们身边。翼龙不吃别的，只吃小鱼，都是妈妈给宝宝捉好鱼。

师：偷蛋龙有什么特点？

生：我一看名字，觉得它不是好东西，总偷其他恐龙的蛋。偷蛋龙外形很古怪，头顶上有一个冠，像双冠龙。它的腿特长，大概偷了蛋要快快溜掉吧！

师：你这四种恐龙写进作文，恐龙知识也很丰富了，思路导图如下：

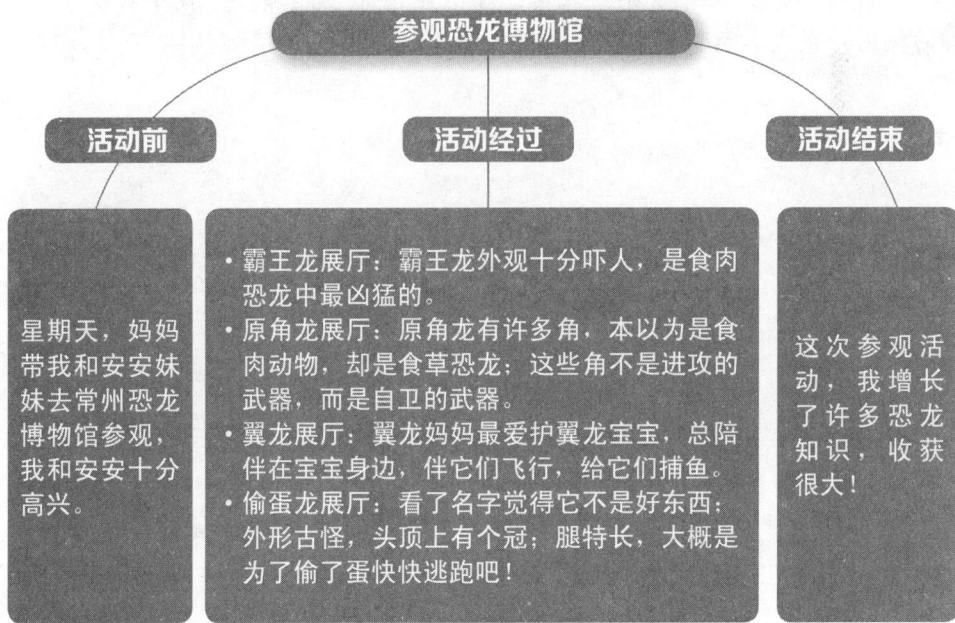

参观恐龙博物馆

活动前

星期天，妈妈带我和安安妹妹去常州恐龙博物馆参观，我和安安十分高兴。

活动经过

- 霸王龙展厅：霸王龙外观十分吓人，是食肉恐龙中最凶猛的。
- 原角龙展厅：原角龙有许多角，本以为是食肉动物，却是食草恐龙；这些角不是进攻的武器，而是自卫的武器。
- 翼龙展厅：翼龙妈妈最爱护翼龙宝宝，总陪伴在宝宝身边，伴它们飞行，给它们捕鱼。
- 偷蛋龙展厅：看了名字觉得它不是好东西；外形古怪，头顶上有个冠；腿特长，大概是为了偷了蛋快快逃跑吧！

活动结束

这次参观活动，我增长了许多恐龙知识，收获很大！

元宵灯展

上海小学 三（4）班 牛悦旻

今年我和爸爸妈妈一起去参观元宵灯会。

夜幕降临了，但城隍庙却显得分外明亮，因为有成千上万盏彩灯挂在那里；有成千上万名游人穿梭在那里。我们来到九曲桥，湖中的荷花灯争奇斗艳，有红的，粉色的，白里透红的……各种各样，造型奇特！哟，这是什么？啊，一只乌龟灯，多可爱，它的头时而伸出，时而缩进去，像真的一样！前面不是"寿星老人"吗，笑哈哈的，有人还递个仙桃送给他呢！

来到展室，漆黑一片，我急着问爸爸："是不是走错路了？""瞧！"爸爸边说边指着前面："拿着灯，走过黑洞就行了！"我忐忑不安地走了过去，没想到走到尽头，灯火通明，彩灯挂在假树上，格外美丽，真是人间仙境！鸟儿五彩缤纷，草儿绿莹莹的，难道这些都是灯吗？我简直无法相信自己的眼睛。

来到龙灯区域，眼前一亮，一条巨龙全身金黄色，又带着一片亮光，那亮光像夏日的阳光一般刺眼，使我的眼睛都无法睁开，那条巨龙像真的一样，仿佛突然间有了生命似的！

元宵灯展让我大开眼界：我看到了数不清的各式彩灯；我了解了制作彩灯的技艺；我更感受到中华文化的博大精深。

第六章

小学作文教学的相关专题

第一节 作文的个别教学

一、对作文个别教学的认识

个别教学，古已有之。学生的知识基础、年龄不同，老师分别对不同的学生，进行内容与方法不同的教授、指导，其效果十分理想。随着经济的发展，文化科学技术的进步，需要扩大教育规模，增加教育内容。

个别教学，是相对于班级组织形式的课堂教学而言的，它有较大的自由度。个别教学最大的优点，是可以根据学生知识与能力基础等实际情况，避开集体教学中顾此失彼的缺点，采用适合学生接受能力的不同的教学内容和教学方法，获得较好的教学效果。提出个别教学，并不意味着忽视班级教学，两者之间应该相互补充，相辅相成，以产生最佳效应。美国佛蒙特大学教授福斯特说过："个别教学和班级教学不是根本对立的，两种形式可以在相同的生活中协调地运动。"作文的个别教学，可以作为班级集体教学的辅助手段，与根据教学要求、教材安排进行的班级课堂教学，在教学目标上是一致的。

二、作文个别教学的意义

作文教学中发挥个别教学的优势，与其他学科相比，有更重大的意义。

（一）作文教学有其个性制约因素。我们在第三章里曾谈及，小学生学写作文，与学习其他学科知识所遇到的制约因素明显不同。一般学科的制约因素主要是基础知识、智力因素和非智力因素。作文，除此外，还有生活经历、认知水平和情感倾向。学生写作文，首先要从客观世界获得生活素材，即生活经历（直接的和间接的），还要有所认识，才产生需要表达的情感，然后运用语言表达，取得好的效果。或者把生活经历储存于大脑，形成内部语言，成为积累，以后写作需要时，通过回忆加以提取。因而，生活面越宽广，实践活动越多，积累也越丰富，表达欲望越强。不过，任何班级的学生，其生活经历、兴趣爱好、个性特长、认识能力都是不尽相同的。因此，面对各类作文题，每个学生选取材料是有优劣之分的。往往会有这种现象：基础较好的学生在某个练习作文题时，因为受到生活经历的制约而写不好；反之，老师眼中的"差生"，倒会写出令人拍案叫绝的作文来（或具有新意的素材），因为他有这方面的优势。

（二）个别教学可以因人而异。作文教学的个别教学，就是指教师要善于发现和充分利用学生的生活优势，抓住一切可以诱发他们表达欲望的时机，因人而异，及时地对他们（一人或几人）实施个别教学，使其写出好作文。这些好作文，可能出自基础好的学生，可能出自基础差的学生。这种指导，基于学生的个体表达能力，摆脱了课堂集体指导同步性模式，其效果必然理想。学生写出了一篇好作文，就会极大地提高其学作文的信心与兴趣。同时，他们会感到写作文是自己需要表达和能够表达的东西，而不是搜肠刮肚，胡乱拼凑，从而改变"要我写的写不出，我能写的没机会写"的现象。

三、作文个别教学的手段

（一）发挥学生生活的个性优势

作文个别教学，主要是为了充分发挥学生生活的个性优势。这在阐述作文个别教学的意义里已谈得十分清楚。如何发挥学生生活优势，在"提高学生认识事物能力"中曾阐述到，归纳起来，主要是下列几点：

1. 细心观察，深入了解学生生活。教师在与学生接触中，要了解学生的学校生活、家庭生活和社会生活中富有新意的内容——即使一鳞半爪，也要抓住不放，启发、点拨学生，深化他们对生活的认识，扩大新意点，写出富有儿童情趣、表现生活个性的作文。

2. 指导学生写生活日记。写生活日记，作用在于了解学生的生活感受。对生活日记的长短和技巧不作要求，提倡三言两语地写下生活中所见所闻所感。可隔天记，可一周记两次。教师在批阅这些日记时，要去发现其中反映生活的有新意之处，然后指导学生写出成功的作文。

3. 指导学生持续地定向观察。这是作文个别教学颇有成效的方法之一。

教师要求学生选定一项周围常接触的事物作为定向观察目标，或动植物，或景物，或人物，坚持观察一个学期或一个月。每天在固定或不固定时间里观察几分钟，记下每次观察时新的发现（事物的情景、动态、变化），有就记，没有就不记。这样训练，可以提高学生认识事物的广度和深度，获得富有事物特点的典型材料。因为这些材料，是学生在一个时期内定向观察中选择的内容，必然是有个性特色的内容——即使一段时间内只记上一两点，把这两点写入作文中，也是较有新意的。

教师对学生在定向观察训练中获得的具有个性特色的内容，分别予以适当指导，均能使学生写出较好的作文。如果有条件，这种训练用于课堂集体指导也是可行的。

4. 引导学生持续实践，获得深切感受。这和定向观察具有同样的作用，也是作文个别教学的一种形式。教师要求学生坚持从事某项力所能及的实践劳动、公益劳动和自我服务劳动，或农业、饲养、手工艺劳动等。这种训练以个体活动为主，也可采用数人一组形式。教师要多加鼓励学生，指导学生体察实践中的感受，如获得成功的喜悦，受到他人赞扬的欢乐，遇到困难、挫折时的懊丧，受到责难、误解甚至讽刺打击的愤慨。引导学生善于把这一切所感记录下来。同样地，在这种训练下产生的作文也具有个性特点。教师可视学生实践情况不同，适时地对学生进行个别指导。同样，也可结合班级集体教学，指导这种训练。

（二）组织写作兴趣小·组

参加写作兴趣小组的，是作文基础较好的学生。作文指导课显然不能满足其能力充分发展的需要，为此，就应鼓励他们在掌握每次作文训练指导的习作结构的基础上，进行巧妙的构思。同时，写作兴趣小组人员应受到教师更多的指导，得到更多的锻炼机会。这样，他们的能力将得到一个飞跃式的发展。

写作兴趣小组人员如何得到更多的锻炼机会？首先要更多地引导和组织他们参与生活，积累写作素材：组织较多的观察（包括长期定向观察）和实践（包括持续实践劳动）活动，如寒假里慰问军属、教师的活动，"卖报童"活动，暑假组织流动图书站活动——把图书送到乡村，送到里弄，提供学生暑假阅读。让他们获得更多的写作素材，从而有欲望多写作文。

其次，在多写的基础上，要养成这些学生充实作文的习惯。一有写作材料，就要主动写日记或作文。教师可适当规定写作兴趣小组人员多写日记或作文的数量，逐步过渡到不作规定，学生能主动写作文，从而培养这些学生敏锐地发现写作素材，和积极地动笔写好作文的习惯与能力。

第三，教师对写作兴趣小组学生的作文，要及时评析，作出反馈，并引导学生根据教师意见，自己发现毛病修改作文，力争修改得较为理想，达到优秀作文的水平。教师对这些作文，要积极推荐，争取在报刊上发表，力争在各类竞赛和征文中获奖，以此来鼓励学生，提高他们的作文兴趣——不仅对其本人有帮助，而且影响全班学生。

整个写作兴趣小组活动的指导，不管是个人或小组集体的指导，与班级集体指导相比，是属于个别指导范围。

（三）坚持"先行指导"

"先行指导"是教师在进行某次作文训练之前，先行指导1~2名学生，要他们按训练要求写好作文，作为课堂作文指导的范例文。这种作文是教师面对面个别指导写成的，是运用个别指导手段来提高集体教学效果的一种方法。

先行指导作文的对象，不是固定几个学生，而是根据每次作文训练的需要和学生掌握写作材料的优势轮流选定。一个学年进行二三十次作文训练，就有可能使全班学生都得到教师的个别指导。个别指导具有班级集体教学不可相比拟的优势。因而，坚持运用先行指导教学法，促使教师对全班学生都进行个别指导，将会对班级学生作文能力的提高起到很大作用。

要是先行指导对象相对地集中于班上基础较差的学生身上，那么，对基础较差学生能力的转化更有意义。我们搞过一个实验班，用这种方法，既提高了差生学习作文的信心和兴趣，也提高了他们的作文能力。一位班上作文能力较差的学生，在开学后第一次作文训练时，语文教师对其进行了个别帮助，因为他对老师的辛劳、关心学生有亲身体会，写好了先行指导文。他的作文能够成为第一次作文训练的范例文，他高兴了一个多星期。从此，他提高了学习作文的兴趣，一个学期后作文能力提高十分显著。另一位基础较差学生被选定为"先行指导"对象后，写成的作文，因为不如前面一位学生的作文好，没有在训练时作为范例文，心里十分难过，在日记里流露了这种想法。教师随即在下一次作文训练时，又选择其作为"先行指导"对象，并三次面对面个别指导，使其写成了较为理想的"先行文"，从而提高了他的作文兴趣与信心，为他加速提高作文能力打下了基础。

（四）重视修改上的指导

个别教学不仅在作前准备指导和作文指导上有着其不可忽视的作用，而且在作后评改指导上，更能发挥优势，对提高学生的作文能力和兴趣，有着重要意义。

学生作文的毛病，应由学生自己来认识来修改，才能形成作文能力；我们不仅要教会学生写作文，而且要教会学生自己修改作文。所以修改作文不仅要通过班级集体教学手段进行，也应加强个别教学手段，以取得更为理想的效果。

一篇好作文的标准有两条：一条是内容有新意，有儿童情趣；一条是构思巧妙，语言生动。有些学生的生活经历，是作文的好材料，但因对事物认识肤浅，或写作技巧不佳，写出来的作文始终不够理想。对这类作文，不管是基础较好的学生还是较差的学生，教师要通过个别指导，帮助其修改好作文。这个过程及效果，学生肯定能从中受益，不但能学会写好这篇作文，而且提高学习作文的兴趣，要是再被推荐发表，作用更大。

四、作文个别教学与教师素质

任何教学的成功，与教师的素质密切相关。作文教学的成功，也不例外；这里的教师素质，主要指教师自身的知识与能力。

教师中有一句口头禅："要给学生一杯水，教师得有一桶水。"这个道理大家都懂。那么，要学生会写作文，教师自己先得会写作文；要学生写出好作文，教师自己先得能写好作文。这个道理也很简单。叶圣陶曾号召语文教师写"下水文"，目的是要教师自己具有写作能力。叶圣陶指出："语文教师必须善学、善写，有一个读书、写东西的习惯。""教师要指导写作，不要空讲些作法，一定要有写作的切实经验，才能随机应变，给学生真正有益的帮助。"学生写不好作文，"往往与教写作的教师本身不喜欢写作，拙于写作，甚至害怕写作有关。教师自己缺乏写作实践，文思钝，笔头重，办法少……教者'昏昏'，学者岂能'昭昭'？"

班级集体教学与作文个别教学对教师素质的要求，应该说是两个层次，简单地说，是"会写作文与会教会写作文"和"能写好作文与能教会写出好作文"的两个层次。

班级集体教学着眼点在于教会学生写作文，前面我们已阐述课堂集体教学着眼点应照顾班级大多数学生。这种指导对教师的素质要求起点是：懂得学生作文的认识规律和写作规律，掌握状物性、记叙文和写人记叙文的基本结构，认真组织好每次作文指导和评课指导课的教学设计，以切实培养学生能写简单记叙文的能力。

从事作文个别教学的教师的素质，应在上述要求的基础上提高一个层次，要在指导学生"会写"的基础上能"写好"作文。

一般来说，一些不善写文章的语文教师，即使是教学经验丰富的中老年教师，所教的学生作文基本功虽扎实，但往往没有好作文，更难有获奖作文和发表的作文。而喜欢"舞文弄墨"，有一定写作能力的青年语文教师的班级，基础较好的学生获奖作文和发表作文较多。凡是好作文，多数是经过教师的个别指导而写成的。由此可见，教师的作文教学素质，与能否有能力和有兴趣进行作文个别教学有密切关系。自身不能写好作文的语文教师，不仅没有能力指导学生写出好作文，而且根本不会有兴趣去对学生进行个别教学。

语文教师应具备哪几个作文个别教学的素质呢？

（一）写作能力

写作能力包括两个方面：一是教师要会写自己的所见所闻、教学心得以及文艺作品（诗歌、童话等）。成人与儿童的写作思维活动有共性。教师多写，并有文章发表，其写作的知识与能力，会显现在指导学生作文上。另外，教师能写一手好文章，在学生中就会树立威望，会影响和激励学生作文的兴趣。当然，这种能力的形成，要有一个过程，但作为一个语文教师，要将其作为一个目标去努力达到。

另一个是教师要会写学生作文，即叶圣陶指出的"下水文"。教师对每次训练的作文，在指导前自己按要求先写好一篇。本书前面曾提出，在作文指导时运用先行指导教学法，指导学生在训练前，按要求写好一到两篇"先行文"，也可代替教师"下水文"。

这两种能力构成的教师写作能力，是教师进行作文教学——尤其是个别指导的重要素养。作为语文教师，必须具备这个能力，要通过不断实践来完善这个能力。

（二）发现能力

发现能力包括发现作文材料、发现好作文、发现学生作文毛病的能力。当前，不少语文教师在指导学生作文时，只能抽象地指导学生选取什么样的材料，但教师自己也难以做到，这又如何能有效地启发学生呢？发现材料的能力，要求教师有这两方面的敏锐度：一是能按作文训练要求，深入儿童生活的实际中，发现可能有哪些材料写入作文。那么，你在启发学生选取材料时，就有针对性了。这种发现材料的能力也包括，有能力采用一定的教学形式与手段，去引导学生获得训练需要的材料。二是能敏锐地发现日常生活中富有情趣和积极意义的内容，主动地启发学生把这些内容写进作文（日记）。

发现好作文的能力，指在批阅学生作文（日记）时，能发现好作文。所谓好作文，指在作文内容、结构、语言上都是较好的。尤其是内容，富有儿童情趣、视角新颖、思路开阔、具有个性，或具有社会现实意义，时代气息浓郁。我们应该认识到，小学生毕竟年龄小，认识能力和知识水平有限，不可能一下子写出完美的作文。只要在某一点上有特色，就可在此基础上帮助其完善。但是，发现这点也是需要能力的，这也要在实践过程中获得和完善。

发现好作文的能力，包括能评出作文好在何处，写出中肯的评析意见。教师在推荐优秀作文时，写上一段评析文字，把作文的特点分析得清楚到位，这也是一种能力，需要在实践中锻炼。

发现学生作文毛病的能力，似乎是不成问题的，哪个语文教师连学生的作文好坏都分不清？但能真正找出一篇不理想作文的主要毛病在哪里，并且用最简便的方法，指导学生改成一篇符合要求的作文。这种能力，同样要在修改和指导修改的实践活动中，才能形成与提高。

第二节 低年级起步说写训练

小学低年级的教学应以识字为主，为以后的作文写作打基础。按布鲁纳的"螺旋形课程"理论，提倡低年级进行识字辨词和写句学习，并且在语言环境中进行，以符合儿童对事物整体认识的规律。

小学阶段提前从低年级起步进行说写训练，这项研究是近几年小学语文教学中一个引人注目的课题。黑龙江省的"注音识字，提前读写"实验的成功，冲破了低年级不能进行作文训练的传统禁区；湖南省箭坪道小学的"童话引路"的成果，又为低年级发展儿童想像思维训练提供了宝贵经验；陕西省汉阴县查振坤同志的辅助教材，提前从一年级训练起步说写的成功经验，更对一般小学具有借鉴学习的普遍意义。

纵观全国各地低年级起步训练成功的经验，和我们数年来对实验实践资料积累分析，发现进行低年级起步说写训练，必须认真认识和研究如下几个问题。

一、儿童语言和思维训练的需要

钟启泉在《现代教学论发展》中指出：一个少年以17岁的智能为100％的基数，那么，从出生到4岁的智能发展为50％，4岁列8岁智能发展为30％，8岁到17岁智能发展为20％。依此理论，8岁儿童智能发展总和为80％。可见，这个年龄段的智能培养的重要性。几乎所有的中外教育家和心理学家都确认：4—8岁是儿童智力、创造力和语言发展的最佳时期。这一时期的学龄儿童的思维十分活跃，正从形象思维向抽象思维迅速过渡（诚然，这里的抽象思维仍带有很大的具体形象性）。那么，教育工作者应当不失时机地设法加速这一过渡。传统的语文教学，入学后的一、二年级以识字教学为重点，从三年级起才开始起步作文，这恰恰错过了人生智力发展的最佳期。提出低年级起步作文，就是要改变当前低年级语文教学方法上仅限于反复抄写、背默字词，或零星、片断的说话训练，而要趁着智力发展的最佳期，抓紧进行语言和思维、阅读和写作的训练，正如上海师大吴立岗教授提出的，低年级作文教学要"变句子训练为篇章训练"，"变写话训练为写文训练"等观点和思路。其主要意思是，在保证字词基本功扎实的基础上，及早开发学生智力，发展学生思维能力和说话、作文能力，为中、高年级作文综合能力的培养打下坚实基础。

美国教育家布鲁纳的"螺旋形课程"理论，与上述的论述是统一的。其中提出："无论何种题材，可以一举地学会的事例几乎是罕见的""掌握知识结构，就得对同一题材每次都以新的观点反复地展开学习。"将此理论引入作文教学结构中，则可以在低年级进行"知识的初步接触"。然后，随着年级增高，知识范围不断加深和拓宽，发展学生的作文能力。这就应该在低年级夯实字词教学的同时，适时进行篇的知识结构和能力渗透的训练。

二、教学实践上要依附教材，依附生活

所谓从低年级起步进行说写训练，并不是另搞一套起步训练的序列和教学内容，而是紧紧依附教材和依附生活，在字词句训练的教学基础上，充分发挥教材优势，紧密结合学生生活，适时地进行适量的说写训练；改变当前小学低年级语文教学孤立地进行字、词教学的方式，把对字词的理解和巩固，置于以句子为基本形式的语言环境中进行；把单纯的句子教学，改变为在篇章结构

中理解和构词造句的教学；把简单的写话的训练，改变为篇章写作训练。

"依附教材"有两层意思，第一层是：以教材为内容，进行适当的延伸、加工和创造，保证说写起步训练与正常的语文教学同步进行。如对教材上学生十分熟悉的字词，进行扩展的说写训练；对插图，进行理解、扩展图意的说写训练；对句子，进行扩展说写训练；对课文，进行仿照和延续内容说写训练。这些先说后写的训练，都以教材原文为基础，适当进行延伸和扩展。这样，一方面可以通过说写训练，来巩固字、词、句的理解，促使转化为运用的能力；另一方面，因为有了教材作骨架和依托，有生活经历和认识（采用一定的教学手段，引导深化有关生活的理解和认识）作为基础和条件，训练起来难度就不大。再一方面，及早地对某些虽十分简单但结构完整的课文，进行篇章结构知识的渗透。如第3册《小壁虎借尾巴》的写事记叙文结构，起因（发生）是小壁虎掉了尾巴；经过（发展）是小壁虎到处借尾巴；结果是尾巴又长出来了。《庄实的孩子》这篇记人记叙文的结构，先总叙人物的品质特点，再举例写具体人物特点。在此基础上，进一步引导学生学习某些课文中，作者观察事物、分析事物以及用词造句、布局谋篇的方法。这些知识教学，只是渗透教学，不要求学生掌握，用布鲁纳的理论说是"进行知识的初步接触"。

"依附生活"的意思是，凡进行说写的内容，必须是能唤起学生具体的形象思维，即学生生活中十分熟悉，而且普遍感兴趣的内容。如第3册《一双手》，教师结合班队活动，引导学生在家里、学校里进行力所能及的劳动实践。然后，在教好课文"我有一双勤劳的手，样样事情都能做"的基础上，延伸说、写自己用一双手在家里的劳动。如"我有一双勤劳的手，样样事情都能做。星期天，我跟妈妈去田里排大蒜籽。我把大蒜籽排得整整齐齐。妈妈称赞我是个好孩子。"这三句话，是"总叙——举例说明"结构，有时间、地点、人物、事情经过的记叙文要素。在每个学生说完整自己的劳动捡青菜、折被子、扫院子、做值日、洗手帕的基础上，把它写下来，就是依附教材、依附生活的说写训练。

"依附生活"还指学生参加了一项有趣的游戏，见到了一个新奇的情景，经历了一次令人感动的场面，这就要不失时机地引导学生，按篇章结构"开文成篇"进行说话和写文练习。

三、实际操作上要顺应儿童心理，控制适度

顺应儿童心理指任何形式的起步说写训练，都要在儿童有兴趣的基础上进行，这就要教材内容本身有情趣。如低年级教材中，有不少动物的词语和动物情态的彩图，以及描写动物故事情节的童话课文。这些内容，学生都是十分喜爱的。如果以此为依托，进行说写的扩展，就能迎合儿童心理。另一个指教师教学方法所产生的艺术效果，声情并茂，设计巧妙，使学生进入角色，产生悬念，从而激起兴趣，投入说写实践。如课文《种鱼》《我要的是葫芦》，教学时，在学生理解课文的基础上，引导学生想像小猫在种鱼、种葫芦的人、种葫芦，必定会成功，续写的情节就不难丰富了。

低年级儿童最喜爱的是童话体课文，所以在起步说写训练中，要充分运用童话体教材的优势，顺应儿童的心理，设计各种童话教学形式，包括运用童话教学识字认词、理解课文、编写童话故事，这种形式的说写训练效果更为显著。

控制要适度，主要体现在进行说写训练时，要在字词和阅读能力基本功培养的基础上进行。起步说写训练的基点，是把过去单纯抄字词、抄句子乃至抄课文的乏味训练，改变为把字、词、句教学，置于以句子为基本形式的篇章结构的语言环境中进行，使学生学得更有趣、更有效果。所以基于这个认识，低年级说写训练只能是篇章结构的渗透训练。"渗透"与"掌握"是相对而言的："渗透"是为掌握专门知识能力作准备，长期渗透，达到潜移默化、水到渠成的目的。这是一种有效的知识能力的预备训练，是"螺旋形课程"理论的具体化。因之，凡进行低年级说写训练，只作练习，不作考查；只作鼓励，不作批评；只求说写完整、通顺、正确，不求句式好、句子美；只作说话错误的纠正，不进行写文的订正、重写。这样，学生就不会因畏难而挫伤积极性。

四、训练上要注意形式的活泼多样，指导要具体切实

起步说写训练要体现低年级的儿童认识特点。第一，教的形式要活泼多样。戴上动物头饰，配以生动活泼的"童话园"图，以及儿歌等童话教学形式，会一下子激起儿童的学习兴趣。训练时，视内容需要，配以录像、投影、表演简单小品，以及图片、音响，这都会增加课堂教学情趣，增强学习效果。第二，学的形式要活泼多样，如看图读句子，看图填空读句子、填空说写文、

比较说写，字、词、句的延伸扩展说写，古诗、现代课文内容的改写，以及课文仿写、扩写、续写，还有观察作文、日记、留言条、表扬、批评，写简单信件等应用文练习。

指导具体切实，是指教学时，要减小坡度，多作形象指导，少讲抽象概念。回答式、填空式、演示式、观赏式和想像式的练习设计，都可以帮助学生开拓思路。这些，虽与中年级作文指导有共性，但更重于"扶"和"仿"，从"扶"到"放"，从"仿"到"创"。

第三节　写段与片断练习

一、写段练习的意义

段是文章中相对独立的一部分，数个段组成一篇文章。要是把一个人比喻成一篇文章，那么，人的头部、躯干、四肢就各是一个"段"。例如，在一篇写动物的作文中，其外形是一个段；其动作部分、生活习性方面，分别又是各个段。

写段是成篇的基本功训练之一，语文教材在三年级集中安排段的训练。对段的训练，有几种不同的看法：

第一种，主张集中在三年级阶段进行各个方面的分段的练习，为高年级篇章训练打下坚实的基础。只有把各个方面写具体了，写通顺了，重点写突出了，富有感情了，才能进一步把它们结合起来，写成整篇的文章。

第二种，认为不必提出写段训练，要写就从整体着手，写一篇结构完整的作文。分段训练，既花费教学时间，又容易只进行段的片断训练，影响学生掌握篇章结构的意识，形成单纯写具体某个部分而忽视这个部分在文章整体中的作用。

第三种主张，认为作文能力是个完整的结构体系，既要承认集中进行片断训练、写好作为文章"部分"的段的作用，又要具备写段训练时的整体意识；既要会写具体部分，又要让这"部分"对全文整体有作用，而不是无意义的累赘之语。

显然，第三种意见是比较正确的，符合"阶段性发展与层次发展相结合"的思路。写段训练以篇章结构为基点，重点进行片断训练，写得清楚、具体、通顺，乃至有感情。并根据每次训练的要求，选择一项至两项片断的写段训练为重点的指导内容，写成一篇结构完整的短文。

二、写段训练的基本形式与方法

（一）纵向性的写段练习

纵向性指以文体结构来分类，大致可分如下三种：

1. 分步写事情的经过（包括活动、游戏、制作、实验）。其要求是有顺序，有头有尾，结构完整，前后连贯；再发展到把事情经过中人物的言行写出来，使表达更生动形象，给人以深刻的印象。

2. 分部分写状物各个方面（包括文具、玩具等小物件，动物、植物、景物）。其要求是有条理的地方写清楚，有特点的部分写细致，再发展到写出喜爱的情感。

3. 用事例写人物特点。在四年级的习作中才出现写人的训练（第7册的仿《爷爷》"习作例文"，写《我的××》；第8册的仿《亮亮》课文写法，写《给你印象最深的一个人》）。这种训练与篇的训练无大差异，仅是重点学习用一件或一两件事例来写具体人物的特点的技能。在文章结构中，是练习写重点段的训练。

（二）横向性的写段训练

横向性训练与纵向性训练的区别在于：纵向性训练是一篇文章结构的分解训练，是隶属于篇章的纵向系列，是篇章的重要组成部分。而横向性训练是一篇文章中某一个细节的专项训练。它训练时的立足点，可以不以一篇文章的整体要求来处理，以这个专项的技能要求为基点，是纯粹的片断训练。如《××的早晨》是写一个"早晨"的特定环境的情景，它可以不强求完全的篇章结构，仅作为片断训练。

横向性的写段训练有如下几种形式和方法。

1. 特定环境的片断叙述。如《××的早晨》《冬晚》《运动场一角》《影院门口》《集市贸易场片断》等。

2. 围绕中心句写。如"今天的天气真热""教室里十分安静""下课了，同学们顿时轻松起来""种种迹象表明，一场大雨即将来临"。这种训练范围很广，有事件，有人物外貌，有场面，有气象，主要是写具体中心句，或分几个方面说明中心句。

3. 专项写作技巧训练。如写人物对话、外貌，写人物动作、神态或心理活动，写文章开头、结尾；写总分关系、并列关系、转折关系、因果关系等段的训练。

横向性的写作片断训练，有一些是教材基础训练内容，作为语文基本功训练；有一些是在语文教材中出现的形式，教师要求学生仿作训练；也有些是根据写作能力需要，教师自己设计的专项训练。这些训练，设计要得体，具有情趣，学生才乐于参与；也可结合学生作文中出现的毛病，在评改指导中结合训练。

第四节 关于读写结合

一、对读写结合的认识

（一）读与写的关系

在小学语文教学中，关于读与写的关系，众说纷纭，看法不尽相同。有的认为读是手段，写是目的，读为写服务，文章读多了，学生自然会写了；有的认为，读写紧密结合，读什么写什么，读一篇写一篇；有的认为应以读为主，读是写的基础，不必另搞写的体系，读完教材，写的能力自然掌握；有的认为，读与写应各自有序，各有目标，互为手段；还有的认为，读读、写写就是读写自然结合。应该说这些看法各有道理。

我们应以辩证的观点和系统理论来看待读与写的关系。从系统理论看，读与写的训练均属于小学语文基本功训练这一系统工程。尽管它们各有不同的训练目的与规律，以及训练的顺序和方法，但由于共处于小学语文基本功训练这一系统之中，就必然有密切的联系。因而，它们是一个统一体的两面：读的训练中有写的因素，写的训练中有读的因素；在理解的基础上运用，在运用中加深理解。它们既有联系，又有区别；既不能互相取代，又不能截然分开。它们的关系是：阅读是写作的基础，以"读"学"写"，以"写"促"读"，读写并重，有机结合，互为补充，互相促进。

（二）读与写的内在联系

读与写的训练共处于小学语文教学这一系统工程之中，它们的关系是既对立又统一的。

读与写的共同点是思维训练和语言训练。读的过程是理解→思维→吸收；写的过程是观察（即对生活的认识，包括直接的与间接的）→思维→表达；两者中心均是思维，这是共性之一。另外，阅读训练中的默读，朗读、概括大意、中心，复述等形式，均要通过语言反映出来。而写作的语言表达，虽有口头和书面之分，但书面表达也应贯彻先说后写的原则。因而，提高口头表达能力，又是读与写的共性。

读与写的联结点，主要体现在它们的对应关系上。如阅读的理解题意与写作的审题，阅读的理解中心与写作的确定中心，阅读的理解结构与写作的谋篇布局，阅读的理解主次与写作的详写略写，阅读的理解词句与写作的遣词造句。近几年，随着教学改革的深入，普通重视培养自学能力，对读写结合赋予了更丰富的内容。如读写结合已不只局限于模仿范文的片断练习，而开始从整体出发，全面打好基本功；不再局限于由教师规定统一的学习内容，而开始启发学生自己读中悟写，各有所得；也不只局限于课文学习，而开始延伸到课外活动中去。

二、蒋蔚芳的读写链研究拓宽了读写结合的思路

2006年6月—2009年3月，以上海市特级教师蒋蔚芳为首，由小学语文学科带头人和小语骨干教师组成的读写链课题组，历时两年余9个月，在8所不同的小学抽取20个实验班和对照班的实验资料，以及100余时实验研究课的基础上形成的读写结合研究资料，对传统的读写结合理论与实践基础作了新的拓展与深化。

其研究资料提出：读写链是指把在课本阅读、拓展阅读、生活阅读中学到的语言文字、方法技能，通过感悟，内化为写作链来认识生活、表达生活的语文综合能力，即实现阅读链和写作链的有机链接。该研究对读写链概念的描述如下图表：

```
                    ┌─────────────┐
                    │    阅读链    │
                    └─────────────┘
        ┌──────────┐  ┌──────────┐  ┌──────────┐
        │  拓展阅读  │  │  课本阅读  │  │  生活阅读  │
        └──────────┘  └──────────┘  └──────────┘
  促                                              深
  进                                              化
     ┌──────────────┐        ┌──────────────┐
     │    认识生活    │        │    表达生活    │
     │ （直接）（间接） │        │ （句、段、篇） │
     └──────────────┘        └──────────────┘
                    ┌─────────────┐
                    │    写作链    │
                    └─────────────┘
```

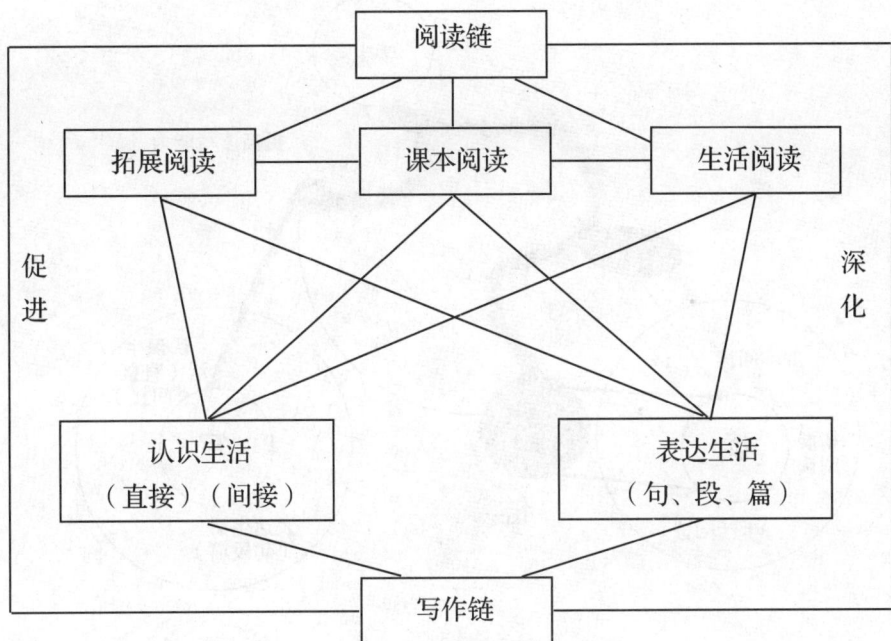

　　所谓阅读链，是指由语文课本阅读、拓展阅读、生活阅读三者组成的环环相扣、互为作用的卡链；这里的课本阅读指的是教材阅读，拓展阅读包括课外阅读与网络阅读；生活阅读则指的是日常生活中无明确意向的隐性阅读活动。其中课本阅读是基础，是课堂教学中的阅读；拓展阅读和生活阅读是两翼，是对课本阅读的补充和延伸。

　　这里指的写作链，是指由认识生活和表达生活两个环节组成的卡链。其中，认识生活包括直接和间接认识自然社会生活的能力；表达生活包括从说、写一句话，到说、写一段话，一篇短文的表达能力训练过程。

　　读写链就是把阅读链和写作链有机地链接起来，探索读与写的内化规律，使阅读链促进写作链，写作链深化阅读链。两者互相渗透，双向转化，协调发展，从而提高学生的读写能力。

　　由此，图示读写链功能如下：

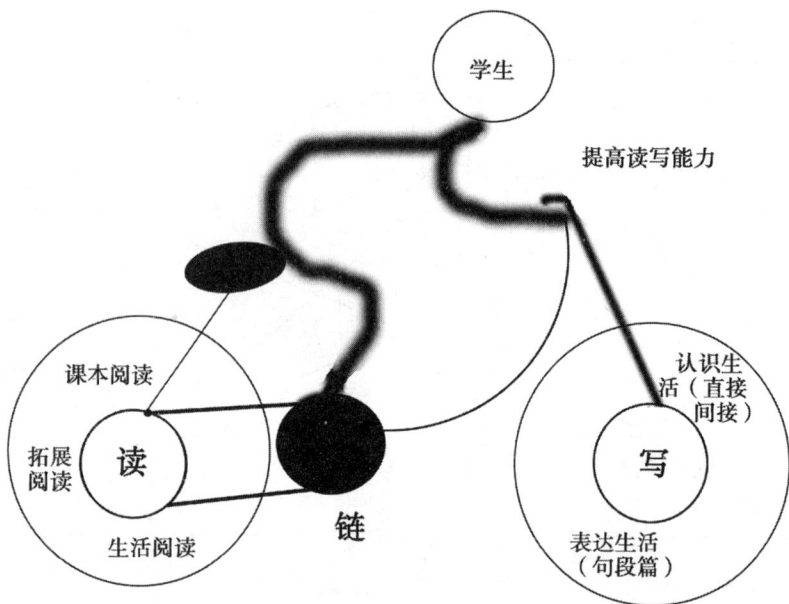

研究认为，阅读和写作是语文教学的两大板块。阅读链和写作链，犹如自行车的前后轮子，缺一不可。阅读链好比自行车的后轮，是动力轮，学生通过有效的课本阅读、广泛的拓展阅读、深入的生活阅读，掌握知识，习得方法，积累语言，为写作打下坚实的基础。写作链犹如自行车的前轮，认识生活和表达生活是其构成要素，其自身的旋转速度同样也带动着后轮的前进。也就是说，写作能力的高低也影响着学生的阅读水平。骑车人——学生在教师的指导下进行读写链训练。如果操练有效，读写链接成功，那么两个轮子就会协调前进，自行车前进的速度就快，反之则慢。一旦出现"脱链"现象，自行车就会停滞不前，亦即读写脱节，就会阻碍学生读写能力的提高。

三、读写结合在日常语文教学中的体现

（一）抓住阅读教学中的写作对应点，相机迁移

这是语文教学中普遍的读写结合方法，其迁移点是：

从阅读时理解题目和分析题意，迁移到作文的审清题意和恰当命题上；从阅读时学习归纳中心，迁移到作文的表现中心上；从阅读时学会分段，概括段意，迁移到作文的编拟写作提纲或打腹稿上；从阅读时分清文章的主次，迁移到怎样安排材料上；从阅读时学习理解重点段的作用，迁移到作文怎样突出

中心上；从阅读时学习分析、品评文章写作特点，迁移到作文的自改自评能力上；从阅读时学习作者怎样观察事物，迁移到作文的观察上。

这种迁移都渗透于阅读教学过程中，同时，也不排斥读写结合。如学习了《少年闰土》中的人物外貌描写，就学着描写各类人物的外貌特点；学习了课文中某一节段的对话后，便学写不同形式的对话；学习了课文中某一节的对春天景色的描述，就仿着学写另一环境的春天景色或秋天（夏、冬天）景色。要注意的是，片断的读写结合要从文章的整体来描述。

（二）在作文训练中，促进阅读能力的提高

作文训练中，为获取作文材料，可以在作前准备指导时引导学生从阅读报纸杂志去获得触发、联想，从而提高学生的阅读（理解）能力。有些作文训练，必须具备更多更广泛的知识，从而促使学生去阅读有关资料，也提高了阅读（吸收）能力；作文训练中，对范例文（教师"下水文"、学生"先行文"）的分析，作文的朗读竞赛，可以提高学生的阅读（朗读）能力；在作文的自改互评指导过程中，采用读读、改改或欣赏评析的形式，均可提高学生的阅读（理解、辨析）能力。教师具备了这个教学意识，会使读写结合体现得更为广泛，更为有效。

（三）鼓励学生课外阅读，来发展理解能力

对应发展学生的写作能力，必须鼓励学生大量阅读课外读物，这不仅可以开拓学生知识视野，又可潜移默化地使学生学到写作知识和掌握写作能力。

第五节 激发学生作文兴趣

兴趣，在学生学习生活中占支配地位，"所有智力方面的工作都要依赖于兴趣"（皮亚杰《教育科学与儿童心理学》）。"学生带着一种高涨的，激动的情绪从事学习和思考，对面前展示的真理感到惊奇甚至震惊；学生在学习中意识和感觉到自己的智慧力量，体验到创造的欢乐，为人的智慧和意志的伟大而感到骄傲。"（苏霍姆林斯基《给教师的建议》）这就使学习有了兴趣。

如何激发小学生学习作文的兴趣？

一、作文兴趣来自学生激情

激情，即激动的情绪。学生有表达的激情，作文就会写好，所谓"不吐不快"，就指这种激情。学生激情从何而来？来源于对所写事物的感情和认识。认识本身就是一种能激发浓厚兴趣的、令人赞叹惊奇的过程。自然界的万物，它们的相互联系、运动和变化，人的思想以及人所创造的一切——这些都是兴趣的取之不竭的源泉。

正如前面第三章所阐述的，小学生作文兴趣的源泉是对客观事物的认识，因而必须提高小学生认识事物的能力。认识，来源于生活，学生没有丰富的生活经历，没有所见所闻，哪来认识，哪来感想？丰富学生生活，引导学生对直接与间接生活中接触的众多事物加以分析思考，从而认识事物，就会产生作文的激情。具体地说，有了生活，又认识了生活，就有了作文材料，并对所写的事物有感情。写作兴趣就在于此，这是作文兴趣的源泉。

二、重视学生作文的价值

苏霍姆林斯基曾说过："兴趣的源泉还在于把知识加以运用，使学生体验到一种理智高于事实和现象的'权力感'。在人的心灵深处，都有一种根深蒂固的需要，这就是希望感到自己是一个发现者、研究者、探索者。而在儿童的精神世界中，这种需要则特别强烈。"这段话的意思是：儿童都有一种好表现的心理。如果教师重视他们作文的价值，让他们这种心理得到满足，作文的兴趣会大增，这又是作文兴趣的另一源泉。当然，这源泉是建立在前一源泉基础上的，没有生活和认识，不会写成作文，写好作文，其实现作文价值的教学手段就难以施展。

在作文教学中，重视学生作文的价值，有如下几种手段：

1. 佳作欣赏评析。写得好的学生作文，在课堂上宣读，师生共同的评析、欣赏，既鼓励了作者本人，又带动了全班学生；

2. 展览交流。一段时间后，集中班内较好的作文和进步显著的学生作文，予以展览；

3. 组织竞赛。适当地组织校、班内作文比赛，发些奖品；

4. 编小报。每学期搞几次编小报活动，或过一段时间就选择优秀作文或专题作文，以小队或个人形式展示交流，并可组织作文竞赛；

5. 实际运用。对应用文体的训练，可与生活实际结合，如写留言条、通知、启事、信件、表扬信、挑战信。还有轮流当小记者，为大队报、广播站写稿，让学生在运用中感受成功的喜悦，提高兴趣；

6. 自己修改。学生自己修改作文，相互修改讲评作文。学生会从每一项修改的成功中获得喜悦，从而产生成就感，提高写作文的兴趣；

7. 推荐发表。对优秀作文，教师花点精力，写上简评，推荐给报刊争取发表；要有意指导和鼓励学生参加各种征文竞赛，争取获奖。某种意义上说，学生发表作文，在他一生的成长上，也具有不可估量的价值。

三、讲究命题与指导艺术

命题作文，在当前仍是作文训练的主要形式。因为作文有考查的性质，有学习表达技能的要求，所以，必须用命题作文来达到这个要求。一味强调顺应学生生活经历，提倡自由作文，就难以考查，难以培养能力。如果我们改进陈旧的、呆板的命题方法，讲究一定的指导艺术，是可以提升学生命题作文兴趣的。

（一）命题与指导要有机结合

要联系学生的具体情况，掌握他们的心理特点，把命题与指导巧妙地结合起来。

1. 题目有趣。小学生心理特点之一是"好奇"，作文题目能给学生以新奇感受，就能激起他们的乐趣，产生乐于学习的效应。例如《给爸爸妈妈打分》等题目便是；

2. 指导方法有趣。题目前或后的指导，可采用多种方法，以激起学生的兴趣。如用音乐、音响引导学生进入一种愉悦的情境；或用表演小品、画面、录像展现写作情境；用实物的直观、实验的动用操作，也可以激起学生兴趣。

3. 指导语言生动。每次作文训练，教师的指导语言要精心设计，以激发学生想写和乐写作文。

（二）重视命题的求实性

要改变命题上的随心所欲，应从学生生活实际出发，尽可能做到所命的题目学生都有内容写。如《对爸爸（妈妈）说说委屈》《一次没被人发现的错误》等题，紧密联系学生的生活实际，激发其表达的欲望。

（三）命题形式要多样化

除了命题作文外，还有半命题作文，看图作文，扩写，续写，改写，即兴说写，画面配文，观察作文，童话作文，科幻作文等。形式多样，学生就会有新奇感，容易产生兴趣。

另外，要把累叠训练的命题改得亲切点。我们要把小学生经常接触的题目，加以"形异质同"的变化。因为同题的累叠训练，必然会造成兴奋感压抑，产生疲劳，适当变化一下，学生会感到亲切。如《我的家乡》作文题，可变化为《家乡在腾飞》《家乡新貌》《月是家乡明》《请到我的家乡来》。

同时，要善于把先入为主、受定势干扰的命题变"活"点。有些作文题，学生受先入为主的思维干扰，跳不出定势的圈子，不是感到"没啥写"，就是写滥俗的内容。变"活"是指变得灵活。如《写一下熟悉的人》，可把"熟悉"改为（　　），让学生自己按各自情况选择为敬佩、陌生、可亲、尊老爱幼、正直、助人为乐等。也可让学生根据所写人物的特点，自行命题或加上小标题。这样题目就会"活"一点，学生选择余地大，兴趣也较高。

第六节　作文应需能力的培养

所谓应需能力是指适应作文训练题的需要，来组织作文材料进行表达的能力。这是在小学生具备了一定的作文基本功的基础上（一般说，在高年级着力培养较合适），对学生进行思维的选择性、灵活性和逻辑性的培养，这种培养是很有必要的。

具体的培养途径，为如下几个方面：

一、充分运用典型材料

什么是作文的典型材料？在第三章第四节一"命题作文的指导"中曾阐述到，一般指有较深刻意义的材料，就是不易为人发现的、逆向思维和求异思维下产生的材料。就平时的作文训练来说，只要内容符合题意，能表现中心思想就可以了。但对作文能力较强的学生，就要看学生能否在生活中提取典型的材料，来表现文章中心和增强作文的儿童情趣。评价作文的质量优劣，就要看这篇作文的材料能否充分表现文章中心，且富有儿童情趣和生活气息。这就是引导学生充分运用典型材料的意义。当然，典型材料也是相对的。

典型是不多得的，因而学生一旦掌握了某个典型材料，就要充分运用它来提高作文的质量。同时，灵活地、充分运用手头的典型材料，实质上就是一种创造思维能力。因为，你运用之前必得思考：是否可以用，能否充分表现中心？怎样用才能恰切、生动？这就是思维敏捷性、逻辑性的训练，是一种创造思维的品质。

指导学生充分运用典型材料，主要是采用两种指导手段。

1. 多角度地运用典型材料

这种训练的基础，首先得引导学生从活动中掌握丰富的作文素材。如在教师节前，可以先组织学生开展有意识的活动："追踪老师的一天""访问教师家属"中队主题活动。如写老师的作文，可引导学生深入、广泛、多侧面地观察老师的工作和生活，使学生获得了原先不注意（视而未见）或未曾体察过（见而未思）的大量材料，为多角度选取"赞颂老师"的材料奠定厚实的基础。

在这基础上的多角度表达的指导是：先启发学生把活动中和以往积累的有关"赞颂教师"的材料进行交流，边交流，边分析，教师再归类板书。如班主任工作、上语文课、对待学生、平时工作等方面。每个方面又有几点，每一点又有数个实例，列成表式于黑板。试作简要表式如下：

（一）班主任工作{（略）

（二）上语文课{（略）

（三）对待学生
　1. 小事上关心
　　（1）课间十分钟"赶"我们出教室。
　　（2）剧烈活动前后管我们脱穿衣服。
　　（3）扫地时盯住我们，要先洒水后扫地。
　　（4）检查我们是否吃饱早饭上学校。
　　（5）要求我们晚上9时以前睡觉。
　2. 耐心细致教育"调皮鬼"
　　（1）（2）（3）}（略）
　3. 热情关心帮助有困难学生
　　（1）（2）（3）}（略）

（四）平时工作

教师多角度按表式进行提取材料的指导：先让学生从表式上的一个具体

事例写篇作文，如以《"赶"学生的老师》为题，写"课间十分钟'赶'我们出教室"这一具体实例，反映老师关心学生身体健康的作文中心。接着，指导学生以此具体事例作为主要内容，写表式中1、2、3数字的条目内容为题。如以《专管小事的老师》为题，把"赶"的内容作为详写部分，另个几件具体的事为略写部分。最后，再指导学生以（一）（二）（三）……的大条目内容为题，如以《关心学生的好老师》或《我的老师》等题，写（1）（2）（3）几个内容的如何关心学生，仍可以（1）"赶"为重点写，略写（2）（3）点的"关心"。这内容简繁不同的三篇作文，均以老师关心学生为中心，而又以"赶"的事例为主要内容，这就是多角度的表达。

　　这样多角度的指导，如学生掌握一两个典型的具体事例，就可以写数篇作文了，而这典型材料又反过来提高了文章的质量。这种训练，无疑对提高学生的思维敏捷性、逻辑性等有很大的促进作用。

2. 多形式地运用典型材料

　　这里说的形式是指文章的体裁，即运用多种体裁的典型材料。举这么一个生动的实例：

　　六年级上学期，进行少先队干部的改选。六（1）中队在选举大队委员会候选人材，梁××同学心情十分紧张：这次改选，自己还能当大队委吗？又一想：自己从三年级一直是当大队委员，全大队集会，自己是响当当的主持人，班里别的人很难胜任。这么一想，心里就很坦然了。可是，当同学们提名时，却一个提"潘晓红"，第二个提"陆亮"，这下，梁××的心提到嗓子里了，要是再有一个同学提到别人的名字，就意味着自己连候选人也未提到。正想着，只听到："我提梁××！"是潘晓红的声音。梁××压在心上的石头落下了。"还是潘晓红够朋友！"她从心底感激这个竞争对手。老师还特地问潘晓红："你为什么提名梁××？"潘晓红讲了一通她学习成绩好，组织才能强……梁××又感激老师的暗中帮助。正得意时，谁知三个提名的选举中，她的得票远落于潘晓红之后。潘晓红当选为大队委。

　　她觉得脑子"嗡"的一阵响，坐在凳子上好不自在，觉得同学们都在瞧她、笑她，她恨不得钻到地下。后来，她被选为中队委。"谁稀罕中队委！"当选举结束，老师通知，大、中队委留下开会时，她谁都不理睬，拿起书包，直冲出校门，奔上回家的小道，她强忍住的眼泪，一下子涌出了眼眶。晚上，她钻在被窝里越想越委屈：自己辛辛苦苦干大队委，因为坚持原则，敢于管人，所以得罪了些同学。现今，"三条杠"就成了"两条杠"，爸爸妈妈会怎么想？邻居伙伴会怎样说？老师们会怎样看待？

当选上大队委的潘晓红心里也不踏实，她向当中学教师的爸爸说了自己的想法。自己性格软弱，胆子也小，能力也不如梁××，不适宜当大队委，还是当中队长好。梁××大队委工作干得很出色，只是有点骄傲，引起同学不满。再说自己和梁××一向关系很好，今天的事情，会影响两人之间的友谊。爸爸支持女儿的意见，建议她向老师提出。于是，潘晓红连夜把这意见写了封信给教师。第二天早上，一到学校就给了老师。

老师对此次选举地感到不理想。潘晓红适宜当中队长，梁××适宜当大队委，让梁××通过此次选举接受教育，更好地当好大队委，才是最理想的选举结果。因而，潘晓红的信正中老师下怀。老师在晨会课上读了潘晓红的信，并表示支持，建议重新考虑大队委人选。同学们接受建议，重新选举梁××为大队委。这时，梁××却站了起来，激动地说："我这个时刻才发现自己的不足。的确，我不如潘晓红，她无私心，风格高。"

于是，在《小学生》杂志《我》的作文竞赛中，梁同学以《我认识到自己的不足》为题写了篇作文，细致地描述了自己"改选"中的心理活动。这个材料，情节曲折，情感跌宕，非常典型。因而，获了奖，发表在刊物上。后来，在《作文》杂志《我的小伙伴》征文中，梁××又以此材料写潘晓红是个心胸广阔、品格高尚的小伙伴，也获了奖并得到发表。接着，又在另三次作文竞赛《印象深刻的一件事》《同学之间》《难忘的一天》，都选取了这次"改选"的好材料写，结果都获了奖。

从梁××运用典型生动的作文材料，写成五种表达形式不同的作文均获奖的事实中，我们可以得到启迪，引导学生将典型材料写进不同文体形式的作文中，是培养他们一种可贵的作文应需能力、一种创造思维能力。因为，变换形式，运用材料，需要合情合理、表达准确，这又是一种逻辑思维能力的表现。

二、巧妙构思个性材料

有些个性材料——即有意义、有情趣、自己亲身经历的、求异思维产生的作文内容，但情节较为单一，较散乱，而对这样的情况，要教给学生巧妙构思个性材料的方法，以便能写成好的作文。

巧妙构思的方法很多，这里仅从如何处理个性材料之不足的角度来阐述。有三个方法：

（一）使情节更为丰富曲折

对单一，却富有隐含意义的情节，应引导学生通过合理的想像，使情节更为丰富和曲折。有一次，某小学生的自行车被拔去了气门芯。有个学生以此写了作文，题为《气门芯被拔去后……》。他针对这种不道德现象，从正面讲道理：被拔掉的人，会是怎样的心情，一旦无法买到气门芯，会遇到什么样的麻烦。这题材立意不错，但情节简单，说理过多。教师就启发、引导学生，在原有情节上具体化、复杂化，可设身处地去设想被拔去气门芯的心情，会造成哪些困难，也可去访问被拔去气门芯的同学当时的心情，碰到的困难。于是，有的同学写了"自己"自行车的气门芯被拔掉后懊丧、愤恨的心理，及遍找自行车修理站配气门芯的经历；有的同学写了如何替他们想办法，可因时间晚了，无法配到气门芯而只得走回家。一位同学增添的情节更加曲折生动：他写了"我"去拔人家气门芯，是因为自己气门芯被拔，是在"以牙还牙"的心理下干的，万没想到恰恰拔去的是自己敬爱的老师的气门芯，给老师回家带来了困难。当晚，"我"了解后，一夜难以入眠，想出了一个"绝妙之计"：第二天清晨，"我"买了气门芯，去学校给老师的自行车装上，打好气，才安心回到教室。恰恰又是这位教师，受他母亲之托，给他带来了早饭，顺便问他为什么这么早来校，他一时语塞。这篇作文情节曲折，富有情趣，是一篇优秀之作。

（二）一条主线贯穿情节

有些个性材料，往往是情节较多，如果按此写成作文会显得散乱，主题不集中。教师可引导学生抓住情节的共性，确定一条主线。这主线可以是中心的体现，也可是情趣的体现。体现中心的主线较为容易找，体现情趣则较困难，可一旦成功了，文章可读性就很强。一次，在《我的老师》为题的作文训练中，一位学生写了老师一心扑在教育工作上，为学生的成长呕心沥血、忘我工作的事例。文章中不少内容富有新意，但材料铺得太散，写了这位教师在学校里、家里、平时和暑假里的种种表现，感染力反而不强。教师启发学生，对这位教师哪几件事最感动、最敬佩，要集中起来写。学生思考后，说："假期里放弃休息，为同学的成长操劳，最令人敬佩。"教师就指导其集中写假期中这位教师的一些感人事例。但是，如何把假期中老师的辛劳串在一条主线上呢？小作者从老师桌子玻璃板下压的课程表上受到了启发，用《×老师的暑假日程表》为题，把×老师暑假做的几件事，用"日程表"串起来。显然，这条主线较有情趣。结果，小作者用放暑假、暑假第二天、暑假第六天、暑假第十天、暑假过去半个月等表明时间的词语，以日程表的形式记叙下来。这样一来，题目新颖，形式别致，构思十分巧妙。

（三）重新组合情节

有些个性材料写成作文显得累赘，这就需要重新组合情节，这也是一种重要的作文应需能力。

一个班级的学生访问了一位残疾的五保户老人。学生们了解到村子里义务给老人翻建了三间新房，他们感触很深；有个小队又到老人家里给老人写"福"字，贴"福"字。写作文时，一般常规是将两次活动按顺序记述，穿插写感受。这样写，由于活动量大，虽通顺但结构松散，缺乏可读性。教师就启发学生，抓住这次活动的感受点作为中心，把两个活动的材料重新组合。于是，有的学生把两次活动并成一次小队活动写，有的抓住写"福"、贴"福"活动写，通过回忆带出第一次活动内容。这样写，材料相对集中，构思也很巧妙。有一位学生写得更巧妙，把给老人写"福"字的活动，改为自己是老人邻居。写法上，通过"写对话""写回忆""写抒发情感"，写成题为《写"福"》的作文，构思巧妙，更具有强烈的感染力。

三、合理虚构作文材料

（一）虚构也是种应需能力

虚构作文材料，历来是小学作文教学中的争议点。传统的小学作文教学观念，虚构是不被提倡的，甚至被贬为是"吹牛""胡编乱造"，甚至是道德品质问题——因为这是说"假话"。

其实，这是一种偏见。应该这样认识，小学生写作文应该提倡写真人真事——自己亲身经历的事，尤其是初学作文的学生。这样，有利于学生认识事物的原貌，写出对事物的真切感受。但是，学生作文既然有考查的性质（见第一章第一节中有关小学生作文性质的阐述），就有内容和形式方面的测试要求。为了提高作文的质量，学生选取并不是亲身经历的，却是日常生活中所见所闻所感的典型材料，使作文质量更胜一筹。这是为了作文的需要。因为虚构作文所需的材料，也要以真实生活为基础，要有一定的想像能力；要运用得合情合理，还要有逻辑思维能力。

因而，虚构是一种再创造思维能力。至于小学生作文中出现的一些不合情理、脱离生活现实的所谓"虚构"内容，那才是胡编乱造。

（二）虚构作文与"说假话"是完全不同的概念

虚构是编作文，它既然区别于不合情理的胡编乱造，就应该学会运用生活现实中的某些典型材料，来应对作文之需。虚构是一种能力训练的方法，因为作文区别于总结、汇报，区别于表扬、先进材料。学作文虽有"学做人"的重要意义，但这主要体现于，作文中的思想认识正确、健康，而不在于作文材料的由来。作文材料的如何加工，是一种技巧、能力，同道德品质无关。

有两个小学生写了两篇作文。一篇写"我"去商店买东西，营业员多找了5角钱，"我"贪图小便宜，急急奔回家，经妈妈教育，认识到这是不好的行为。另一篇写"我"去商店买东西，把一顶雨伞忘在柜台上，营业员叔叔追出店门来还"我"，"我"十分感动。

两篇作文情节都较单薄。后来，第三个学生，把这两篇作文中两件真实的事，写到自己的作文中去："我"去商店买东西，营业员叔叔多找了"我"5角钱，"我"心慌意乱地拿了钱就跑回家。刚走几步，只听到营业员叔叔"那孩子，慢点走！"的喊声。"我"心里一惊，糟了，贪5角钱被发觉了。刚转弯，只见营业员手里拿了"我"的雨伞赶来给"我"。原来"我"只顾贪5角线，急慌慌地忘了框台上的雨伞。当"我"收下雨伞时，情不自禁地说："叔叔，我错了，我拿了你多找的5角钱。"

第三个学生的作文在杂志上发表后，遭到该校部分领导和教师的指责，认为纯属无中生有，其实这是合理的虚构作文，并非胡编乱造。

（三）在语文教学实践中，"虚构"也是不可避免的

语文教材中哪一个年级没有虚构的课文？文学作品（包括童话、小说等）都是虚构作品。作文训练中的看图作文、扩写、续写作文和命题作文中的一部分题目，均需靠虚构材料来写。哪一幅看图作文的画面情节，哪一个扩（续）写作文题材，学生经历过？一个县（校、年级）一次命题作文的题目，可能是所有的学生都经历过的吗？即使亲身经历，也有一个"是不是好材料"的问题。如果虚构的材料比经历的材料典型，那么舍弃经历的生活材料，运用虚构的材料，作文内容典型、生动，有情感、有意义，不是好事吗？

必须强调指出的是，虚构作文材料是写作的需要，是一项能力。既然是能力，就必须培养。培养这项能力，其前提是学生已具有了作文基本功。1982年某小学毕业升学考试，作文是材料作文，大意是："星期日，妈妈要到工厂加班，弟弟吵着要跟妈妈上班。我用搭积木、讲故事、玩玩具的方法哄住了弟弟，弟弟不再跟妈妈上班去了。"要求考生"用三个具体哄弟弟办法中的一

个，写篇记叙文。"我想，我班的学生对这个题是不会感到困难的。结果，有一个语文基础较好的学生考后告诉老师："这个题目难住了我，我没有弟弟（独生子），没有哄过弟弟，所以只得瞎编，编得我自己都不满意。"这番话很令人深思，在这类以学生没有亲身经历过的生活为素材的作文题面前——这类题目在小学阶段为数还不少，学生就只能"瞎编"。

编作文，在作文教学中是忌讳的。可是，目前还没有条件取消命题作文，只要有命题，必然会出现有些题目未曾亲身经历而需要编造情节的情况。与其让学生瞎编，还不如教会学生编。其实，要是能学会编，学会用少年儿童生活中的事实来为作文之用，并编得合情合理，是培养学生思维创造能力的一种方法。而且，要想"编"得好，就得培养学生随时留意观察周围生活（包括发生在儿童周围和儿童参与的直接生活，从书报杂志和电视、电影、广播中获取的间接生活）的习惯与能力。

因此在作文教学中，必须重视这种创造能力的培养。方法有三：第一，鼓励学生在接触作文题，考虑选材时，先思考自己亲身的经历，选材是否典型（立意是否高，情节是否生动）；再思考一下，发生在周围的生活中的事情有没有比这更典型的材料，要是有，要求运用后者而放弃前者，目的是为了提高作文的质量。第二，在作文交流选材和批改作文时，要及时指出材料编写得合理和不合理之处；对不合理之处，要通过评析，让学生认识到该怎样才能合乎情理。第三，要尽可能找机会给学生提供这方面的练习。如设计一些材料作文、看图作文等练习，并引导学生讨论表现主题的有关素材，以提高他们按作文需要来思考，选择最佳材料的技能。

通过一段时间的训练，学生作文题材全面拓宽，内容更加丰富多彩，写出来的作文，也较有生活气息。同时，学生还能逐步提高观察周围事物的能力，写作时回忆情节的能力，选择运用材料的能力。

徐永森和他的《小学作文教学论》

张 瑛

上海市嘉定区(原为嘉定县)风景秀丽、清雅，新起的上海市嘉定区教师进修学校大楼，整洁宽敞，设备齐全。在这儿，我采访了小学作文教学专家、中学高级教师徐永森同志；采访的中心内容是他的《小学作文教学论》。

我翻阅着厚厚的一叠材料，那详实的事例、精辟的论点深深吸引了我。这是徐永森同志用心血书写的报告，它不仅为小语教师提供了易操作、效果好的作文教学体例，也是徐永森同志对事业追求、奋斗、奉献的记录。

一

1985年，嘉定区娄塘中心学校的一个毕业班引起全区、全上海市的注目，50多名学生，100多篇作文在报刊上发表或在各类作文竞赛中获奖；陈刚连续获得14个全国作文比赛奖，两次参加国际书信写作比赛，分别荣获国内奖和国际奖。陈刚名声在外，也使海内有关人士知道了中国上海有个娄塘中心学校。

这个毕业班的语文教师就是徐永森。

1990年暑假，广西南宁市，1000多人的大礼堂座无虚席，与会小学教师、教研人员静静聆听徐永森的讲话。讲座结束，徐永森的徒弟，20岁刚出头的杜春明老师上了公开课。徐老师和他的徒弟不仅从理论上，而且从实践上证实了"三化"教学体例的良好效应。

徐永森同志的讲座引起了强烈反响。

什么是小学作文"三化"教学体系呢？概括地说，就是"作文内容生活化，技能指导结构化，训练序列系统化。"它体现了小学作文教学的全过程，包括两个框架、三个教学过程和三个控制、十五个教学环节。两个框架是：作文材料准备过程的框架，作文成文训练过程的框架。三个教学过程和三个控制是：作前准备指导过程中的选材控制，作文指导过程中的构思控制，作后评改过程中的语言控制。十五个教学环节是：作前指导——开展有意活动，深化有关感受，提供回忆条件；作文指导——导入谈话，提出要求，启发选材；写法指导——构思评价，下笔成文；作后评改指导——导入谈话，提出要求，示例评改，自改互评，交流评改，再改定稿。

小学作文"三化"教学体系博采众长、开拓创新，在很多问题上都有自己独到的见解。这一体系符合辩证统一的科学原理，符合小学生的认知心理，系统而易行，具的广泛的实用价值。

小学作文"三化"教学体系，是徐永森老师对小学语文教学改革最珍贵的奉献。《小学作文教学论》字字句句刻印了徐老师对教育事业挚爱与追求的足迹。

<h2 style="text-align:center">二</h2>

富兰克林说："时间是构成生命的材料。"时间，对于热爱生活、热爱事业的人来说是何等的重要。徐永森同志历经坎坷，真正从事小语教学、教研工作仅仅十几年。但他在这不太长的时间里，勤奋刻苦，孜孜不倦地追求，取得了令人瞩目的成绩。

1955年，18岁的徐永森迈出了安亭师范学校的大门，走上了小学讲坛。他谦虚好学，精明强干，第二年就荣获"全国优秀教师"称号。不久，20岁的徐永森担任了中心小学副校长。他不怕担子重，认为青年人需要这样的锻炼，他深信前程是灿烂的。徐永森的心眼里只有工作，却不知早有心怀叵测的人盯上了这只"出头鸟"。1958年，徐永森被划为"右"派分子，遣返农村"劳动改造"。

好像展翅飞翔的雏鹰被折断了双翅，他飞不起来了。20年屈辱艰苦的"劳动改造"，并没有使他消沉。他心系讲台，魂系讲台，把对教育工作的热爱倾注在深沉的土地上。他面朝黄土，耕耘、播种、收获；他仰望蓝天，渴望重新展翅的那一天，在教坛上耕耘、播种、收获。在那教室、讲台、粉笔……构成的世界，他自信更能施展抱负，尽显才华。

悠悠20年的岁月流走了。他饱经沧桑，对教育事业的热爱未减，追求未泯。1978年底纠正冤假错案，徐永森被摘掉沉重的"右"派帽子，重返教育岗位。他在娄塘中心小学任教7年，连续担任毕业班语文老师兼班主任及少先大队辅导员工作。他兢兢业业，寓教育于活动中，各方面工作成绩突出，获得了

"上海市优秀教育工作者"和"全国先进少年儿童工作者"的荣誉称号。

徐永森的工作有一个很突出的特点，那就是他善于在实践中发现问题，寻找突破口，使研究富有独创性。在娄塘小学任教中，他发现班里一些认真、听话的学生各科成绩都不错，可作文总不理想，内容单调，缺乏真情实感。而一些"顽皮"学生，生活面较广，反映在作文上，另然基本功不扎实，内容却丰富多彩。徐永森试着加以个别辅导，"顽皮"学生很快就能掌握表达技能。因此，他认为生活的丰富与否，对学生作文能力的提高起着关键作用。就这样，徐老师敏锐地抓住了学生作文难的关键，在全国同行中，比较早地开始了小学作文教学方面的探索。

徐永森吸取有益经验，改进传统做法，在作文训练中有许多独到的教学手段。充分发挥"先行指导文"的作用就是其中之一。

在作文指导课上，一般教师常以《优秀作文选》的作文、教师"下水文"或语文教材为范文，作为表达技能的过渡。但由于范文水平太高，与学生实际(特别是差生)差距较大，而且范文的写作技巧不太符合训练要求，学生常常是无从下笔，抄写他人作文的现象难以杜绝，徐永森根据奥苏伯尔"设计先行组织者，促进保持与迁移"的论述，提倡"先行指导文"。具体做法是：教师在课前按训练要求，对一两名学生进行从获取作文材料到选择材料，构思布局，下笔下篇的全过程指导，写好该次作文。经过作文范例文，对全班学生进行开拓选材思路和作文表达技能的过渡。"先行指导文"指导深化，且来自本班学生，学生在感情上容易产生共鸣，激发写作文的兴趣。一个学期后，全班每个学生都有机会接受一次"先行指导"，获得飞跃性提高。

从1982年起，徐永森开始在小学语文教学上，一个专题一个专题地探究实验。仅4年时间，他在"小学生作文能力结构""小学生认识事物能力对提高作文能力的作用""应用文体教学的意义与方法""少先队活动与作文教学""作文指导的结构化""作后评改与学生自改"等专题上，都有自己独特的见解和教学思路，发表论文60多篇。他所教的学生作文水平普遍提高，"三化"作文教学体例初步形成。

还像20年前那样生气勃勃、干劲十足的徐永森，他又大踏步地走在了前列。所不同的是，这步伐更深沉、更稳健。

三

陆明已经是五年级学生了，可还没写过一篇像样的作文。新学期开始了，他在作文上会有什么长进呢？这不，在第一次作文课上，面对《暑假生活一则》作文题，他又趴在桌上，一会儿抄课文，一会儿抄《优秀作文选》……他在作文上算是没希望啦！

徐永森老师没有放弃，他对陆明进行了个别指导。他和陆明谈心似的，把他的暑假生活"筛"了一遍。开始，陆明不好意思地说："我……暑假里没做过好事，没啥写的。"徐老师问："写玩也可以呀！你都玩了些什么？"陆明歪着脑袋，想了一想，就说了一大串。徐老师不失时机，紧接着又问："你觉得哪一件玩得最高兴，感受最深？"陆明不假思索："套知了！"徐老师抓住"套知了"这个情节，让陆明具体讲"套知了"的过程，拣那最有趣，印象最深的地方讲……

陆明来了兴致，有声有色地讲开了。他头一次发现，原来自己有这么丰富的暑假生活啊！"没啥可写"的问题解决了。徐老师又辅导列出写作提纲，按训练要求定好基本结构，初步解决"怎样表达"的问题。陆明的这篇作文终于获得成功。而更为重要的是，他从作文的混沌状态中解脱出来，豁然开朗，对作文产生了浓厚的兴趣，作文越写越好。

徐老师针对学生"无啥可写"和"不知怎么写"双重困难并存的小学作文教学现状，冲破了只抓语言文字训练的传统作文教学模式，引导学生开阔视野，认识生活，把作文教学中的积累作文材料当做第一位的工作来抓。这是他在小学作文教学改革中所做出的最为显著的贡献，对陆明的启迪开窍就是突出一例。

前文提到的陈刚，四年级还对作文望而生畏，可他兴趣广泛，组织能力强，故事讲得好，善于观察想像。如果指导有方，他会写出好作文的。陈刚的这种潜在才能被徐老师注意到了，吸收他参加了作文兴趣小组。陈刚在兴趣小组里的第一篇作文是《小小托儿所长》，徐老师觉得他选择的题材很有生活气息，首先对他进行了鼓励，然后，他问陈刚："一个人在家照看一个表弟能称托儿所吗？"陈刚认真想了想，说："那改成《"小保姆"》行吗？"徐老师满意地点头头，又说："写作文不能只靠作者叙述，还要写出人物的语言、动作、神态、心理活动。你按这要求去修改。"这篇作文的第二稿内容果然具体多了。徐老师趁热打铁，又提出意见："主次还不太分明，最好详写反映表弟天真顽皮的一二个动作，其余略写，给人的印象才深刻。"就这样，徐老师从题目到描写人物，作文内容的主次、详略等方面一一提出具体要求。陈刚按要求先后进行了三次修改。最后，《"小保姆"》的第四稿刊发在作文刊物上。

徐老师点石成金，陈刚的写作潜能得到了充分的发挥。他一发不可收拾，作文能力迅速提高，多次获奖。中学毕业后，他考入复旦大学中文系。是徐永森老师帮助他叩开了作文这扇"神秘"的大门，他才有可能去敲击"文学"大门。

小学作文"三化"教学体系在实践中孕育、成长。1985年8月，徐永森被上海市教育局推荐到中央教育行政学院举办的全国小学教育研究班上学习，使他的理论水平得到了很大的提高。他思考、归纳、总结，将片断的思路系统化，"三化"教学体例日趋科学、严密。一年的学习结束后，他到区教师进修学校任教。徐永森将教师职务培养与教学研究相结合，发展、完善"三化"教学体例。几年来，他发表论文60多篇，30多万字；编写出版《小学生作文实用手册》《低年级起步作文》等丛书12本，计140多万字；凝聚他10年研究成果的《小学作文教学论》即将出版问世。他还应邀在上海各县区，在江苏、浙江、北京、安徽、内蒙古、广东、广西、河南、陕西等地讲学230多场次。讲学时，他让自己的徒弟做示范课，充分展示"三化"教学体例易操作、效果好的特色。

徐永森现任嘉定区教师进修学校师训部副主任，负责全区小学教师的学历培训和职务培训。尽管行政事务繁忙，他依然坚持作文教学实践与研究，在各类小学建立18个不同年级、不同专题的实验班，并指导青年教师参与研究。他经常去实验班为小学生上作文课，批改作文，以积累第一手资料，深化与发展作文教学研究。

当我采访徐永森老师的时候，看到他很忙很忙，但他总是精力充沛，脚步匆匆，他是在和时间赛跑！用他自己的话说就是"我要把全部的心血献给小学语文教学改革！"(转载自《小学语文教学》1993年第12期，原篇名为《用心血书写的报告》)

扎实·系统·富有新意

——读徐永森新著《小学作文教学论》

特级教师 浙江省杭州市教研室主任 沈大安

不少小学生觉得作文难写，不少小学语文教师觉得作文难教，关键在于还没有掌握它的规律，不能得心应手，驾驭自如。所以当我见到一本致力于探索小学作文教学规律的专著《小学作文教学论》时，急忙捧读，从中得益颇多。

这本书的特色，首先在于扎根于小学语文教学的实际之中。教学规律是从教学实践中总结出来的，而不是理论演绎的产物。徐永森老师在小学作文教学的园地上，勤勤恳恳、孜孜不倦地耕耘，以自己实践的切身体会并博采众长，提出提高作文教学的一系列措施，开出的"处方"都是对症下药，切实、具体、可行。徐老师本人以及许多教师，用他总结出来的经验再返回去指导小学作文教学实践，使不少小学生写出了情意恳切、文辞流畅的好作文，就是最好的例证。如果我们把从这本书中学到的方法去尝试一下，一定会收到明显的效果。

《小学作文教学论》又不是一般的教学经验总结，作者以现代教育学、心理学观点以及系统论等科学方法，对小学作文教学现象进行了理论思考和提炼，形成了独具特色的理论框架。"小学作文能力的培养"是作文教学的核心问题，本书从"认识事物的能力"和"表达事物的能力"两方面加以论述。尤其是认识事物的能力是作文能力的重要组成部分，小学生写作文"写什么"比"怎样写"的困难更大，而以往的作文教学理论恰恰在这方面比较薄弱。本书对认识事物的能力培养从理论上加以概括，是很富新意的。"作文教学过程"是教师普遍关注的另一个重要课题，本书在论述中融合了近年来国内小学作文教学改革的精华，提出"作前准备指导、作文指导、作后评改指导"三阶段，各阶段指导重点有所侧重，并运用控制论原理进行反馈和调控，为作文教学过程的优化提供了新的思路。至于"作文教学的相关专题"，使我们可以从更广阔的背景和更深入的研究上思考小学作文教学改革。读《小学作文教学论》，对作文教学观念是一次更新。

请有志于提高作文教学质量，而苦于找不到门径的老师们读一读这本书，相信都会从中得到切实有益的帮助。

喜读徐永森的《小学作文教学论》

全国小学语文教学研究会常务委员兼学术委员

上海师范大学教科所所长　吴立岗

　　十分欣慰读了嘉定区教师进修学校中学高级教师特级教师徐永森同志的论著《小学作文教学论》，一个小学教师写出20多万字的教学论著，是令人敬佩的。

　　徐永森长期从事小学作文教学实践与研究，重视实践经验与研究资料的积累。在80年代，他参加国家教育行政学院"全国小学教育研究班"时，又潜心学习与研究，教学理论水平迅速提高。近十年来，我们常在各类教育杂志上读到他发表的教学实践经验与论文，《小学作文教学论》乃是他一生教学实践与研究的结晶。这是这本论著的第一个特点：有厚实的实践基础与理论基础，因而，必然受到广大语文教师的欢迎。

　　近几年，徐永森负责上海市嘉定区小学教师职务培训工作，主讲《作文教学研究》课程。他抓住机遇，通过编拟教学资料和设置实验班，带徒弟，来联系教学实际，进行深入的、系统的研究。他从大量的实验资料和学员的教学反馈中，选择了切合小学作文教学实际，迎合小学语文教师的需要，拟定了"小学作文能力""小学生作文认识事物能力的培养""小学生作文表达事物能力的培养""小学生作文的批改与讲评""小学作文教学过程""作文教学计划与教学设计"，以及包括"低年级起步说写训练""作文的个别教学""作文的应需能力培养"等的"作文教学的相关专题"等章节。显然，有系统的作文教学实践经验与理论研究是这本书的第二个特点，这个特点必然提供了小学语文教师与语文教学研究工作者展开教学改革与教学研究的最好资料。

　　第三个特点，是《小学作文教学论》富有创新的教学观点和具有实效的操作手段。我粗略地通读了全书，深感书中谈及的一些观点富有新意，如对小学生作文能力的剖析，小学生作文认识事物能力的培养，作文教学过程的优化，低年级起步作文能力的培养等，都程度不等地突破了传统作文教学研究的理论。同时，由于徐永森同志长期从事小学语文教学，所以，在第二、三、四、六章中，用了大量的生动的教学实例来阐述观点，令人信服。而且，这些具体的实践经验，如教学过程的设计，"先行指导"法等，都易于操作，易于见效。

　　因而，《小学作文教学论》值得一读，是小学语文教师和研究工作者难得的一本学术论著，也可以作为系统提高小学语文教师作文教学能力的教学资料。